전염병과 마주한 기독교

다함은
도서출판

1. 다윗과 아브라함의 자손

아브라함과 다윗의 자손으로, 하나님 구원의 언약 안에 있는 택함 받은 하나님 나라 백성을 뜻합니다.

2. 마음과 뜻과 힘을 다하여 하나님을 사랑하라

구약의 언약 백성 이스라엘에게 주신 명령(신 6:5)을 인용하여 예수님이 가르쳐 주신 새 계명
(마 22:37, 막 12:30, 눅 10:27)대로 마음과 뜻과 힘을 다해 하나님을 사랑하겠노라는 결단과 고백입니다.

사명선언문

1. 성경을 영원불변하고 정확무오한 하나님의 말씀으로 믿으며, 모든 것의 기준이 되는
   유일한 진리로 인정하겠습니다.

2. 수천 년 주님의 교회의 역사 가운데 찬란하게 드러난 하나님의 한결같은 다스림과
   빛나는 영광을 드러내겠습니다.

3. 교회에 유익이 되고 성도에 덕을 끼치기 위해, 거룩한 진리를 사랑과 겸손에 담아 말하겠습니다.

4. 하나님 앞에서 부끄럽지 않도록 항상 정직하고 성실하겠습니다.

전염병과 마주한 기독교

초판 1쇄 발행 2020년 4월 23일
초판 2쇄 발행 2020년 4월 30일

지은이 | 안명준 외 17명
펴낸이 | 이웅석

펴낸곳 | 도서출판 다함
등 록 | 제2018-000005호
주 소 | 경기도 군포시 산본로 323번길 20-33, 701-3호 (산본동, 대원프라자빌딩)
전 화 | 031-391-2137
팩 스 | 050-7593-3175
이메일 | dahambooks@gmail.com

디자인 | 참디자인(02-3216-1085)

ISBN 979-11-90584-02-9 (03230)

전염병과
마주한
기독교

안명준 외 17명 지음
편집위원 노영상 이상규 이승구 교수

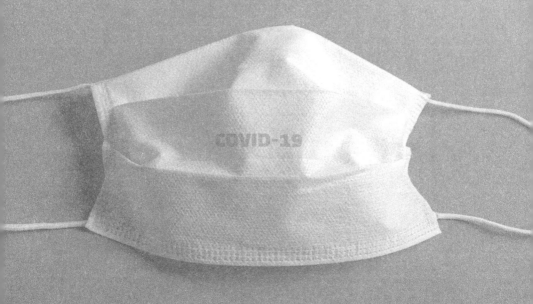

COVID-19

다함
도서출판

일러두기
· 본문에 인용된 성경구절은 대한성서공회의 개역개정 4판을 따랐습니다.
· 이 책에 수록된 기고문들 중에는 출판사의 성경해석 및 신학적 입장과 다소 다른 부분이 있음을
  알립니다.

목차

Ⅲ 교회 역사에서 본 전염병과 기독교

Ⅳ 전염병 사회 속의 기독교

발간사

신종 코로나 바이러스가 오늘날 세계를 공포로 몰아넣고 있습니다. 한국에서도 신천지 집단의 그릇된 행태로 전국적으로 퍼지면서 모든 집회가 중지되고 심지어 교회의 예배까지 온라인으로 실시되고 있습니다.

이런 심각한 질병이 재난으로 퍼지면서 이제는 모든 사람이 바이러스와 전염병에 노출되었고, 언제 어디서 누구에게 전염되고 전염할지가 두려움으로 자리잡게 되었습니다.

현재 창궐하고 있는 신종 코로나 바이러스로 인해 지금 한국교회는 예배와 관련하여 여러 문제들이 제기되고 있습니다. 바이러스의 확산으로 기독교 신앙생활의 중심인 주일예배 회집마저 중지되어 여러 목회자들과 신학자들이 이 문제에 대하여 고민과 의견을 다양하게 표출하고 있는 시점에서, 성경과 기독교 역사 속에서 질병의 문제를 어떻게 이해하고 어떻게 극복했는지를 살펴보면서 전염병을 만난 상황에 대해 성도들에게 성경적 교훈과 위로를 주는 것을 목표로 이 책을 기획하게 되었습니다. 과거의 사건을 통해 성경적 지혜와 위로를 얻고, 기독교적 세계관을 정립하는데 많은 도움이 될 것입니다.

매우 촉박한 시간 가운데서도 한국교회와 성도님들을 위해서 신속하게 원고를 써주신 모든 집필자 분들께 존경과 감사를 올려드립니다. 김광열 박사님, 김영호 박사님, 박상봉 박사님, 박영돈 박사님, 신국원 박사님, 양신혜 박사님, 이재근 박사님, 임종구 박사님, 조용석 박사님, 최만수 박사님, 최순진 박사님, 황원하 박사님, 책의 제목과 목차에 대하여 조언해 주신 이상규 박사님과 여러 제안을 주셨던 주도홍 박사님의 헌신에도 감사를 드립니다. 신학 전공자는 아니시지만 의사로서 의학적 관점에서 성경에 대한 깊은 연구를 하신 닥터홀 기념 성모안과 이종훈 원장님에게도 깊은 감사를 드립니다. 그리고 이 책을 추천해 주신 삼일교회 송태근 목사님, 새로남교회 오정호 목사님, 고신대학교 전 총장이셨던 김성수 박사님, 기독교학회 회장 왕대일 박사님, 그리고 신학자들을 언제나 기쁨으로 후원해주시는 부산 부전교회 박성규 목사님에게도 진심으로 감사를 드립니다.

특별히 노영상 박사님의 주선으로 이승구 교수님과 함께 CTS 방송에서 『전염병과 마주한 기독교』를 중심으로 뉴스 대담을 했습니다. 이를 위해 친절하게 준비해주신 CTS 보도국 장현상 PD님에게도 감사를 드립니다.

끝으로 이 책이 출판되도록 허락하고 기획하고 편집해 출판해주신 〈도서출판 다함〉의 이웅석 대표님에게 진심으로 감사를 드립니다.

2020년 3월 31일
편집자 안명준 (평택대학교 조직신학 교수)

추천사

오늘날 많은 사람들은 창조주 하나님의 존재를 부인합니다. 하나님이 우주를 창조하셨지만 창조 후에는 그 자체로 운행되도록 버려두었다고 믿는 사람들도 있습니다. 이들은 하나님의 능력과 주권을 부인하면서 인간을 주권자로 만듭니다. 그래서 인간이 자립하는 법을 배워야 한다고 가르칩니다. 항상 긍정적으로 생각하고, 우리의 이성과 과학 및 과학기술을 통하여 우리 자신의 미래를 통제하는 법을 배워야 한다고 주장합니다. 그리스도인들은 이런 무신론자나 이신론자들과는 달리 세상을 창조하신 하나님께서 오늘도 주권자가 되셔서 세상만사를 섭리하고 통치하고 계신다는 진리를 믿습니다.

우리의 삶의 여정에서 모든 것이 형통할 때는 하나님의 주권적 섭리를 인정하고 고백하기가 참 쉽습니다. 하지만 직장을 잃거나, 건강과 재물을 잃고, 사랑하는 사람을 먼저 떠나보내야 하는 등 인생에 풍랑이 몰아칠 때는 하나님께서 오늘도 우주를 다스리신다는 진리에 대한 우리의 믿음이 흔들리기 시작합니다. 그리고는 스스로 신학자가 되어 종교적인 사색을 합니다. 하나님은 도대체 우리가 당하는 이런 고통을 알고 관심이라도 갖고 계시는가? 이 모든 고난은 하나님께서 우리로 하여금 회개하고 하나님께로 돌아오기를 원하셔서 내리는 징계인가? 인간의 범죄로 인해서 그리스도께서 새 하늘과 새 땅을 건설하실 그 날까지 어차피 이런 일은 계속될 것이고, 이 고통의 끝에는 모든 일들을 협력하여 선하게 인도하시는 하나님의 사랑의 손길이 있을 것이지만 언제까지 참고 기다려야 하는가? 혹시라도 하나님이 계시지 않는 것 아닌가? 이처럼 온갖 종류의 질문들을 스스로 제기하면서 하나님의 목적과 섭리에 대해서 너무나도 재빠른 해답을 제시하는 유혹에 빠지기도 합니다.

이런 혼란과 유혹이 있을 때 우리 그리스도인들은 언제나 성경으로 돌아가서 성경적 세계관을 통해 해답을 얻으려고 노력해야 합니다. 지금이 바로 그 때입니다. 코로나 바이러스로 한국은 물론 전 세계가 불안에 떨고 있습니다. 이 불안한 때에 성도들을 위해서 전염병의 문제를 성경적 세계관에 기초하여 역사적이며 신학적으로 조망하는 책을 대할 수 있게 된 것은 참으로 감사한 일입니다. 이 책을 통해서 목회자와 신학도들은 물론, 일반 성도들도 인생 여정에서 당하게 되는 고난의 문제를 바로 이해하고, 역경 중에 인내하며, 순탄한 가운데 감사하고, 미래의 일에 대해서 역사의 주권자 되시는 하나님을 신뢰하며 위로와 소망을 가질 수 있기를 바라며 기도합니다.

김성수 박사
(미국 에방겔리아대학교 총장, 전 고신대학교 총장)

'코로나 19'는 한국 사회와 교회에 커다란 숙제를 안겨주었습니다. 한국교회가 맡은 숙제 중에 하나는 '코로나 19'로 인한 예배 문제입니다. 전염병의 확산을 막기 위해 영상예배를 드리는 것이 성경적, 교회사적으로 합당한 것인가? 에 대한 숙제입니다. 이 숙제는 일선 목회자가 풀기에는 한계가 있습니다. 그런데 감사하게도 한국의 신학계를 대표하는 교수님들이 각 분야에 대한 깊이 있는 통찰을 주심으로 이 숙제를 해결하셨습니다. 이 책을 통해 우리는 성경과 교회사에 근거해 전염병 시대에 활용 가능한 목회(신앙생활) 가이드라인을 받게 되었습니다.

아울러 제가 살펴본 내용을 잠시 나눕니다. 예배학자 세글러 교수는, "교회는 '예배 공동체'이고, 기독교 예배는 협력적 행위가 필수적이며, 전체 공동체 안에서의 예배이다."라는 말을 했습니다. 예배는 공동체가 함께 드리는 것입니다(행 2:46). 그러므로 전염병 상황이 종료된 후에도 인터넷 예배를 고집한다면 잘못된 신앙의 편리주의에 빠지는 것입니다(히 10:25).

마틴 루터는 전염병에 대한 목양의 근거를 레위기 13–14장에서 찾았습니다. 레위기 13장에는 전염병인 나병 환자를 제사장이 진찰하라는 말이 무려 스무 번이나 나옵니다. 공중보건에 대한 제사장의 책임을 강조하는 것입니다. 이처럼 우리 시대 교회도 성도들과 시민들의 보건에 관심을 가져야 합니다. 그런 점에서 요즘 교회가 공중보건을 위해 일시적으로 영상예배를 드리는 것은 적합한 조치라고 생각합니다. 레위기에는 전염병 확산을 막기 위해 의심환자 최대 14일 격리하라는 내용이 나옵니다(레 13:4-5). 마스크의 유래도 나옵니다(레 13:45).

미국 콘콜디아 대학교의 앤더슨 박사는 "과학기술의 시대에 전염병에 대하여 루터를 읽다"라는 논문에서 다음과 같이 말했습니다. "루터는 … 다양한 공중보건 수단을 지지했다. … 루터는 사람들의 건강을 보존하고, 질병의 확산을 제한하기 위해 '사람들이 할 수 있는 일을 다 하라'고 격려했다. 사람들이 자신의 건강에 대해 부주의함으로 병을 얻고, 다른 사람들에게 감염을 시킨다는 것은 도덕적으로 과실치사이다. 고의적으로 질병을 확산시키는 사람들은 처형해야 한다." 루터의 이 말처럼, 교회의 공중보건에 대한 책임을 강조한 것을 잊지 말아야 하겠습니다.

이 책을 통하여 한국교회가 하나님을 예배하는 공동체인 동시에 공중보건에 대한 책임이 있는 공동체임을 배우고, 이를 통해 시민들을 구원하는 공동체가 되길 바랍니다. 수고하신 모든 교수님들에게 진심으로 감사드리며, 한국교회의 많은 목회자와 성도들께서 꼭 읽으시길 강력히 추천합니다.

박성규 목사
(부전교회 담임)

전염병 등의 재난은 교회와 성도에게 많은 질문을 던집니다. 이 고통스런 상황을 어떻게 이해해야 하는가에 대한 신학적인 질문부터, 이 사태에 어떻게 대처해 나갈 것인가 하는 실천적인 문제에 이르기까지 실로 다양한 질문들이 교회에 제기 됩니다. 어느 것 하나 쉽게 답할 수 없는 복잡한 질문들에 대해 균형 잡힌 시각을 갖기 위해서, 우리는 성경과 역사 그리고 의학 등 다양한 분야의 전문적인 지식들과 씨름해야 합니다. 그러므로 신학자들을 비롯한 전문가들의 도움이 절실합니다.

그런 점에서 코로나19로 인한 재난을 마주하고 있는 한국교회를 위해 여러 신학자들과 전문가들께서 마음과 지혜를 모아 본서를 펴내셨다는 점은 감사하고 고무적인 일입니다. 물론 우리가 씨름해야 할 문제들에 대해 본서가 모든 답을 제시해줄 수는 없을 것입니다. 그러나 전염병을 비롯한 재난과 사회적 문제들 앞에서 교회가 성경적이고 신학적으로 사유해 나갈 수 있는 출발점으로 삼기에 충분하리라 생각합니다. 특별히 본서가 많은 지면을 할애하고 있는 전염병에 대한 교회사적 접근들은 재난 상황에서 교회의 사명 인식에 대해 많은 통찰을 줄 것입니다.

적시성을 담보하기 위해 매우 긴급하게 기획, 출간되었기에 집필하신 교수님들과 편집진, 그리고 출판사의 많은 수고가 있었을 것이라 짐작합니다. 앞으로 여러 한국 사회의 문제에 대한 이와 같은 종합적인 신학연구들이 많이 소개될 수 있기를 기대하며 추천합니다.

송태근 목사

(삼일교회 담임)

한국교회 목회자와 성도들을 위한 시의 적절한 책인『전염병과 마주한 기독교』가 드디어 우리 손에 들려지게 되었습니다. 시대가 급변하는 정국에 코로나19 바이러스의 침탈로 온 나라가 사상 초유의 경험을 하고 있습니다.

새 학기를 맞았지만 아이들은 학교에 가지 못하고, 대학은 인터넷 강의를 시작하였습니다. 심지어 교회까지 각자의 가정에서 영상으로 예배를 드리는 형편입니다. 한국 교회가 선제적으로 이러한 사태를 분별하여 대응책을 내놓는 일에 진통을 겪고 있습니다.

이러한 혼돈의 시대에 본서는 한국 교회와 국민들에게 한 줄기 소망의 빛이 될 것입니다. 다년간 각자 분야에서 연구 업적이 탁월한 석학들의 글을 통하여 전염병 사회가 이미 도래한 우리나라와 세계가 성경을 바탕으로 한 통찰력을 얻을 줄 확신합니다.

오정호 목사

(새로남교회 담임, 제자훈련목회자네트워크(CAL-NET) 이사장)

코로나19 사태는 21세기 지구촌 사람들에게 인류생존의 걸림돌이 무엇인지를 진지하게 되새기게 합니다. 우리가 그동안 관심을 두지 않았을 뿐 바이러스는 다양한 형태와 방식 등으로 인류와 함께 오래도록 공존해 왔던 미생물입니다. 그 공생의 방식이 사람 살이를 괴롭히거나 무너뜨리는 것이었기에 바이러스와의 공존(?)이란 참으로 부담스러운 영역입니다. 이번에 출간된『전염병과 마주한 기독교』는 콜레라, 페스트 같은 먼 과거의 역병(疫病)에서부터 가까이는 사스, 메르스, 코로나19 같은 전염병에 대해 우리 교회가 어떻게 마주 대해야 하는지를 진지하게 일깨워줍니다. 한동안 잊고 있었던 전염병의 실체를 들여다보게 할뿐만 아니라 일상의 기적을 무시한 채 마구 추구해온 웰빙(well-being)의 허상도 되돌아보게 합니다. 이런 점에서 이 책은 코로나19의 도전 앞에 선 그리스도인 모두에게, 특히 신학생과 목회자들에게, 교회의 좌표가 어디쯤에 있는지를 진지하게 성찰하게 합니다.

이 책은 지식이나 경험을 전달하는 교과서이기보다는 우리 사회가 직면한 전염병의 도전에 대한 신앙적 해답을 모색하는 글입니다. 사회 속에 살면서도 그 사회를 변혁시켜야 하는 과제를 안고 있는 그리스도인들에게 우리 시대의 과제에 대한 성경적, 신학적, 역사적 처방을 내리는 데 도움을 줍니다. 우리 사회가 "사회적 거리두기," "자가 격리," "선별 진료" 같은 방식으로 전염병 사태와 마주하게 했다면, 이 책은 신앙적, 성경적, 신학적, 역사적, 윤리적 마주보기로 코로나19 사태를 넘어서게 합니다. 거기에서 전염병을 극복하는, 전염병 사태를 헤쳐가는, 목회적 해답을 추구합니다. 그런 토대에서 전염병의 원인을 하나님의 피조물인 인간이 인간답지 못하게 살아온 지난날의 과오에 있음을 통렬하게 꾸짖고 고발합니다. 독자 모두의 일독을 권합니다.

왕대일 박사
(한국기독교학회 회장)

서문

전염병 창궐 사태 속에서 교회는?

신종 코로나 바이러스 감염증(COVID-19, 이하 코로나19) 사태가 전 세계적인 위협이 되는 가운데 각국이 이 문제를 해결하기 위해 최선의 노력을 다하고 있습니다. 중국 우한에서 이 병의 감염 증상의 확산 위험에 대해 처음으로 경고하고 강력한 대응을 촉구했던 우한시 중심병원의 34세의 젊은 의사 리원량(李文亮)이 환자들을 치료하다 바이러스에 감염되어 2020년 2월 7일 오전 2시 58분에 사망하기도 했습니다. 비교적 잘 대응하는 나라가 있는가 하면 갈피를 잡지 못해 더 어려움을 겪는 나라도 있습니다. 우리들은 여러 언론을 통해 그 모습을 거의 실시간으로 지켜보고 있습니다.

이렇게 어려운 재난의 상황 속에서 교회는 어떻게 해야 할까요? 중국 칭다오(青島=青岛)와 선전(深圳)에서 선교 사역을 하는 지인들로부터 정부의 주도로 교회 모임을 수개월째 못하고 있다고 전해 들었습니다. 이 전염병의 발병지인 우한에서 상당히 먼 곳인 칭다오의 상황이 그러하다면 우한(武汉=武漢)의 상황은 어떨지 짐작할 수 있습니다. 우리나라에서도 확진자가 폭증하여 벌써 꽤 오랜 기간 동안 교회의 예배 모임과 집회를 하지 못하고 있는 실정입니다. 교회들 대부분은 주일 예배를 온라인 예배나 가정예배로 드리고 있고, 회집을 하는 교회들도 당국의 방역 정책을 따라 최대한 모임을 축소하고 간격을 멀리 떨어져 앉아 예배를 드리는 등 이전과는 다른 방식으로 모여 예배를 드리고 있습니다.

인간의 노력이 거의 무력해 보이는 이런 심각한 상황 속에서 우리 교회 공동체는 살아계신 삼위일체 하나님께 은혜를 구하며 일반 은총 가운데서 우리를 불쌍히 여겨주셔서 정상적인 상황으로 돌아갈 수 있도록 공동의 기도와 각 가정과 개인의 기도에 더욱 힘써야 합니다. 코로나 바이러스 감염증으로 확진된 사람들이 죽음에 이르지 않고 빨리 치유될 수 있도록, 백신과 치료 방책이 속히 개발되도록, 환자들을 간호하고 치료하는 의료인들을 주께서 붙들어 주시고 보호하시며 힘주시기를, 그리고 모든 나라들이 서로 협력하며 잘 대처해서 이 전염병이 더 확산되지 않기를 위해서 기도해야 합니다.

더 나아가 우리는 이런 일이 왜 발생했는지 정확히 모르기 때문에 이 사태 앞에 겸손하게 서서, 우리 인간이 오만함을 가지지 않고 삼위일체 하나님 앞에서 그 분의 뜻을 잘 깨닫고 돌아오기를 간구해야 합니다. 인본주의가 계속되는 한, 또다시 이런 사태를 만날 수밖에 없음을 분명히 인식하고, 인간의 근본적인 연약함을 인식해야 할 것입니다. 기도는 연약할 때뿐 아니라 형통할 때도 계속 해야 합니다. 우리의 삶의 한 가운데서 우리의 모든 것을 아뢰고, 피조물로서 우리가 과연 무엇을 어떻게 해야 하는지, 하나님께서 우리에게 요구하시는 것이 무엇인지를 심각하게 묻고 그 분의 뜻을 추구해야 합니다.

또한 교회 공동체는 기도하면서 우리가 할 수 있는 여러 노력들을 함께 해나가야 합니다. 의료인들과 각 행정 기관의 공무원들은 전문가들로서 우리 사회와 구성원들을 잘 보호하기 위해 지혜를 모아 자기의 일을 잘 감당해 이 전염병의 확산을 막는데 최선의 노력을 다할 것입니다. 전문가들의 노력이 의미 있게 드러나려면 수많은 비전문가들이 전문가들의 인도를 따라서 자기 자리에서 역할을 잘 해야 합니다. 사회 전체가 전염병의 확산을 막기 위해 고군분투하는 이 때에 교회 공동체는 더욱 앞장서서 노력해야 합니다. 나만 아니면 된다는 이기적인 생각을 버리고, 여러 자발적 불편들을 기꺼이 감수하는 성숙한 시민의식을 가져야 합니다. 진정한 교회 공동체 회원들은 항상 어느 사회 속에서든지 성숙한 시민의 모습을 드러내게 되어 있습니다.

이 상황 속에서 우리들은 모두 회개하면서 진정한 기도를 계속하며, 이 사태의 해결과 이 사태 너머에 있는 근본적 문제의 해결을 위해 항상 힘쓰는 모습을 보여야 하겠습니다. 주께서 이 참상 가운데 있는 우리들을 불쌍히 여겨주시기를 기도하면서 전염병 창궐 사태 속에서 교회는 과연 무엇을, 어떻게 해야 하는지에 대한 여러 교수님들이 모아주신 지혜를 살펴보도록 하겠습니다.

이승구 교수
(편집위원)

I

전염병에 대한
신학과 의학의 입장

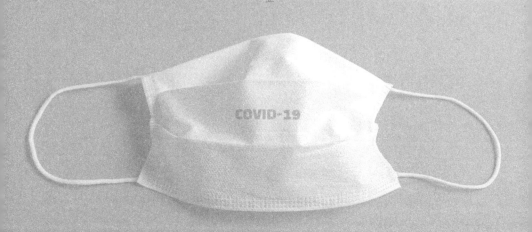

01
기독교는 질병을 어떻게 이해해야 하는가?[1]

이승구
(합동신학대학원대학교 조직신학 교수, 한국개혁신학회 회장)

과거와 달리 현대는 의학과 과학의 발달로 많은 질병들을 상당히 극복하게 되었지만, 그럼에도 에이즈, 사스, 조류 독감, 암, 신종 플루, 에볼라, 그리고 이번에 코로나19 등과 같은 다양한 병으로 많은 사람들이 고통을 당하고, 안타깝게도 죽어 가고 있습니다. 그리스도인은 이런 질병들을 어떻게 이해해야 할까요?

창조와 타락의 빛에서

처음 하나님께서 사람을 창조하셨을 때에는 이 세상에 병이 없었습니다. 하나님으로부터 나올 때에는 모든 것이 선했기 때문입니다. **하나님 보시기에 심히 좋았더라**(창 1:31)고 말씀하신대로, 이 세상을 창조하실 때 하나님께서는 우리들의 건강하고 온전한 삶을 의도하셨습니다. 사람들이 창조된 그 상태에 계속 있었더라면, 또한 하나님의 의도를 잘 파악해서 "더 높은 상태"로 나아갔더라면,[2] 우리에게는 그 어떤 질병도, 또 그로 인한 고통도 없었을 것입니다.

그러나 사람이 죄악을 범한 후에 그 결과로 사람과 피조계 전체가 하나님의 저주 아래 있게 되었습니다(창 3:14에 함의). 심지어 땅도 사람으로 말미암아 저주를 받고(창 3:17) 그 결과로 인간의 삶이 고난스러운 삶이 되었습니다. 또한 인간의 죄 때문에 세상에 내려진 저주로 말미암아 수많은 문제가 생겼는데, 그 가운데 하나가 다양한 형태의 질병입니다. 타락 후에, 처음에는 있지 않았던 **가시덤불과 엉겅퀴**(창 3:18)가 생긴 것과 같이, 수많은 병도 인간의 죄에 대한 결과로 생긴 것입니다.

그 병들은 때로는 타락 후의 상황에서 인과응보로 주어지기도 하고, 때로는 특정인에 대한 형벌이나 징계의 형태로 주어지기도 합니다. 예를 들어 바이러스가 돌고 있는 상황에서 건강에 유의하지 않고, 손을 자주 씻지 않는다면 자연스럽게 감기에 걸리기 쉽습니다. 코로나19에 감염된 사람과 마스크를 쓰지 않고 접촉하면 쉽게 그 바이러스에 감염되는 것과 같이 말입니다. 이는 타락 이후 우리에게 주어진 고난의 구조 속에서 자연스럽게 주어지는 것입니다.

그러나 어떤 때는 하나님께서 병을 내려 심판하신 예를 성경에서 찾아 볼 수 있습니다. 그 대표적인 예로 모세를 비방하는 미리암과 아론에게 하나님께서 **너희가 어찌하여 내 종 모세 비방하기를 두려워하지 아니하느냐**(민 12:8)고 하시면서, **그들을 향하여 진노하시고 떠나시매 구름이 장막 위에서 떠나갔고 미리암은 나병에 걸려 눈과 같더라**

(민 12:9-10上)고하신 것을 들 수 있습니다. 잘못에 대한 하나님의 진노로 병이 든 경우입니다. 헤롯 아그립바 1세(11 BC-A. D. 44)의 죽음도 같은 경우입니다. **헤롯이 날을 택하여 왕복을 입고 단상에 앉아 백성에게 연설하던 중, 그 모습에 반한 백성들이 큰 소리로 이것은 신의 소리요 사람의 소리가 아니라고 할 때**(행 12:21, 22) 갑자기 그가 그 자리에서 즉사하는 일이 발생했습니다. 이에 대해 누가는 그 이유를 다음과 같이 밝힙니다. **헤롯이 영광을 하나님께로 돌리지 아니하므로 주의 사자가 곧 치니**(행 12:23) 누가는 헤롯의 죽음이 하나님께 영광을 돌리지 않았기 때문에 "하나님의 심판에 의한 급사"라고[3] 말한 것입니다. 그리고 의사로서 그것이 이루어진 원인을 설명하면서 "벌레에게 먹혀 죽으니라"고 한 것입니다.[4] 이렇게 하나님께서 특정한 죄에 대한 벌로 병이 들어 죽게 하시는 경우도 있습니다.

또한 고린도 교회가 성찬에 합당하지 않게 참여하는 일이 발생했을 때 그에 대한 징계로 어떤 이들은 약해지고, 병들고, 심지어 죽는 사람들도 있었다고 합니다(고전 11:30). 이는 당시 고린도 교회에서 성찬에 합당하지 않게 참여한 결과였습니다. 그러나 오늘날도 이런 결과가 동일하게 반복 적용되는 것은 아닙니다.

이렇게 성경은 이 세상에 병이 존재하게 된 것은 궁극적으로 인간의 죄 때문이고, 때로는 어떤 구체적인 죄 때문에 특별히 발생하기도 한다고 말합니다.

기계적인 적용의 오류

이런 점에 주목했던 옛 유대인들은 **의인들의 길은 여호와께서 인정하시나 악인들의 길은 망하리로다**(시 1:6)의 큰 원리를 근거로 '질병=하나님의 심판'이라는 공식을 가지고, 이를 모든 상황에 기계적으로 적용하려고 했습니다.

심지어 우리 주 예수님이 이 세상에서 사역하실 때 그의 제자들조차도 이와 관련해 예수님에게 질문한 적이 있습니다. 그 대표적인 예가 "선천적 시각장애"에 대한 질문입니다. 제자들은 **랍비여 이 사람이 맹인으로 난 것이 누구의 죄로 인함이니이까 자기니이까 그의 부모니이까**(요 9:2)라고 질문했습니다. 그들은 죄와 병을 기계적으로 연결시키는 데 익숙했었고, 그 논리로 태어날 때부터 장애를 가진 사람의 경우를 들어 예수님에게 질문한 것입니다. 선천적 장애의 원인도 죄에서 찾았는데, 생애 가운데서 장애를 갖거나 병에 걸린 사람들에 대한 제자들의 인식은 어느 정도였을지 우리는 쉽게 생각해볼 수 있습니다. 이것이 하나님 말씀의 큰 원리를 너무 기계적으로 적용했기 때문에 생기는 오류입니다.

예수님은 이런 기계적인 적용에 대해 비판하셨습니다. **이 사람이나 그 부모의 죄로 인한 것이 아니라 그에게서 하나님이 하시는 일을 나타내고자 하심이라**(요 9:3) 선천적으로 장애를 갖게 된 것이 장애를 가진 당사자나 그 부모의 죄 때문이 아니라고 분명히 해주셨습니다.

죄의 삯은 사망(롬 6:23)이지만, 성경에는 하나님께서 죄인을 평안히 살도록 내버려 두시다가 죽음과 죽음 이후에 벌하시는 경우도 언급됩니다(시 73:3-9). 악한 자들도 이 세상에서 평탄하게 살아갈 수 있습니다. 하나님의 큰 원칙에 의하면 선한 사람은 좋은 길로 인도하시고, 악인은 망하는 것이지만(시 1편), 타락한 이 세상에는 "타락으로 인한 죄의 구조"가 존재하기 때문에 때로는 바르고 옳게 사는 사람들이 어려움을 당하기도 하고 악한 자들이 승승장구하는 현실도 존재하는 것입니다. 심지어 **그들은 죽을 때에도 고통이 없고 그 힘이 강건하며 사람들이 당하는 고난이 그들에게는 없고 사람들이 당하는 재앙도 그들에게는 없기도 합니다**(시 73:4-5). **살찜으로 그들의 눈이 솟아나며 그들의 소득은 마음의 소원보다 많으며**(시 73:7), **이들은 악인들이라도 항상 평안하고 재물은 더욱 불어나**(시 73:12)기도 합니다.

그들은 매우 교만하고 강포합니다(시 73:6). 그들은 모든 일에 대해서 **악하게 말하며 높은 데서 거만하게 말하며 그들의 입은 하늘에 두고 그들의 혀는 땅에 두루**(시 73:8-9) 다닙니다. 이 때문에 연약한 성도는 시험을 받아 **내가 내 마음을 깨끗하게 하며 내 손을 씻어 무죄하다 한 것이 실로 헛되도다**(13절)라고 말하기도 합니다. 왜냐하면 악인들에 비해 경건한 성도는 **종일 재난을 당하며 아침마다 징벌을 받았도다**(14절)라고 말할 정도로 어려움을 당하기 때문입니다. 그러나 악인들은 반드시 죽음 이후에 그에 합당한 큰 징벌을 받게 됩니다. 하나님의 관점에서 보면, 이 세상에서 평안한 삶을 산다 하더라도 죄인들에게는 궁극적으로 **주께서 참으로 그들을 미끄러운 곳에 두시며 파멸에 던지시니 그들이 어찌하여 그리 갑자기 황폐되었는가**(시 73:18-19)라는 말씀이 적용될 것입니다. 주님과 깊이 교제할 때 성도는 이를 깨닫게 됩니다(17절).

애매하게 고난을 당하고 병들어 죽게 되는 경우도 있습니다. 수혈을 잘못 받아 AIDS에 걸리거나, 별다른 이유가 없이도 애매하게 병에 걸리는 일도 있을 수 있습니다. 욥의 경우처럼 신앙의 연단을 위한 고난도 있습니다. 모든 시험의 과정을 마친 후에 했던 욥의 고백을 통해 우리는 고난을 겪은 그의 신앙이 한층 더 성숙해진 것을 볼 수 있습니다.

> 주께서는 못 하실 일이 없사오며 무슨 계획이든지 못 이루실 것이 없는 줄 아오니[하나님 주권에 대한 온전한 인정] 무지한 말로 이치를 가리는 자가 누구니이까 나는 깨닫지도 못한 일을 말하였고 스스로 알 수도 없고 헤아리기도 어려운 일을 말하였나이다[하나님께 조심해서 아룀] 내가 말하겠사오니 주는 들으시고 내가 주께 묻겠사오니 주여 내게 알게 하옵소서[하나님과의 지속적인 교제] 내가 주께 대하여 귀로 듣기만 하였사오나 이제는 눈으로 주를 뵈옵나이다[성숙된 신앙의 단계] (욥 42:2-5)

이런 고난은 신앙을 시험하여 참으로 하나님을 의지하고 있음을 온 세상에 드러내며, 그 과정에서 신앙을 더 성숙하게 만드는 고난입니다. 그래서 예로부터 이런 고난을 연단(鍊丹, Anfechtung)이라는 독특한 단어를 사용해서 표현해 왔습니다(시 26:2; 66:10; 105:19). 이처럼 세상에는 다양한 형태의 고난이 존재하기 때문에 우리는 질병과 고난, 죽음에 대해 어떤 한 가지 시각만을 가지고 기계적인 판단을 내려서는 안 될 것입니다.

그러면 어떻게 할 것인가?

그러면 지금과 같이 전염병이 창궐하는 상황에서 우리는 무엇을, 어떻게 해야 할까요?

첫째로, 우리는 병을 하나님의 심판이나 마귀의 역사로만 봐서는 안 될 것입니다. 모든 병의 원인이 죄에 대한 하나님의 징벌로 인한 것으로 생각하거나 말하는 것은 잘못된 것입니다. 또한 일부 이단 집단에서 주장하듯이, 모든 병이 다 귀신으로부터 비롯된 것이라고 하면서 귀신을 몰아내야 병에서 낫게 된다고 생각하거나 말하는 것도 잘못된 것입니다. 모든 것을 지나치게 단순하게 생각해 성경의 온전한 생각을 따라가지 않는 오류를 경계해야 할 것입니다.

이와 관련해 둘째로, 우리가 흔히 사용하는 병마(病魔)라는 말도 실은 바람직하지 않은 용어입니다. 이런 말을 사용하고 기도하다보면 무의식 중에 모든 병은 모두 마귀의 작용으로 생기는 것과 같이 생각하게 되기 때문입니다. 이런 이유로 평소 사용하는 모든 말을 조심하면서 사용해야 하겠습니다. 더 나아가, 소위 '명령 기도', '선포 기도'라는 방식을 사용해서도 안 될 것입니다. 기도는 우리가 하나님께 하는 것입니다. 그런데 기도라는 이름으로 하나님이 아닌 다른 존재에게 선포하거나 명령을 한다는 것 자체가 이치에 맞지 않는 것입니다. 우리는 그저 겸손히 "우리를 불쌍히 여기사 병을 낫게 해주셔서 주님의 뜻을 깨닫고 행하는 일에 지장을 받지 않게" 해달라고, 주님 중심의 기도를 해야 합니다.

셋째로, 우리는 하나님의 특별 계시와 일반 계시의 빛 아래서 하나님의 뜻에 따라 삶의 온전한 의미를 가지고 건강한 삶을 유지하도록 노력하면서, 혹시 병에 걸리게 되면 주께서 이 병을 허락하신 이유가 무엇인지를 겸허하게 묻되, 혹시 이것이 우리의 죄에 대한 징벌인지, 아니면 우리를 좀 더 성숙하게 만드는 시험인지를 물으면서 다음과 같은 태도를 지녀야 하겠습니다.

(1) 질병에 걸리면 주께서 기적과 같은 초자연적인 방식으로, 또는 의료기술과 약을 사용하시는 자연스러운 방식으로 우리를 속히 치유해 주시기를 바라면서 간절히 기도해야 합니다. 모든 치유는 하나님께서 하십니다. 하나님은 **나는 너희를 치료하는 여호와임이라**(출 15:26)고 하셨습니다. 하나님의 백성들은 이 말씀을 근거로 붙들고 옛날 히스기야 왕과 같이 **주여 사람이 사는 것이 이에 있고 내 심령의 생명도 온전히 거기에 있사오니 원하건대 나를 치료하시며 나를 살려 주옵소서**(사 38:16)라고 기도해야 합니다.

(2) 그러나 만약 주께서 우리가 계속 병을 지니고 살아가기를 원하신다면(심지어 죽음에 이르게 되더라도) 내 은혜가 그것으로 족한 줄 알고 하나님의 능력이 우리의 연약함 가운데서 더 잘 드러나기를 바라면서 하나님을 향한 온전한 신앙을 유지해야 합니다. 바울도 육체의 가시라고 불렀던 그의 병을 고쳐달라고 세 번이나 간절히 기도했지만, 주께서 고쳐주지 않으시고 **네 은혜가 네게 족하다**(고후 12:9)라는 깨달음을 주셨습니다.

또한 질병을 안고 살아가면서 주변에 같은 연약함을 가지고 있는 사람들을 효과적으로 위로하는 일을 감당해야 합니다. 큰 어려움 가운데 있는 사람이 작은 어려움 가운데 있는 다른 사람을 가장 잘 위로할 수 있습니다. 하나님께서는 **우리로 하여금 하나님께 받는 위로로써 모든 환난 중에 있는 자들을 능히 위로하게 하시는**(고후 1:4) 분이십니다.

(3) 종국적으로, 우리는 장차 완성될 하나님 나라에 더 이상 질병과 죽음이 없다는 것을 특별 계시에 근거해 아는 사람으로서, 그 나라가 속히 임하여 오도록 계속해서 기도해야 합니다. 이 세상에서는 우리가 아무리 애를 쓰고 노력하더라도 계속해서 온갖 질병이 우리 주변에 존재하고 생겨날 것입니다. 의학이 비약적으로 발전한 현대에도 온 세상이 감당하기 어려운 이런 전염병으로 우리들을 괴롭히는 현실을 주목하면서, 역사의 마지막 날에 주께서 이 모든 것을 제거해 주실 것을 겸손히 기다려야 할 것입니다.

하나님의 백성에게는 병과 고난 그 자체보다, 그 가운데서도 하나님을 의존하고 바른 관계를 지니려고 노력하는 것이 중요합니다. 현재 코로나 19의 상황 속에서도 믿음을 굳게 하여 모든 것을 주관하시는 하나님께 간절히 기도하면서 살아가기를 권면합니다.

이승구
총신대학교 기독교 교육과(B.A.)
서울대학교 대학원 (M. Ed.)
합동신학대학원대학교 (M. Div.)
영국 University of St. Andrews 신학부, M. Phil., Ph.D.

02

중세 흑사병은 하나님의 징계였을까?

– 14세기 유럽에 창궐했던 흑사병에 대한 고찰 –

이상규

(고신대학교 명예교수, 백석대학교 석좌교수)

시작하면서

'대 역병'(大疫病) 혹은 '유행병'이라고 불린 '흑사병'은 14세기 유럽에 엄청난 변화를 가져온 재앙이었습니다. 이 병이 처음 발견된 1347년부터 병세가 현저히 줄어들었던 약 2년 반 동안 이 병으로 죽은 사람은 유럽에서만 2천 5백만 명에 달했습니다. 1351년까지 유럽 인구의 3분의 1이 분명한 원인도 모른 채 검게 물든 몸으로 죽음을 맞았습니다.[1] 그걸로 이 병이 완전히 사라진 것도 아니었습니다. 1352년까지 약 5년간 계속되던 괴질은 그 위세가 현저히 약화되었지만, 그 후 3백여 년간 주기적으로 유럽을 휩쓸었습니다. 지금은 이 전염병을 흑사병이라고 부르지만 당시 사람들은 병의 이름도 알지 못했습니다. 키에네루드에 의하면 흑사병이라고 부르게 된 것은 18세기 이후인데, 감염자의 사체가 점점 검게 변색되기 때문이라고 합니다. 이 병에 감염되면 각혈하고 팔다리에 종기가 생기고 몸에는 검은 농포가 생겨 며칠이 못가 죽음을 맞게 됩니다. 당시에는 이 질병에 대한 대처방법을 몰라 단순히 격리시킬 뿐이었습니다. 그래서 흑사병은 중세 유럽의 대 재앙이었다고 말합니다.[2]

중세 후기의 이 흑사병은 쥐와 음식물을 통해 주로 전염되는 수인성 전염병인 페스트로 추정되어 왔는데, 지난 2001년 영국 리버풀대학교의 크리스토퍼 덩칸 교수와 수잔 스콧 교수가 공동 저술한 『전염병에 관한 생물학』에서는 흑사병의 원인이 검은 쥐에 기생하는 벼룩이 아니라 고열과 출혈을 일으키는 에볼라 바이러스와 같은 바이러스였다고 주장한 바 있습니다. 이들은, 흑사병은 2-3일 만에 48㎞ 정도를 이동했으나 쥐벼룩이 옮기는 선(腺)페스트는 1년 동안 고작 91㎜ 정도밖에 이동할 수 없었으므로 흑사병이 유럽 전역을 휩쓸었던 속도로 이동할 수 없었다는 점을 그 근거로 제시했습니다. 그러나 현재까지도 정확한 원인이나 감염 경로는 알려지지 않은 실정입니다. 이 글에서는 14세기 유럽에서 창궐했던 흑사병의 시원과 전파, 확산과 소멸, 그리고 유럽사회에 끼친 영향 등에 대해 소개하고, 당시 교회는 이런 질병에 대해 어떻게 인식했는지를 소개하면서 신종 코로나 바이러스가 전파되는 위험에 처한 한국교회의 반성적 성찰에 도움을 드리고자 합니다.

발병의 시원과 전파

이 병이 처음 발병한 것은 서양이 아닌 동양의 중국이었습니다. 이 병은 곧바로 몽고, 인도, 페르시아, 시리아, 이집트로 확산되었는데, 서양인들이 이 병의 소문을 들은 것은 1346년이었습니다. 이들은 저 멀리 동양에서 기이하고 비극적인 질병이 창궐하고 있다는 흉흉한 소문을 들었으나 자신들의 문제가 될 줄은 예상하지 못했습니다. 여행과 통신이 편리해진 오늘날에도 서양인들은 중국을 먼 곳으로 여기는데, 중세 시대 서양인들이 중국의 재난을 듣고 위협을 느끼거나 동요할 이유는 없었던 것입니다. 그러나 불과 1년도 채 못 되어 그 질병은 유럽의 들판으로 스며들었습니다. 이동 경로는 다양했겠지만 가장 치명적인 경우는 선박을 통한 이동이었습니다.

배경은 이렇습니다. 몽고족은 크림반도의 카파에 있는 제노바인들의 교역소(交易所)를 공격하고 있었습니다. 현재 이곳은 페오도시야(Feodosia)라고 불리고 있습니다. 그런데 몽고족에 알 수 없는 질병이 돌아 사망자가 속출하여 병력이 크게 감소하게 되어 공격을 중단할 수밖에 없었습니다. 그들은 퇴각하기 전에 마지막으로 치명적인 공격을 감행하기로 하고 채 온기가 가시지 않은 죽은 시체를 성 안에 던져 넣기 시작했습니다. 이때 이들은 큰 투석기를 이용했다고 합니다. 그 작전은 주효했고, 그 성 뿐만 아니라 도시 전체에 역병이 창궐하게 되었습니다. 이 질병으로 크림반도에서만 8만 5천명이 죽었다고 합니다. 다급해진 제노바인들은 갈리선을 타고 지중해로 탈출하기 시작합니다. 이렇게 페스트는 유럽으로 전파된 것입니다. 치명적인 접촉은 1347년 10월에 일어났습니다. 흑해 지방에서 온 10척의 제노바 상선이 시실리아의 메시나(Messina) 항구로 입행했는데, 이 선박에는 이상한 화물이

실려 있었습니다. 사타구니와 겨드랑이에 계란 크기의 혹을 가진 선원의 시체였습니다. 시신에서는 피와 고름이 흘러나왔고, 이들의 땀, 오줌, 호흡, 배설물에서는 역겨운 냄새가 솟아 온 하늘을 덮었습니다. 흑사병의 유럽 진출이었습니다. 물론 이것이 유럽으로 전파된 흑사병의 최초의 그리고 유일한 경로라고 말할 수는 없지만, 바그다드를 거쳐 티그리스 강을 따라 아르메니아를 지나 크림반도의 이탈리아 상인들의 하물 수송로를 따라 유럽으로 확산된 것입니다. 이 수송로는 동양의 향료나 실크가 유럽으로 수출되는 중요한 교역로이기도 했습니다. 이 무서운 질병은 메시나 항구만이 아니라 북이탈리아의 도시 제노바와 베네치아로 확산되었고, 1348년 봄에는 시실리와 이탈리아 본토에 상륙했습니다. 1348년 1월에는 튀니스를 통해 북아프리카로, 마르세유를 통해 프랑스로, 3월경에는 프랑스 중부까지 전파됩니다. 그해 5월경에는 로마와 플로렌스까지 침투했습니다. 6월에는 파리, 보르도, 리용으로, 7월에는 스위스와 헝가리로 확산되었고, 1348년에는 잉글랜드로, 그리고 그해 6월에는 런던을 공격했습니다. 곧 스코틀랜드로 확산되었습니다.

무지한 대처

흑사병이 창궐하자 유럽의 모든 도시가 극도의 혼란에 빠졌습니다. 적절한 치료법을 알지 못했던 이들은 마스크를 착용하거나 신체 청결관리와 같은 기본적 조치에도 소홀했습니다. 치료기구도 없었을 뿐만 아니라 진단 방법도 없었고, 나타나는 증상이 감염 여부를 판단하는 유일한 방법이었습니다. 감염된 환자를 격리하고, 그들로부터 가능한 멀리 도피하는 것만이 최선의 대책이었습니다. 부유한 이들은 재산을 버리고 보다 안전한 곳으로 도망쳤고, 부모는 자식을 버렸고, 자식은 병든 부모를 내다버렸습니다. 아내는 남편을 버리고, 남편은 병든 아내를 멀리했으나 누구도 그것을 탓하지 않았습니다. 가축들은 돌보는 사람이 없이 떠돌아 다녔습니다. 죽음을 앞둔 이들은 쓸쓸하게 죽음을 맞았고, 옛정이나 돈으로도 죽은 자를 묻는 사람이 없었습니다. 감염의 위험 때문에 그 누구도 버려진 자들 가까이 접근하기를 두려워했기 때문입니다. 사람들은 병자들과 신체적 접촉만이 아니라 옷에 닿는 것도 위험하다고 생각했고, 얼굴을 맞대고 쳐다보는 것조차도 무서워했습니다. 코로나 바이러스가 확산되는 오늘의 현실도 크게 다르지 않습니다. 문제는 격리와 도피로도 퍼져가는 역병을 막을 수 없었다는 점입니다.

많은 사람들, 특히 이탈리아의 피렌체 사람들은 개와 고양이가 병원균을 옮긴다고 생각해서, 개와 고양이를 닥치는 대로 죽여 없애는 것이 상책이라고 생각했습니다. 병에 대한 무지는 도리어 병의 전염을 가중시켰습니다. 죽은 가축들이 실제로 페스트의 확산에 영향을 준다는 사실을 알지 못했던 것입니다. 죽은 개들과 고양이들은 쥐가 활개칠 수 있는 환경을 만들어 주었고, 쥐의 급속한 번식은 도리어 치명적인 결과를 가져왔습니다.

당시 교회 지도자들도 질병의 확산에 영향을 주었습니다. 공포의 괴질이 확산되고 있는 가운데 교황 클레멘스 6세는 1350년을 성년

(聖年)으로 선포했습니다. '성년'이란 가톨릭 교회에서 특별히 기념할 일이 생겼을 때 교황이 선포하는 행사년을 의미하는데, 성년에 고해성사(告解聖事)를 행하고 로마의 성 베드로와 바오로 성당을 순례하고 참배한 자들은 모든 죄가 사해진다는 대사면년(大赦免年)의 선포였습니다. 이 성년은 1300년 교황 보니파치우스 8세로부터 시작되었습니다. 그는 100년마다 한번 씩 성년을 선포할 수 있다고 했지만 교황 클레멘스 6세는 이는 너무 긴 기간이라고 하여 50년 주기로 성년을 선포할 수 있다고 주장하며 1350년을 성년으로 선포한 것입니다. 특히 그는 로마를 순례하는 자는 연옥을 통과할 필요 없이 바로 낙원으로 가게 된다고 선언했습니다.

이렇게 되자 질병에 시달린 수많은 이들이 로마로 향하는 순례 여행에 동참하게 되면서 질병은 확산됩니다. 언제 죽을지도 모르는 불안 속에서 약 100만의 인파가 로마로의 여행에 참여하였으니 괴질은 확산될 수밖에 없었던 것입니다.

질병에 대한 이해: 질병은 하나님의 징계였을까?

이 병의 증세나 감염 경로, 확산의 원인 등의 문제는 의학적 관심을 가진 이들에게는 흥미로운 주제이겠지만, 오늘 우리의 관심사는 이 질병이 어떻게 그토록 급속도로 확산되었을까 하는 점과 질병에 대해 당시 교회는 어떻게 인식했는가의 문제입니다.

질병의 확산과 질병에 대한 인식은 무관하지 않습니다. 질병에 대한 인식이 확산에 영향을 주기 때문입니다. 우리가 질병의 확산에 관심을 가지는 이유는 의학적이거나 역학(疫學) 외적인 요인이 더 컸기 때문인데, 바로 종교적인 이유였습니다. 당시 사람들은 질병을 어떻게 인식했을까요?

14세기 유럽인들은 자기들을 죽음으로 내모는 질병에 대해서는 아는 바가 없었지만, 질병의 주된 원인에 대해서는 나름의 분명한 확신을 가지고 있었습니다. 바로 하나님의 심판이라는 인식이었습니다. 인간이 당하는 모든 고통은 하나님의 징계이며 하나님의 심판이라고 본 것입니다. 그래서 그 시대 사람들은 이 페스트를 전능자가 내리는 시련이며, 그 시대의 죄악에 대한 징벌 혹은 보복이라고 믿었습니다. 14세기에는 연옥설이 유포되고 있었고, 단테의 『신곡』을 통해 연옥과 지옥의 모습을 생생하게 연상하고 있었습니다. 질병으로 인한 고통과 죽음은 지옥의 모습을 보여준다고 생각했고, 사후에도 누군가의 중재로 연옥으로 옮겨갈 수 있다고 믿었기 때문에 이 질병에 대해 놀라울 정도로 체념했습니다. 이 질병은 하나님이 내리시는 징계인데, 누가 감히 이 징계를 거역하거나 피할 수 있단 말입니까? 그래서 체념할 수밖에 없었고, 죽더라도 단지 사죄의 은총을 기대했을 뿐입니다. 이런 종교적 태도가 병에 대한 저항 의지를 앗아갔던 것입니다. 이른바 성년의 해에 백만이 넘은 이들이 위험을 무릅쓰고 로마로의 순례여정에 동참한 것은 병으로부터의 치유가 목적이 아니라 죄로부터의 사면을 원했기 때문입니다.

질병이 하나님의 징계이고 심판이라는 기계적 인식이 결과적으로 이 병의 확산에 영향을 준 것입니다. 필립 지글러는 그의 책에 "역병이 확산되는데 있어서 이런 종교적 신념보다 더 적절한 환경을 조성해 준 것은 없다"라고 쓰기도 했습니다.[3] 이와 함께 유럽인들은 거듭된 흉작과 인구 증가로 기근에 시달리고 있었고, 영양부족으로 병과 싸울 준비가 되어 있지 못했습니다. 다시 말하면 흑사병이 유럽에 도래했을 때 저항할 힘조차 없는 이들이 병을 맞았고 그것을 하나님의 징계라고 인식한 것입니다.

이런 인식이 가져온 또 다른 결과가 '자의적 보상행위', 그리고 '채찍질 고행단'의 출현입니다. 사망자가 늘어나자 하나님의 도움을 구했습니다. 설사 죽더라도 천국의 보상을 갈망했습니다. 이들은 자신의 모든 것을 기꺼이 교회에 바침으로 보상과 위안을 얻고자 했습니다. 미리 나의 모든 것을 바침으로써 징계로부터 보상받고자 한 것입니다. 또 다른 방식은 고행(苦行)이었습니다. 이 질병이 하나님이 내리신 형벌이라고 여긴 이들은 자기 몸에 채찍질을 가함으로 하나님의 진노를 가라앉히려고 했습니다. 이 또한 일종의 보상 심리였습니다. 이들은 최소한 낮에 두 번, 밤에 한 번씩 옷을 벗고 자신의 몸에 채찍을 가했습니다. 하나님의 징계에 앞서 스스로 징계를 받음으로 하나님의 노여움을 해소하고자 했던 것입니다. 이들이 '채찍질 고행단'인데, 흑사병이 유행하는 기간 그 수행자가 가장 많았을 때는 약 80만 명에 달했다고 합니다. 헤르포르트는 이렇게 썼습니다.

"채찍은 일종의 막대기였으며, 커다란 매듭이 있는 세 개의 줄이 달려 있었다. 매듭에는 바늘처럼 날카로운 쇠붙이로 된 징이 박혀 있었는데, 그 길이가 밀의 낟알 정도였다. 그들은 이러한 채찍으로 자신의 벌거벗은 몸을 때렸다. 그 결과 몸이 부어오르고 시퍼래졌으며 피가 땅에 흐르면서 이런 일이 행해지는 교회 벽에까지 튀었다. 그들이 너무 세게 채찍질하는 바람에 징이 살에 막혀서 렌치로 빼내야 하는 경우도 있었다."[4]

영국의 레프는 『중세의 이단』(*Heresy in the Middle Ages*)이라는 자신의 책에서 "채찍질 의식은 두려움에 사로잡혀 있는 이들이 감정을 분출할 수 있는 얼마 안 되는 방법 중의 하나였다."고 썼습니다. 그러나 채찍질 의식도 심리적 효과는 있었으나 이 질병으로부터 기인하는 고통을 감소시키지는 못했습니다.

문제는 질병이 곧 하나님의 징계라는 기계적 인식이었습니다. 모든 인간사가 하나님의 수중에 있고 하나님이 역사의 주인이자 운행자라는 점은 사실이지만, 동시에 인간의 책임을 간과하기 쉽습니다. 그 결과 몸과 육체를 관리하지 못한 인간의 책임과, 질병에 대한 과학적 접근을 원천적으로 간과한 것입니다.

그러다 보니 행운의 부적이 유행하기도 했고, 그리스도 상(像), 마리아 상, 성구함 등이 인기 있는 '액막이 상품'으로 유통되기도 했습니다. 주술을 행하기도 하고 미신을 따르기도 했고, 가짜 의약품이 활개 치기도 했고, 향수나 식초를 몸에 바르기도 했지만 그것이 고통을 완화시켜주거나 역병을 막아내지 못했습니다.

유럽에 남긴 변화들

14세기 흑사병에 대해 소개하면서 이 질병이 유럽사회를 어떻게 변화시켰는지 정리하면서 이 글을 맺고자 합니다. 흑사병은 그 시작도 불분명했지만, 쇠퇴도 분명치 않았습니다. 엄청난 전쟁을 치른 뒤 이 병의 위세가 서서히 감소되더니 유럽의 폐허 위에 고요가 찾아왔습니다. 그러나 역병이 가져온 후유증은 금방 사라지지 않았습니다. 약 2년 반 만에 인구의 3분의 1이 죽었으니 그것이 남긴 사회적 변화는 가히 혁명에 비견될 수 있을 것입니다. 어떤 이들은 제1차 세계대전과 비교하기도 합니다. 인구가 감소하자 자연히 인건비가 상승했고, 부와 권력을 누리던 지주들은 파산했으며, 중세의 특징이던 봉건주의가 붕괴됐습니다. 정치나 경제적인 면뿐 아니라 사회 전반에 변화가 나타났습니다.

영국의 경우 프랑스어가 널리 사용되고 있었으나 많은 프랑스어 교사들이 목숨을 잃게 되자 영어가 서서히 지배적인 언어로 대치되기 시작했습니다. 그 결과 라틴어는 서서히 소멸되었습니다. 이것은 자국어 발전의 자연스런 귀결이었습니다. 영국에서의 국제어의 약화는 보편교회론의 기둥을 허무는 결과를 가져왔습니다. 약간의 과장이기는 하지만 영국이 계속 프랑스어로 말하고, 라틴어로 글을 썼다면 종교개혁은 일어나지 않았으리라는 주장에도 나름의 설득력이 있어 보입니다.

예술 분야에도 변화가 나타났습니다. 흑사병을 경험하면서 고통 받는 이들과 징벌 받는 이들, 그리스도의 수난, 지옥의 고문 등 고통과 죽음이 예술작품의 주제가 되었고, 해골과 시체가 주로 등장하는 '죽음의 무도'라는 장르가 발전합니다. 피렌체의 산타 크로체 성당에 그려져 있는 오르카냐의 '죽음의 승리'라는 작품이 대표적입니다. 앞날을 헤아릴 수 없었던 생존자들은 자신도 언제 죽음으로 다가서게 될지를 알지 못하자 도덕적 삶에 의미를 두지 않았습니다. 충격적일 정도로 도덕이 땅에 떨어졌고, 금욕이나 절약은 무의미했습니다. 술 취한 매춘부들이 자기의 처지를 부끄러워하지 않았습니다. 방자하게 행해도 아무도 탓하지 않았고, "먹고 마시자. 내일 우리는 죽을 테니까."라고 자포자기하게 되었습니다. 기다릴 미래가 없었던 중세인들의 대응이었다고 할 수 있습니다. 흑사병으로 인한 사회변화가 가져온 결과는 광범위했습니다. 개인주의가 발달하고 상업 활동이 활발해졌으며, 사회와 경제의 유동성도 높아졌습니다. 이러한 변화가 자본주의의 태동을 알리는 전조였습니다.

더 큰 변화는 교회 내부의 변화였습니다. 프랑스 역사가 자클린 브로솔레에 의하면 성직 지원자의 격감으로 무식하고 무지한 이들이 교회의 지도자로 세워지게 되었습니다. 그는 "이런 무지가 교회를 더욱 타락하게 하여 결국 종교개혁의 원인을 제공했다"고 썼습니다. 인간 역사에 가장 큰 변화를 가져 온 것은 질병과 전쟁, 그리고 자연재해였다는 주장은 사실입니다.

이상규
고신대학교 신학과(B.Th.)
신학대학원(M.Div.), 대학원(Th.M.)
호주빅토리아주 장로교 신학대학(P.T.C.)
호주신학대학(A.C.T.) 신학박사(Th.D.)

03
인수공통감염병 창궐과 동물보호[1]

노영상
(백석대학교 기독교윤리학 교수, 호남신학대학교 전 총장)

인수감염병의 습격

하나님께서는 인류를 사랑하시므로 인류가 멸망하는 것을 바라지 않으십니다. 그러나 오늘 우리 인류는 일거에 멸망할 수 있는 위험 속에 놓여 있습니다. 2017년 한 언론사에서 노벨상 수상자 50명을 대상으로 '향후 인류에 가장 큰 위협이 될 게 무엇인가'를 묻는 조사를 한 적이 있었는데, 인구 증가(34%)와 핵전쟁(23%)에 이어 감염병(8%) 등이 높은 순위를 차지했습니다. 이 답변에는 우선적으로 들어가지 않았지만, 저는 '지구온난화로 인한 기후변화' 또한 심각한 위협 가운데 하나라고 생각합니다. 이러한 인류의 위기 앞에서 저는 최근『지구 생명체의 위기와 기독교의 복음』이란 책을 펴내기도 했습니다. 그 책에도 인수감염병 위기에 대한 글이 담겨 있습니다.

전염병 중 특히 인간과 동물에게 공통으로 전염되는 인수공통감염병은 오늘날 큰 문제를 야기하고 있습니다. 최근 코로나19로 세계가 몸살을 앓고 있습니다. 박쥐가 매개가 되어 생긴 질병이라고도 하고, 천산갑이 숙주가 되어 야기된 질병이라고도 합니다. 아직 확실히 밝혀진 바는 없지만, 이번 감염병도 일종의 인수감염병으로 판단됩니다. 동물의 병이 인간에게 옮겨지는 양상들은 21세기에 들어서 부쩍 많아졌습니다. 조류독감은 닭이나 오리 등의 새무리에 의해 옮겨진 질병이며, 광우병은 소로부터 인간에게 전염될 수 있는 질병입니다. 몇 년전 유행했던 메르스는 중동지역의 낙타에 의해 옮겨진 질병이며, 에볼라 바이러스는 원숭이로부터, 신종플루는 돼지로부터 야기된 질병이라는 의견도 있었습니다. 작년에 크게 창궐했던 아프리카 돼지열병으로 거의 50만 마리에 가까운 사육돼지와 야생돼지가 살처분되어 많은 이들의 마음을 안타깝게 했습니다.

특히 이번 코로나19는 박쥐로부터 야기된 질병이라고 보는 견해가 많습니다. 지구 전체 포유류의 약 5분의 1이 박쥐라고 합니다. 이 박쥐는 집단생활을 하는데, 그러다 보니 여러 바이러스에 잘 감염됩니다. 박쥐가 감염될 수 있는 바이러스는 150개가 넘는다고 합니다. 게다가 박쥐는 매우 멀리 날아다닙니다. 최근 야생박쥐 서식지가 많이 파괴되면서 박쥐 이동경로가 전보다 더 길어졌고, 그 결과 인간과의 접촉면이 넓어졌습니다. 앞으로 우리는 박쥐에게서 야기되는 전염병의 창궐에 더욱 조심해야 할 것입니다.[2]

가축과 야생동물 등에 퍼지는 전염병들은 인간에게도 큰 위협이 되고 있으며, 언제 어떤 변종이 생겨 우리의 목숨을 위협하게 될지 모릅니다. 특히 인간과 동물 모두를 감염시키는 인수감염병들은 발생했을 때 인간에게 치명적일 수 있습니다. 동물에게 병을 일으키는 바이러스들은 인간에게는 생소한 것으로 어떤 면역체계가 생성된 것이 아니기 때문에, 그 폐해가 치명적일 수 있다고 전문가들은 이야기합니다.[3]

동물들의 감염병 창궐은 인간이 동물들과 바른 관계를 갖지 못해 야기되었다고 해도 과언이 아닙니다. 특히 오늘날의 공장식 축산은 동물들의 면역력을 크게 떨어뜨리는 사육방식입니다. 예를 들어 연한 송아지 고기를 얻기 위해 인간은 좁은 공간에 송아지들을 가두고 일부러 운동을 못하게 하여 사육하는데, 이런 사육방식은 동물들의 면역력을 크게 떨어뜨립니다. 이렇게 동물들이 병에 취약하게 되며 그 병이 인간에게도 전염될 가능성이 높아진 것입니다. 닭들의 사육도 마찬가지입니다. 좁은 닭장에 일렬로 붙어 앉아 종일 움직이지도 못하며 사육되는 닭들이 건강하게 자랄 리 만무합니다.

오늘날 우리가 인수감염병을 막기 위해서는 동물보호의 문제를 심각히 생각하지 않을 수 없으며, 이에 성경의 동물보호 정신을 간단히 살펴보고자 합니다.

구약에 나타난 동물보호에 대한 견해
구약성경은 모든 동물이 하나님의 피조물이며, 동물도 하나님의 사랑의 대상임을 강조합니다. 창세기 1장 29절은 동물보호의 차원에서 채식주의적 입장을 강조합니다. **하나님이 이르시되 내가 온 지면의 씨**

맺는 모든 채소와 씨 가진 열매 맺는 모든 나무를 너희에게 주노니 너희의 먹을 거리가 되리라 이 본문은 동식물 중 식물만이 우리의 음식이 됨을 강조합니다.

창세기 6장 12절은 그 때에 온 땅이 하나님 앞에 부패하여 포악함이 땅에 가득한지라 하나님이 보신즉 땅이 부패하였으니 이는 땅에서 모든 혈육 있는 자의 행위가 부패함이었더라라고 말합니다. 창세기 6장 12-13절의 말씀들은 인간과 동물이 모두 하나님의 피조물로서 연대성을 갖고 있음을 언급하는 것입니다. 인간과 동물이 혈육을 가진 자라는 포괄적인 단어로 표현되고 있습니다.[4]

창세기 9장 11절은 내가 너희와 언약을 세우리니 다시는 모든 생물을 홍수로 멸하지 아니할 것이라 땅을 멸할 홍수가 다시 있지 아니하리라고 언급합니다. 이 본문은 인간과 동물 모두의 심판과 구원에 대해 말하는 것입니다. 창세기 6장 19절은 혈육 있는 모든 생물을 너는 각기 암수 한 쌍씩 방주로 이끌어들여 너와 함께 생명을 보존하게 하되라는 말씀으로 노아의 방주가 모든 동물들을 위해서도 구원의 방주가 되었음을 지적합니다.[5]

신명기 12장 20절에서는 하나님께서 출애굽한 이스라엘 백성들에게 식물성 음식인 만나를 주셨으나 백성들은 고기 먹기를 갈망했고, 이에 하나님은 이스라엘에게 메추라기를 보내주셨습니다. 하나님이 다스리는 이상적인 동산에서는 음식을 위해 동물을 살해하지 않았는데, 그 훈련된 모습을 다니엘과 그의 친구들의 모습에서 볼 수 있습니다(단 1:12).

하지만 노아 홍수 후 이러한 채식주의적 입장들이 바뀌었습니다. 창세기 9장 3-5절은 **모든 산 동물은 너희의 먹을 것이 될지라 채소 같이 내가 이것을 다 너희에게 주노라 그러나 고기를 그 생명 되는 피째 먹지 말 것이니라 내가 반드시 너희의 피 곧 너희의 생명의 피를 찾으리니 짐승이면 그 짐승에게서, 사람이나 사람의 형제면 그에게서 그의 생명을 찾으리라**고 말씀합니다. 인간의 타락 후 땅은 더욱 오염되었고, 이에 더 심한 노동이 필요하였으며 이를 위해 더 농밀한 음식이 요청되었기에 노아 홍수 후엔 하나님께서는 인간에게 고기를 먹을 것을 허락하셨습니다.

레위기 11-15장에는 부정한 음식에 대한 규정을 언급하며 생명에 대한 경외의 마음을 강조합니다. 이 본문에서는 인간이 먹을 수 있는 고기와 먹을 수 없는 고기를 구분합니다. 돼지고지와 비늘 없는 물고기를 먹지 말라고 하신 말씀은 인간과 잘 습화되어 검증된 동물들은 먹되, 잘 검증이 되지 않은 동물들은 먹지 말라고 말씀하신 것입니다. 이 본문에는 또한 맹수들과 야생동물들도 먹지 말라고 기록되었는데, 이는 야생동물들과 접촉하며 그들의 고기를 함부로 먹는 것을 경계하신 말씀입니다. 이 레위기의 말씀은 노아 홍수 이전의 채식과 홍수 후의 육식에 대해 중간에서 허용적인 입장을 취합니다.[6] 동물의 고기를 먹기는 하되 식욕을 억제하고 그들의 생명을 중시하면서 하나님의 모든 피조물과 평화스럽게 살 길을 제시하고 있는 것입니다. 이와 같이 모세오경은 인간과 동물 사이의 상호 의존과 함께 동일한 이해관계에 놓여 있음을 강조합니다.

출애굽기 20장의 십계명은 안식일의 규례를 말하며, 안식일엔 사람과 더불어 동물도 안식하는 날임을 강조합니다. 또 출애굽기 23장 10-11절의 말씀은 안식년을 설명하면서, 칠 년이 되는 해에는 밭을 묵여 두어 그 밭의 소산을 가난한 사람과 들짐승들이 먹을 수 있도록 조처했습니다. 성경의 많은 말씀들은 인간의 타락으로 인해 짐승들도 함께 고통을 당하고 있음을 언급합니다(호 4:1-3, 습 1:2-3, 욜 1:18).

신명기 22장 10절의 말씀은 소와 나귀가 함께 멍에를 메도록 하지 말라고 명합니다. 서로 힘의 세기가 다른 짐승이 함께 멍에를 메게 될 경우, 힘없는 동물이 상하게 되기 때문입니다. 레위기 22장 28절은 어미 소를 새끼와 함께 도살하지 말 것을 언급하고, 신명기 22장 6-7절 말씀에는 어미 새를 그 알과 같이 취하지 말라고 기록되었습니다. 아울러 어미의 젖에 그 염소 새끼의 고기를 삶지 말라고 하시며(신 14:21), 동물들에게도 나름의 권리가 있음을 강조합니다. 최근 동물보호론자들은 인권과 함께 동물권도 같이 강조되어야 한다고 주장합니다.

신약에 나타난 동물보호에 대한 견해

호주 출신의 철학자 피터 싱어는 마태복음 8장 31-32절의 사람에게서 쫓아낸 귀신을 돼지 떼에 들어가게 해 돼지 떼를 바다에 몰살시킨 사건과, 마태복음 21장 19절의 무화과나무를 저주하여 마르게 한 사건을 들어 동식물에 무관심한 내용으로 비판합니다.[7]

그러나 신약성경에는 동물에 대한 사랑의 마음이 표현되는 구절들이 많이 있습니다. 누가복음 12장 6절 말씀은 참새에 대한 하나님의 사

랑의 모습을 그리고 있으며, 누가복음 12장 24절과 마태복음 6장 26절
은 새들을 먹이시는 하나님의 배려를 묘사합니다. 마가복음 1장 13절
은 예수 그리스도께서 그의 사역 전에 광야로 나가셔서 들짐승과 함께
계시며 창조의 본래적 샬롬을 회복하셨음을 말하고 있습니다.

사도 바울은 인간을 포함한 전 창조물의 구원을 말하며, 동물들에
대한 하나님의 배려를 강조합니다. 로마서 8장 19-23절에서는 모든 피
조물들이 인간의 구원을 통해 고통에서 벗어나길 바라신다고 말하며,
골로새서 1장 19-20절에서는 하나님께서 동물을 포함한 모든 피조물
들이 하나님과 화해하여 새로움에 이르기를 바라신다고 말합니다.

특별히 예수 그리스도께서 이 땅 위에 오셔서 십자가에 달리심에
따라 동물 희생제사가 막을 내리게 되었는데, 이것은 동물들에게는 하
나의 해방의 말씀이라고 생각할 수 있습니다(히 10:18). 옛 유대교에서
는 동물의 생명을 빼앗는 일을 당시 최고위 지도자 그룹인 제사장 무
리가 관장했는데, 이것은 동물을 도살하는 일에 신중했음을 나타내는
좋은 예일 것입니다.

결론

서양의 마트에서는 생태달걀(Eco-egg)이라는 표시가 붙은 달걀들이 판
매됩니다. 최근 우리나라에서도 친환경 달걀(동물보호 달걀)이 판매되는
데, 가짜가 많아 구매자들이 즐겨 사는 편은 아닙니다. 이제 우리도 인
간의 입장에서만 동물을 보지 않고, 동물복지의 측면에서 그들을 볼
수 있는 시야를 길러야 합니다. 동물도 임계점에 이르면 인간을 공격

하는 일이 발생하리라는 것을 생각하며, 동물을 무한한 착취의 대상으로 생각해서는 안 될 것입니다.

이와 같이 작금의 인수공통감염병의 창궐은 동물에 대한 인간의 바른 관계의 파괴에서 야기되었음을 상기할 필요가 있습니다. 오늘날 인수감염병이 전 인류의 생명을 위협하는 지경에 이르러 있는데, 우리는 이런 위기를 타개하기 위해 성경에 나타나는 동물보호 정신을 다시 새겨 인간과 동물의 대결 구도로부터 서로 위로자와 보호자가 되는 위치로 양자의 관계를 되돌려야 할 것입니다.

예전 우리 농촌에서는 동물들을 키우며 그들과 더불어 살아갔습니다. 함께 나가 밭에서 일하며 들녘에서 같이 쉬기도 하고, 가축이 새끼를 낳게 되면 여물에 콩을 섞어 영양보충을 해주기도 했으며, 혹 나이가 들어 도살장으로 가는 날이면 온 식구가 눈물로 배웅했습니다. 물론 현대와 같이 산업화된 시대에 이전의 축산 방식을 그대로 지키기는 어려운 일이겠지만, 동물들에 대해 보다 더 애정을 갖고 대하는 자세는 유지할 수 있을 것이라 생각합니다. 동물들과의 공생적 따뜻함을 견지해나간다면, 오늘과 같이 인류의 턱밑에 온 위기들을 좀 더 완화할 수 있지 않을까 사료됩니다. 마지막으로 인수공통감염병을 극복하기 위한 실천적 제안을 드리며 이 글을 마치고자 합니다.

인수공통감염병 극복을 위한 실천적 제안들

1. 인구의 증가로 야생동물 서식지가 감소하고 있습니다. 이에 양자 사이의 경계가 점점 무너져 갑니다. 이런 이유로 바이러스의 입장에서

보면 인간을 새 숙주로 삼는 것은 매력적인 선택일 것입니다. 그러므로 우리는 인간의 생활공간과 동물의 서식지를 분리하여 보존하려는 노력을 해야 합니다. 동물들의 주거 권리 보호에 대한 생각이 강조되어야 할 것입니다.

2. 아울러 우리는 야생동물들과의 무분별한 접촉을 삼가야 합니다. 한 자료에 따르면 2019년 현재 우리나라에 야생동물 카페가 64개 있다고 합니다. 이 중 상당수가 제대로 관리되지 않는 게 현실입니다. 야생동물 분변이 굴러다니는 비위생적인 공간에서 사람이 차를 마시고 간식을 먹기도 합니다. 사람과 몸을 비비는 동물들이 정상적인 검역을 거친 것인지도 확인하기 어렵습니다. 현재 입법 미비로 야생동물 카페를 단속할 법규가 없는 만큼 개개인의 주의가 필요합니다.

3. 최근 연구가 집중되는 분야는 인플루엔자 범용 백신 개발입니다. 범용 백신 개발이 완성되면 주사 한 번으로 세상 모든 인플루엔자 바이러스를 예방할 수 있는 날이 올 것입니다. 개발이 일단 성공하면 범용 코로나 바이러스 백신의 연구 개발로도 이어질 수 있습니다. 우리는 이 같은 과학자들의 노력을 격려해야 할 것입니다.

4. 일부 국가에서는 대기근 등 여러 이유로 야생동물을 잡아 먹는 일이 있다고 합니다. 그게 일종의 유행이나 문화처럼 굳어졌다면, 해당 국가의 정부가 적절한 시스템을 만들어 관리 및 규제를 해야 합니

다. 우리나라도 가축전염병관리법 및 동물보호법을 더욱 강화해 위험에 대비해야 할 것입니다.[8]

5. 더 나아가 동물의 고통을 경감하기 위해 노력해야 합니다. 동물의 고통을 줄이는 사육, 곧 공장식 축산을 지양하고 가능한 방목형 축산 방식을 강화해야 합니다. 아울러 밀도살에 대한 통제도 강하게 이루어져야 합니다. 동물을 사용해 실험을 할 때에도 가급적 동물의 고통을 경감시키는 방향을 선택해야 합니다.

6. 불법사냥과 더불어 투우, 투계, 투견 등도 생명에 대한 사랑의 마음에 반하는 행위들도 엄격히 금지해야 합니다.

7. 환경보호와 더불어 앞서 언급한 동물보호 달걀과 같은 정의로운 친환경 식품의 소비를 통해 공장식 영농의 축소를 유도해야 합니다.

8. 동물의 유전자 조작에 대해 지금보다 더욱 신중하게 접근해야 합니다. 인류에 어떤 재앙이 될지도 모를 일이기 때문입니다. 최근 어느 나라에서 생화학 무기를 위해 유전자 조작을 했다는 소식이 있는데, 신중하게 고려하며 경계해야 합니다.

9. 특히 교회는 다음과 같이 동물보호를 위한 신학적 강조를 할 필요가 있습니다.

1) 모든 생명이 하나님 앞에서 다 귀중하다는 생명신학에 대한 이해
   증진

2) 하나님의 사랑을 전 피조물을 향해 확대한 동물보호 신학의 재구성

3) 자연에 대한 청기지적 자세

4) 자연친화적 생태영성 형성과 훈련

10. 앞에서 여러 제안들을 하였지만, 무엇보다 가장 중요한 것은 생명체에 대한 사랑의 회복입니다. 말세에는 **불법이 성하므로 많은 사람의 사랑이 식어지리라**(마 24:12)고 경고하신 예수님의 말씀을 기억하고, 생명에 대한 사랑의 마음을 더욱 강화해 오늘날과 같은 인수감염병을 이기는 힘으로 삼아야 할 것입니다. 인수감염병이 동물에 대한 무관심으로 인해 인류에 미친 부정적인 영향임을 기억하면서, 인간과 동물이 함께 공생하며 행복한 길을 찾으려 노력해야 하겠습니다.

노영상
서울대학교
장로회신학대학교 M.Div., Th.M.
장로회신학대학교 대학원 Th.D.

04
의학적 관점에서 본 전염병

–크리스천 의사의 시각에서–

이종훈
(닥터홀 기념 성모안과 원장)

히포크라테스(B.C. 460? ~ 377?)가 '의학의 아버지'로 추앙받는 이유는 질병을 신이 내린 형벌로 여기는 인식을 벗어나 자연과학의 자세로 치료할 수 있다고 접근한 공로 때문입니다. 재미있는 것은 당시로써는 파격적인 '교리'를 펼친 히포크라테스에 대해 알려진 사실이 거의 없다는 것과, 실제로 그가 이런 주장을 했는지도 미지수라는 것입니다. 하지만 그 시대에 새로운 의학사상이 나타난 것은 분명합니다. 그의 시대 이전에는 질병을 초자연적인 현상으로 보았기 때문에 의료도 초자연적인 영역을 다루는 성직자들의 몫이었습니다. 히포크라테스 시대부터 그리스 여러 지역에 '전업 의사'들이 나타나기 시작합니다.

의학을 종교로부터 독립시킨 사람이 히포크라테스라면, 갈레노스(129~199)는 의학을 학문적으로 집대성한 사람입니다. 근대 의학에 미친 실질적인 영향력만 놓고 보면 갈레노스의 영향이 더 큽니다. 그는 로마 시대에서 근대에 이르는 1600년간이나 근대 의학을 지배한 '의학의 황제'였습니다. 하지만 그가 모시던 로마황제도 로마를 덮친 전염병으로 죽는데, 바로 철학자로 황제의 자리까지 오른 『명상록』의 저자 아우렐리우스(120~180)입니다. 영화 글래디에이터의 주인공이기도 한 그를 사망으로 몰고 간 전염병은 천연두로 추정됩니다.

이 책의 주제이기도 한, 인류를 괴롭혀온 전염병 퇴치에 가장 큰 공헌을 한 사람은 단연 파스퇴르(1822~1895)입니다. 물론 1796년 제너에 의해 최초의 백신이 발견되어 천연두 박멸의 서막이 열렸지만, 파스퇴르가 전염병의 원인이 미생물임을 밝혔기 때문입니다. 이것이 의사가 아닌 화학자이자 미생물학자인 파스퇴르가 '현대의학의 아버지'라고 불리는 이유입니다.

파스퇴르 이후 질병을 연구한 과학자들은 병원체인 미생물의 정체를 밝혀냈는데, 가장 대표적인 것이 바이러스와 세균입니다. 바이러스는 너무 작아서 1930년대에 전자현미경이 발명된 후에야 비로소 그 모습을 확인할 수 있었고, 세균은 그보다 200년 전 네덜란드 미생물학자 레이우엔훅이 발명한 광학현미경으로 볼 수 있었지만, 19-20세기를 거치면서 제대로 된 실체가 파악되었습니다. 그때부터 지금까지 과학자들은 세균과 바이러스와의 싸움을 계속하고 있습니다.

1차 세계 대전 당시 두 차례의 전 세계적 규모의 엄청난 전염병(발진티푸스, 스페인 독감)으로 약 4천만 명 이상의 사람이 죽었는데, 이것은 제1차 세계대전 동안의 전사자 수 950만 명을 훨씬 능가하는 숫자입니다. 최초의 항생제 페니실린의 대량생산이 가능했던 2차 세계 대전에

서야 비로소 전염병으로 인한 사망자가 전사자보다 적어졌습니다.[1]

그러나 1943년 페니실린이 대량 생산되기 시작한 지 4년 후, 페니실린 내성을 갖는 세균이 나타납니다. 이후 인간과 병원체간의 생존을 향한 '도전과 응전'은 지금도 계속되고 있습니다. 역사가 토인비는 자신의 역사이론인 '도전과 응전'을 설명하기 위해 수조 속의 청어를 살리기 위한 천적 **물메기** 이야기를 자주 합니다. 어쩌면 병원체는 지구라는 수조 속의 인간에게 던져진 **물메기**일수도 있습니다.

세균, 바이러스

세균과 바이러스를 병원체로만 인식하는 경우가 많은데 사실은 그렇지 않습니다. 아담이 선악과를 따먹기 전에는 세상에 나쁜 미생물은 존재하지 않았겠지요. 하나님이 창조하신 천지 만물에는 세균과 바이러스가 없는 곳이 없습니다. 단일 생명체인 세균이 없다면 지구는 죽은 동식물들의 시체로 금방 가득 찰지도 모릅니다. 세균은 이들을 분해해 흙과 물과 공기로 돌아가게 해 생태계의 순환 고리를 만듭니다. 사람 몸에 서식하는 세균도, 밝혀진 것만 5백 종이 넘습니다. 체내 세균은 대부분 해롭지 않고, 우리 몸에 이로운 세균(특히 장내세균) 연구는 요즘 의학계의 핫이슈입니다. 물론 페스트나 콜레라 같은 세균은 전염병 역사에 강력한 기록을 남기기도 했습니다. 인간이 세균에 감염되는 이유는 세균이 사는 환경에 노출이 됐기 때문입니다. 예를 들면 콜레라는 콜레라균이 있는 더러운 물, 페스트는 페스트균이 사는 쥐벼룩과 접촉이 있는 경우 감염됩니다. 따라서 위생상태가 좋아질수록 세균

감염의 위험은 떨어집니다. 그리고 세균감염은 항생제로 해결되는 경우가 많습니다. 다만 항생제 내성균의 문제는 향후 더욱 심화될 것이 분명하기에 대책이 필요합니다. 그리고 세균의 사람 간 전염력은 높지 않아서 인위적이든 사고이든 세균을 뿌리지 않는 한 대유행이 되기는 힘듭니다. 중세의 페스트 대유행은 예외적인 경우입니다.

문제는 바이러스입니다. 바이러스는 생물과 무생물의 경계에 있는 묘한 존재입니다. 세균과는 전혀 다르며, 크기도 보통 10분의 1 정도로 구조도 아주 단순합니다. 바이러스는 세균처럼 독자적으로 생존할 수 없고, 반드시 숙주 생물체의 세포로 들어가(감염) 숙주 세포의 시스템을 이용해 증식되고 다시 배출됩니다. 한 때는 바이러스가 질병만 유발하다고 생각했으나, 그렇지 않은 바이러스도 많다는 사실이 발견되었고, 세균에서부터 고등생물까지 지구상의 모든 생명체는 바이러스와 공생하고 있습니다.[2] 인체의 장내 바이러스는 면역을 활성화하는 역할을 하는 것으로 알려졌고[3], 과학이 발달할수록 몸에 이로운 바이러스는 더 발견될 것입니다. 바이러스를 이용해 특정 세균과 암세포를 치료하는 연구가 요즘 의학계의 새로운 분야로 떠오르고 있습니다.

대표적인 바이러스 감염이 감기인데, 감기처럼 대부분의 바이러스 감염은 약이 필요 없이 우리 몸의 면역에 의해 저절로 좋아집니다. 바이러스에 세균을 잡는 항생제는 의미가 없지만, 바이러스 감염 후 2차 세균 감염 때문에 항생제를 쓸 때도 있습니다. 바이러스 감염의 치료는 증상완화를 위한 치료(해열제, 진통제, 수액치료 등)를 하면서 환자 상태를 좋게 만들어 자연면역으로 바이러스를 이기게 해 주는 것이 대부분입니다. 바이러스 간염 치료제나 독감 치료제인 타미플루처럼 효과적인 항바이러스제가 개발되기도 했지만, 많지 않습니다. 그래서 바이러스가 심각한 증세를 일으키거나, 정체를 모르는 중증의 신종 바이러스 감염은 인류를 골치 아프게 합니다.

항바이러스제 개발이 쉽지 않은 이유는 바이러스가 세포에 침투하고 증식하고 배출되는 과정이 복잡하고, 돌연변이가 심하고 항생제처럼 내성도 생기기 때문입니다. 그렇기에 바이러스는 감염되기 전에 미리 백신을 맞아서 예방하는 것이 최선이지만, 돌연변이가 심한 바이러스에 꼭 맞는 백신을 만들기도 쉽지 않습니다.

백신은 몸에 죽은 병원체나 병원균 조각을 넣어 몸에 항체가 생기도록 하는 것입니다. 미생물의 세계는 또 하나의 소우주로, 그 수는 은하계의 별보다 많으며, 우리가 알고 있는 미생물은 전체의 1%도 되지 않을 수 있습니다. 아담이 그랬듯이 이미 존재했던 미생물을 처음 발견할 때마다 인간들은 하나하나 이름을 붙이고 있을 뿐입니다.

인수공통감염병(人獸共通感染病)

도대체 인류에게 주기적으로 찾아오는 치명적인 전염병들은 어디에서 오고 어떻게 사라지는 것일까요?

인류를 위협할 전염병은 인수공통감염병이라는데 이의를 제기할 전문가는 없습니다. 원래 미생물들은 특정 생물종만을 숙주로 삼는데, 인수공통감염병은 원래 동물 몸에만 살아야 할 미생물이 종간전파를 통해 인간을 감염시키며 생긴 병입니다. 가축보다는 야생동물이 문제인데, 신종 전염병이 모두 인수공통감염은 아니지만 대부분은 그렇습니다. 인수공통감염병의 병원체는 대부분 바이러스이지만, 세균인 경우도 있습니다. 진드기가 매개가 되는 라임병, 쯔쯔가무시병 등이 있는데, 사람 간 감염은 일어나지 않습니다. 역시 문제는 바이러스입니다.

인간들은 인구가 늘고 문명이 발달하면서 자연을 훼손하며 대도시를 짓고, 좁은 공간에서 가축을 대규모로 사육해 왔습니다. 이때 야생동물들의 공간은 축소되고 환경오염과 기후변화는 이들을 더욱 갈 곳이 없게 만들었습니다. 당연히 야생동물들을 숙주로 삼던 바이러스도 새로운 숙주를 찾던지 멸종하던지 해야 하는데, 대량 사육되고 있는 가축, 대도시의 밀집된 인간은 이들에게 '신천지'가 아닐 수 없습니다. 물론 신천지에 적응하는 것은 이들에게도 목숨을 건 모험입니다. 새로운 침입자를 적으로 인식하는 숙주의 정밀한 면역시스템과 치열한 싸움을 벌여야 하기 때문입니다. 바이러스 감염시 고열이 나는 것은 바이러스 침입에 숙주 면역시스템이 싸우고 있다는 뜻이고, 숙주에게 심한 병이나 죽음을 가져오는 것도 바이러스가 숙주에게 완전히 적응되지 않고 극도의 불안 상태에 있는 결과입니다. 숙주가 죽으면 자신도 죽는 것이기에, 숙주를 살리면서 자신이 증식, 배출되는 방법을 찾는 것이 바이러스의 목적입니다. 동물로부터 직접 감염만 된다면 감염된 사람만 문제이겠지만, 만약 바이러스가 사람 간 전파되는 효율적인 방법을 찾아 사람과 사람 사이의 감염이 이루어지면 에이즈처럼 인류를 위협하는 전염병이 되는 것입니다. 조류독감 바이러스는 현재 사람을 감염시키는 능력은 획득했지만, 아직 사람과 사람 사이를 감염시키는 방법은 찾지 못했습니다. 그러나 언젠가는 찾을 가능성이 많습니다.

골치 아픈 것은 인수공통감염에 성공한 바이러스가 다시 동물의 몸에 숨어 명맥을 유지하다가 가끔 인간들을 공격한다는 것입니다. 동물의 몸속에서 계속 변이를 일으키기 때문에 효과적인 백신을 만들기도 어렵습니다. 가끔 찾아와 유행을 일으킨 후 바람처럼 몸을 숨기는 에볼라가 전형적인데, 세계 곳곳에 우리가 알지 못하는 이런 바이러스들은 많을 것입니다.

대표적인 인수공통감염병인 계절 독감, 에이즈는 사람 간 전파까지 성공한 후 아예 인간에 뿌리를 내리고 장기적으로 인류를 위협하고 있습니다. 이들은 유전물질이 DNA가 아닌 RNA 바이러스인데, RNA 바이러스는 돌연변이가 쉽게 일어나 매우 빨리 새로운 환경에 적응합니다. 인류를 괴롭히는 바이러스는 대부분 RNA 바이러스입니다.

계절 독감(인플루엔자) 바이러스는 남반구 북반구를 오가며 겨울이면 어김없이 찾아와 연평균 25만 명의 목숨을 거두어가고 있는 가장 토착화에 성공한 인수공통감염 바이러스입니다. 1918년 스페인 독감[4]으로 전 세계 약 4천만 명이 사망합니다. 아마도 이전부터 독감 바이러스는 인간들을 간헐적으로 감염시켰을 것이고, 비말을 통한 사람간 전염력을 획득한 후 폭발적으로 증가했을 것입니다. 이후 매년 우리를 찾아오고 돌연변이가 악성으로 된 해에는 엄청난 피해를 끼치기도 합니다. 매년 변이를 일으키기에 매년 백신을 맞아야 합니다.

독감 바이러스는 전 세계 물새에 흔하게 존재하지만, 물새는 독감에 걸리지 않습니다. 하지만 사람, 돼지 그리고 닭에 전염되었을 때 주로 문제가 됩니다. 그리고 종과 종 사이를 이동하면서 변이를 일으키고, 2중 3중의 감염을 일으키기도 합니다.

1998년부터 돼지독감 바이러스가 인간을 드문드문 감염시키다가 2009년에는 사람 사이의 감염이 시작되어 전 세계에서 18,500여 명의 목숨을 앗아갔습니다. 바로 '신종플루'입니다. 미국 양돈협회의 로비로 '인간돼지독감' 대신 '신종플루'라는 그럴듯한 이름을 얻었습니다. 조류독감 바이러스는 조류와 사람을 감염시켜 높은 치명율을 남겼는데, 만약 사람 간 감염능력을 얻는다면 대참사가 일어날 수도 있습니다. 그래서 닭과 오리에 조류독감이 유행하면, 그 많은 가금류를 모조리 살처분할 수밖에 없는 것입니다. 독감은 매년 업그레이드되는 백신으로 어느 정도 예방이 가능하고, 치료제인 타미플루가 개발되어 증세가 심할 경우 사용되지만, 완벽하진 않고 매년 수십만 명의 목숨을 앗아가고 있습니다.

에이즈 바이러스는 최근 연구에서 이미 1908년경부터 원숭이, 고릴라로부터 사람들을 산발적으로 감염시킨 것이 밝혀졌고, 1980년대부터 성교(특히 동성애를 통한 항문성교)와 주사기를 통해 폭발적으로 인간 사이 감염이 시작되면서 3천만 명의 사망자를 내고도 여전히 기세가 꺾이지 않고 있습니다. 숙주를 빨리 죽여 자신도 죽는 에볼라 바이러스와 달리, 에이즈 바이러스는 숙주를 오래 살려서 자신이 증식하는 방법을 찾아내 계속 살아남고 있습니다. 엄청난 돈을 쏟아 부었지만 에이즈 백신은 아직 없고, 시판중인 치료제도 증상을 관리해 줄뿐 완치제는 없습니다.

코로나 바이러스는 최근 가장 뜨겁게 부상하고 있는 인수공통감염 바이러스입니다. 이 바이러스의 보유숙주[5]로는 박쥐가 언급되고 있고, 1930년대 닭에서 처음으로 발견된 이후 개·돼지·조류 등의 동물에서 발견되었으며, 1960년대에는 사람에서도 발견되었습니다. 원래 가벼운 감기를 일으키는 3대 바이러스 중 하나였는데, 돌연변이된 신종이 나와 2002년 사스, 2012년 메르스를 일으켜 당시 급성 폐렴으로 인한 치사율이 각각 10%, 35%에 달했습니다. 그리고 2019년, 증세가 없는 잠복기에도 전염력이 있고 전파속도도 훨씬 빠른 돌연변이 신종 코로나19로 드디어 팬데믹을 일으켰습니다. 이것은 1918년 실체를 몰랐던 스페인 독감 이후, 병원체의 존재를 파악했음에도 100년 만에 찾아온 진정한 의미의 팬데믹이고 문명사적 대 사건입니다. 전 세계에 퍼진 만큼 계절 독감처럼 매년 찾아와 '계절 코로나'가 되어 인간에게 장기적으로 뿌리를 내릴 가능성이 높습니다. 현재 백신도 치료제도 없는 상황이고 전개를 예측하기 힘든 신종이라는 점이 인류를 딜레마에 빠뜨리게 하고 있습니다.

문명인이 인수공통감염병의 단골 중간숙주인 박쥐, 사향고양이, 뱀을 접촉할 일은 별로 없습니다. 하지만 이들이 한 자리에 모일만한 장소가 있다면 이야기는 달라집니다. 중국의 우한, 광둥성에 있는 야생동물 판매점 같은 곳 말입니다. 야생동물을 삶거나 구워서 먹는다고 해서 바이러스에 노출되기는 어렵습니다. 문제는 야생동물을 도살하거나 조리하는 과정에서 바이러스에 감염될 수 있다는 점입니다. 숙주에 올라탄 바이러스가 도시에, 그리고 비행기까지 올라탄다면 삽시간에 사스, 코로나19처럼 될 수 있습니다.

바이러스 전염병이 돌면 자연면역으로 병을 이기고 항체를 획득한 사람들이 나오게 됩니다. 물론 백신을 접종해 인위적인 항체를 만들 수도 있습니다. 하나님이 주신 자연면역은 어떤 백신보다도 강력하고 복잡합니다. 항체를 획득한 사람이 많아지면 집단면역이 형성되고, 대략 60%의 인간이 면역을 갖게 되면 갈 곳이 없게 된 바이러스가 확산의 정점을 찍고 하락세로 돌아섭니다. 바이러스는 숙주가 죽으면 자신도 죽기 때문에 전염이 진행될수록 영리하게 자신을 약화시킵니다. 1976년 처음 등장했던 에볼라바이러스는 치사율이 90%에 육박했지만, 2015년에는 54%로 낮아졌습니다. 하지만 독성과 전파력 사이의 이 이론도 도그마로 받아들일 수 없고, 조건에 따라 달라질 수도 있다는 연구도 있습니다. 예를 들면, 광견병이나 에이즈는 시기의 차이는 있지만 거의 대부분 숙주를 죽이는데, 이것은 자신들의 목적, 즉 증식해 다른 숙주로 옮겨갈 수만 있다면 숙주를 죽일 수 있다는 것입니다. 이런 논란은 바이러스에 대한 인간의 분석과 응전이 아직 완전하지 않다는 증거입니다.

한때 세계 사망 원인의 10%를 차지할 정도로 위협적이었던 천연두는 백신의 보급으로 1977년 지구상에서 완전히 사라졌고 소아마비도 같은 길을 걷고 있습니다. 이것은 주로 사람만 감염시키는 바이러스이기 때문에 가능한 일입니다. 하지만 록펠러 재단을 비롯한 수많은 단체에서 엄청난 돈을 들여 인수공통감염병을 박멸하려고 했지만 모두 실패했습니다. 보유숙주인 동물들을 모조리 죽일 수가 없기 때문입니다. 그렇기 때문에 인수공통감염병은 계속 인류를 괴롭힐 것입니다.

동물숙주, 그리고 레위기 11장

이 책을 준비하면서 발견한 놀라운 사실이 있습니다. 인수공통감염병의 동물 숙주를 가려내는 것은 정말 어려운 과정입니다. 바이러스 검사를 통해 의심되는 동물을 밝혀낸다는 것은 서울에서 김서방을 찾는 작업일 수도 있습니다. 2002년 중국 광둥성에서 시작된 사스는 발병 초기 사향고양이를 보유숙주로 지목해 1만 마리를 살처분했지만 이후 박쥐라는 것이 밝혀졌고, 박쥐가 유일한 보유숙주인지는 아직도 확실하지 않습니다. 가장 치명적이라고 알려진 에볼라바이러스의 보유숙주를 찾기 위해 아프리카의 수천마리 야생동물을 산채로 잡아 혈액을 채취하고 내장조직을 떼어내 급속 냉각시킨 후 미국 질병관리본부로 보내 분석했지만, 모두 허탕이었습니다. 현재 박쥐가 의심받고 있을 뿐 에볼라 바이러스의 보유숙주는 여전히 오리무중입니다.[6]

신기한 사실은 레위기 11장과 신명기 14장에 하나님이 부정하다 하여 식용을 금지한 동물들이 나오는데, 놀랍게도 거기에 인간들이 어렵게 밝힌 인수공통감염병의 동물숙주들이 족집게처럼 나옵니다. 낙타(메르스), 돼지(돼지독감), 물수리(=물새, 독감), 갈매기(독감), 박쥐(코로나 바이러스), 쥐(페스트), 뱀(코로나 바이러스), 사반(=오리너구리, 코로나 바이러스), 도마뱀류(코로나 바이러스)….

인수공통감염 연구에 있어 레위기의 부정한 동물은 과학자들의 눈을 번쩍 뜨게 할 일이 분명합니다. 필자는 이 책의 집필에 도움을 주신

감염병연구센터장인 류충민 박사와도 레위기 11장의 동물에 대해 대화를 나누어 보았는데, 신실한 크리스천인 류박사도 필자와 동일한 생각을 하고 있었다는 것에 다시 한 번 확신을 가지게 되었습니다. 레위기에서 식용을 금한 동물들의 신학적, 의학적 의미에 대해서는 많은 이야기들이 있겠지만, 어쩌면 하나님이 인수공통감염에 대한 경고와 해답을 적어 놓은 것일 수도 있습니다. 앞으로 새로운 인수공통전염병의 숙주를 찾는 지난한 작업을 할 과학자들이 레위기를 참고한다면 유레카를 외치게 될지도 모르겠습니다.

성경 속 전염병

성경 여러 군데 전염병 이야기가 나오지만, 의학적으로 가장 상세하게 설명된 곳은 사무엘상입니다. 사무엘상 5~6장에 보면 이스라엘로부터 언약궤를 뺏은 블레셋에 전염병이 돌아 엄청난 사람들이 죽습니다. 그들은 언약궤가 옮겨가는 곳마다 엄청난 사람들이 독한 종기로 죽어가자 궤를 돌려주고 전염병도 돌려주는 것이 낫다고 생각하고 실제로 궤를 이스라엘로 돌려줍니다. 그러자 이번에는 궤를 돌려받은 이스라엘에서 (5만) 칠십 명이 궤를 들여다본 것 때문에 죽습니다. 물론 민수기 4장 15절에 성물을 만지면 죽는다는 율법이 나오고, 사무엘하 6장 7절에 웃사가 궤를 만져 죽는 사건이 나오긴 하지만, 그렇다 해도 궤를 들여다보고 죽은 사람이 너무 많습니다. 더구나 5만 70명이라고 기록한 사본도 있어서 개역개정 성경에는 (5만) 칠십 명이라고 적어 놓았습니다.[7]

어떤 학자들은 블레셋과 이스라엘 사람들의 죽음의 원인이 페스트였을 것이라고 주장합니다. 근거는 블레셋 사람이 궤를 돌려줄 때 제물로 바친 다섯 마리의 황금 생쥐와 황금 독종 때문입니다. 6장 5절에서 알 수 있듯이 블레셋 사람들은 궤를 돌려보낼 때 그들을 몹시도 괴롭혔던 독종(tumor)과 쥐를 황금으로 만들어서 궤와 함께 돌려보내며 그들의 전염병이 없어지길 기원했습니다. 종기의 형상을 금으로 만든 황금 독종은 이해할 만한데, 뜬금없이 나오는 생쥐의 이야기[8]는 의학자들의 눈을 번쩍 뜨게 하기에 충분합니다. 쥐라면 페스트가 아니겠습니까!

만약 그 죽음의 원인이 페스트였다면 대부분의 사본 기록대로 5만 70명이 맞을 것입니다.[9] 그리고 전염병의 개념이 없었던 당시 사무엘상의 기록자는 떼죽음의 원인을 누군가가 궤를 들여다본 죄의 결과라고 적을 수밖에는 없었을 것입니다.

어떤 역사가들은 블레셋 사람들이 만든 금 독종이 바로 페스트의 특징인 겨드랑이와 사타구니와 목에 사과만큼까지 크게 생기는 림프선 종창이라고 주장합니다. 페스트균의 유럽 전파에도 쥐와 벼룩이 큰 역할을 하였지만, 당시에 쥐와 벼룩은 주위에서 아주 흔하게 볼 수 있었던 생물이었기 때문에 페스트균의 매개체로 의심하지 못했습니다.[10]

성경에 몇 차례 나타나는 대규모의 유행병을 의학적으로 규명하기는 불가능하며 규명할 이유도 없습니다. 하나님께서는 기적으로 병을 일으키시기도, 잠재우시기도 하신다는 것을 우리는 믿기 때문입니다. 하지만 많은 경우 하나님의 이적이 과학과 의학의 자연법칙을 통해서 일어난다는 것도 우리는 알고 있습니다. 사무엘상 6장의 치명적인 전염병이 현대 의학적으로 설명이 되는 것도 같은 맥락이라고 생각합니다.

성경에 기록된 다른 전염병에도 사무엘상과 같은 자세한 기록이 있었다면 더욱 흥미로운 의학적인 추론을 해볼 수 있을 것입니다. 그런 각도에서 성경을 보는 것도 성경을 더욱 입체적으로 이해하는 데 도움을 줄 수 있다고 생각합니다. 사무엘상 6장의 이스라엘 사망자가 5만 70명이건 70명이건 우리의 믿음에는 아무런 변화가 없겠지만, 중요한 점은 성경은 당시의 사실을 당시의 상황에서 있는 그대로 기록한 책이기 때문에 자연과학이 발달하면 할수록 그 진실성은 더욱 드러날 수밖에 없다는 사실입니다. 페스트가 인류에 수차례 대재앙을 주었다고 알고 있지만, 어쩌면 최초의 페스트 대유행은 기원전 1천 년경 사무엘 시대에 있었을지도 모를 일입니다.

결론

전염병이 돌 때 인류가 해야 할 일은 지역적인 유행 때 빨리 감염병을 알아차리고 전 세계적인 유행병으로 번지는 것을 조직적으로 차단하며, 짧은 시간 내에 진단법과 백신과 치료법을 개발하는 것입니다. 더불어 성도들은 더욱 간절히 기도하고, 크리스천 의사들은 치료에 힘쓰며, 욥이 그랬듯이 하나님의 주권적인 역사를 눈으로 뵈올 날을 기대하는 것이 아닐까 합니다. 2015년 아프리카에서 치사율 50%의 에볼라 바이러스로 만 명이 넘는 사람들이 죽어갈 때 한국의사 10명이 자원해 아프리카로 떠났습니다. 그 중 한 분이 이 글에 도움을 주신 분인데,

진정한 크리스천 의사의 길을 보여 주었다고 생각합니다.

이스라엘 백성이 가나안 땅에 들어가 처음 소산물을 먹은 다음 날부터 하늘의 만나가 멈추었습니다(수 5:12). 하나님의 축복인 의학이 해결할 수 있는 부분은 의학의 도움을, 의학의 한계를 넘어선 부분은 하나님의 도움을 구하는 것이 성경적인 질병관이 아닐까 합니다.

마지막으로, 서두에서 언급한 토인비의 〈청어이론〉으로 인수공통감염병의 존재 의미를 언급할까 합니다. 인간의 탐욕이 인수공통감염병이라는 판도라의 상자를 열었다고만 한다면 감상적인 넋두리일수 있습니다. 제한된 지구 안에서 폭발적으로 늘어나는 인구를 감당하기 위해 자연을 파괴해 도시를 만들고, 농업의 산업화, 공장형 축산을 할 수밖에 없었다면 인수공통감염병은 피할 수 없기 때문입니다.

그래서 저는 인수공통감염병이 이러한 환경에 살아갈 수밖에 없는 인간을 살아있게 하기 위해 하나님이 인간에게 던져주신 **물메기**라고 결론내고 싶습니다. 잊을만하면 어김없이 나타나 하나님 보시기에 좋았던 지구 환경을 다시 생각하게 하고, 과학문명 바벨탑의 불완전성과 우리의 신앙적 타성을 깨닫게 하는 하나님의 경고와 사랑 말입니다. 마라나타

도움말:

류충민 박사 (한국생명공학연구원 감염병연구센터장)

고광범 내과 전문의 (서울아산내과, 아프리카 에볼라 파견 의사)

현대 의학으로 성경 보기

구약성경은 히포크라테스 시대 이전에 기록된 책으로, 당연히 질병은 신의 영역이라는 시각으로 기록되었습니다. 물론 의사의 존재를 인정한 구절(대하 16:12)이 있긴 합니다. 히포크라테스 이후에 쓰인 신약에서는 그래도 의사의 역할이 조금 더 드러나고, 예수님도 의사의 존재에 의미를 부여하셨지만(마 9:12), 당시의 의학이라는 것이 보잘것없는 수준이었으므로 의학이 해결할 수 없었던 대부분의 질병은 여전히 신의 영역이었을 것입니다.

성경 본문은 주전 2천 년과 주후 1세기 동안에 고대 근동과 지중해 지역에 살던 사람들의 결과물입니다. 우리는 성경을 우리에게 익숙한 현대 문명의 렌즈를 통해 조망하고, 우리가 받은 교육의 필터로 걸러내고 읽는 경향이 있습니다. 특히나 필자같이 자연과학을 전공한 사람들은 이러한 경향이 강합니다. 하지만 질병이 신의 영역이라고 생각되던 시대에 기록된 성경을 온전히 이해하려면 고대의 성경 기자처럼 생각하고 이해하려는 노력이 필요합니다.

성경을 온전히 믿는 크리스천 과학자(의학자들을 포함해서)의 소명은 고대의 시각으로, 고대의 독자들을 대상으로 기록되었을 성경 속의 질병과 자연 현상을, 현대 과학이라는 필터로 성경을 볼 현대의 독자들에게 자연과학적으로(또한, 현대 의학적으로) 이해할 길을 열어 주는 것일 것입니다. 그 작업에는 성경 번역에서 의학적 용어 선택도 포함된다고 생각합니다.

이 책에서 자세하게 나열할 순 없지만, 몇 가지 예를 들면 레위기 13-14장에 집중적으로 나오는 '나병'은 사실 NIV 번역처럼 '전염성이 의심되는 피부질환'으로 바꾸는 것이 타당하고, 창세기 32장 25절 하반절의 '야곱의 허벅지 관절이 그 사람과 씨름할 때에 어긋났더라'에서 '어긋났더라'의 정확한 의학적 표현은 '삐었다'일 것입니다. 마태복음 9장 20절의 '혈루증'은 '자궁출혈'로 표현하는 것이 맞습니다.[11]

또한, 신화적인 이야기로 여겨지는 부분도 의학적으로 설명 가능한 부분이 많습니다. 창세기 25장의 야곱이 에서의 발목을 잡고 출생한 것은 태반과 양막을 공유한 '단일 양막성 쌍둥이'일 때 가능한 일이고, 에서의 피부가 붉고 털이 많은 이유는 '쌍태아간 수혈증후군(transfusion syndrome)'에 의해서 야곱보다 태반에서 영양 공급을 많이 받아서 생긴 결과일 것입니다. 하나님이 아담의 갈비뼈로 하와를 만드신 것처럼 갈비뼈의 탁월한 재생능력 때문에 현대의학에서도 다른 부위의 치료를 위해서 성한 뼈를 떼어내는 부위는 갈비뼈가 거의 유일합니다.

성경은 창세기부터 요한계시록까지 온통 기적으로 가득 차 있어서 이성적·과학적 관점만으로는 성경을 온전히 이해할 수 없습니다. 하지만 성경을 과학이나 이성과는 동떨어진 세계로 이해하는 것은 더 큰 왜곡을 낳을 수 있다고 생각합니다. 전염병뿐만 아니라 성경에 나타나 있는 많은 질병과 의학 현상에 관한 연구가 깊어질수록 성경의 정확무오함은 더욱 드러날 수밖에 없다고 생각합니다.

이종훈
부산의대
가톨릭의대 안과 전문의
가톨릭의대 외래교수 겸 닥터홀 기념 성모안과 원장
새로남교회 월간 '새로남' 편집장

II
성경에서 본 전염병

전염병과 마주한 기독교

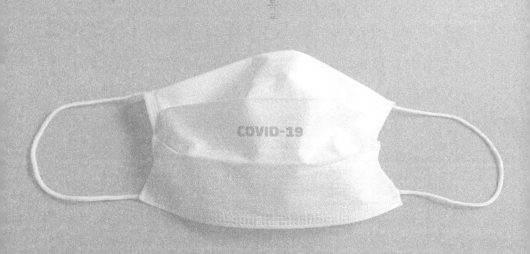

05
전염병에 대한 구약성경적 고찰

최순진
(햇불트리니티신학대학원대학교 구약학 교수)

지난 1월 중순부터 우리 사회에서 경험하고 있는 코로나19 사태로 야기되는 많은 사회적 현상은, 전쟁을 겪어보지 못한 세대들에게는 초유의 비상사태가 아닐까 생각합니다. 다중의 사람이 모이는 많은 공공 사회활동이 멈추고, 비록 자발적이지만 가장 기본적인 사적인 사회활동마저도 제한을 받고 있습니다. 원칙적으로 식료품 구입과 같이 꼭 필요한 경우를 제외한 외출과 외부 활동의 자제가 요구되고 있습니다. 어린이집에서부터 시작해 대학까지 모든 교육기관이 문을 닫고 있습니다. 무엇보다도 교회가 상당 기간 동안 정상적인 목회 활동을 할 수 없는 제한된 상황은 신자들에게 많은 염려를 줍니다. 근래에 다행히 아시아의 여러 나라에서 사태가 안정화 되어가는가 싶더니, 이제는 서구 사회에서 아시아에서보다 더 크게 코로나19가 창궐했습니다. 바야흐로 지구촌 전체가 초비상사태에 접어들어 새로운 국면을 맞이하

게 됨으로써 새로운 대응 방법과 자세가 필요해졌습니다. 우리는 기독
교인으로서 이 환난의 시국을 어떻게 이해해야 할 것인가를 생각해봐
야 합니다. 이 글에서는 구약성경을 통해 그리스도인이 이 상황 속에
서 어떤 태도를 취해야 할 것인가에 대한 방향을 알아보고자 합니다.

세계보건기구(WHO)는 현 사태를 어느 한 절기에 특정 지역에 발생
하는 전염병(Epidemic)의 단계를 뛰어넘어, 지구촌 전체에 해당하는 만
국 전염병(Pandemic) 사태로 규정했습니다. 그에 따라 지금까지 이념과
종교, 경제와 역사적 이유 등으로 갈등하고 분열했던 지구촌이 이 전
염병의 퇴치에 대오를 같이 하고 있습니다. 어느 누구도 피해갈 수 없
는 전염병을 맞이해서, 각 지역사회와 국가가, 분열된 세계가, 전염병
퇴치와 생명 보존이라는 하나의 목표 아래 통일되어 있다는 것은 아이
러니컬하게도 이 난세 중 긍정적인 면이라고 위로해 봅니다. 지구촌
전체가 하나의 운명권 아래 들어가게 된 것입니다. 이 점이 우리에게
오랜 옛 세계를 생각하게 합니다. 근대 역사에서 언제 우리가 한 운명
권 아래에 있던 적이 있었습니까? 우리가 주목해볼 점은 전세계적인
전염병이 특정 지역과 국가, 대상을 가리지 않고 누구에게나 공통적으
로 적용된다는 점입니다.

2003년의 급성호흡기증상(SARS) 사태와 2015년의 중동호흡기증상
(MERS) 사태는 중동과 아시아의 특정 지역 및 국가에서 발생해 수백
명의 생명을 앗아갔지만, 그 영향을 전혀 받지 않은 곳도 있습니다.
1980년대에 시작해 1990~2000년대 초반에 이르러서는 온 지구촌에
창궐해 WHO가 만국 전염병으로 선포한 후천성면역결여증(AIDS) 사

태는 온 지구촌에 창궐했지만, 해당 피해 대상이 동성애 남성, 주사기를 공유하는 마약중독자, 무분별한 성 상대자를 취하는 사람들에 주로 한정되는 것으로 의견이 모아졌습니다. 사태의 심각성은 인정되었으나 모든 사람에게 해당되지 않는 것으로 여겨졌고, 어떤 면에서는 피해 대상들이 도덕적 지탄의 대상이 되기도 했습니다.

그러나 우리가 사스, 메르스와 더불어 코로나19의 공통점은 대상을 구별하지 않고 무차별적으로 공격한다는 것입니다. 피해 지역과 국가, 대상이 한정되지 않기 때문에 바이러스의 위험에 대해서는 모든 사람이 동등한 입장입니다. 바로 이 점이 우리가 이 환난을 어떻게 대응할 것인가에 있어 깊이 고려해야 하는 부분입니다. 전염병에 걸리는 것은 피해자 개개인의 죄에 대한 심판의 결과가 아닙니다. 이 글을 쓰고 있는 시점에는, 코로나19에 의해 스페인 현 국왕의 사촌인 공주가 생명을 잃었고, 영국 왕실의 왕세자와 몇몇 국가의 수상들이 확진 판정을 받았습니다. 심지어는 신체 건강한 현역 프로 스포츠 선수도 확진 판정을 받고, 갓난 어린 아이도 확진 판정을 받았으며, 17살의 어느 고등학생은 생명을 잃는 등의 안타까운 소식들이 계속해서 들려오고 있습니다. 바이러스에 걸린 사람들은 그렇지 않은 이들보다 특별하고 무거운 죄를 더 많이 지었기 때문에 이 고난을 받는 것일까요? 그렇지 않다는 것을 우리는 잘 알고 있습니다. 코로나19가 대상을 가리지 않고 무차별적으로 공격한다면, 해결의 방법 또한 대상을 구별하지 않고 적용되어야 할 것입니다. 이번 장에서는 구약성경에서 그 해결책을 찾고자 시도해볼 것입니다. 우리는 구약성경에 기록된 이스라엘의 대한 회복의 메시지가 21세기 코로나19 사태로 야기된 혼돈의 시대에 어떤 회복의 메시지를 제시하는지 살펴볼 것입니다.

구약성경적 관점에서의 질병: 언약적 심판

전염병은 재난의 한 종류입니다. 구약성경에서 모든 재난은 언약 관계의 관점에서 이해되어야 합니다. 역사서와 선지서, 시가서의 기자들은 재난을 단순한 우연으로 여기지 않고, 언약 관계, 즉 죄와 심판이라는 인과관계 아래에서 이해했습니다. 현대 사회의 전염병 역시 궁극적으로는 죄와 심판의 관계 속에서 이해해야 합니다.

구약성경은 하나님과 이스라엘 사이의 언약 관계를 기록한 책입니다. 역사서에는 언약 관계가 어떻게 실행되었는지가 기록되었고, 선지서는 그 시행착오에 대한 사례연구입니다. 시가서는 언약 백성이 어떻게 살아갈 것인가에 대해 기록되었습니다. 신명기에는 하나님과 이스라엘이 언약 관계에 있음이 잘 나타내는데, 보편적인 신학 견해에 따르면, 신명기의 구조는 하나님과 이스라엘 사이의 조약으로 이해됩니다.

1부	서문(전문)	1장 1 - 5절
2부	역사적 서언	1장 6절 - 3장 29절
3부	약정	4 - 26장
4부	축복과 재앙	27 - 30장
5부	모세의 고별 설교 및 여호수아의 계승	31 - 34장

4부 축복과 재앙의 주제는 28장에 잘 표현되어 있습니다. 신명기 28장은 많은 번역본 성경에 '순종의 축복'(신 28:1-14)과 '불순종의 재앙'(신 28:15-68)이라는 문단 제목이 첨부되어 있듯이, 순종했을 때의 축복과 불순종했을 때 다가올 재앙에 대해 자세히 기록하고 있습니다. 이는 이스라엘의 역사 가운데 일어난 많은 현상을 이해하는 데 도움을 줍니다.

구약성경에서 재난은 자연 재해와 전쟁, 질병으로 납니다. 자연 재해는 홍수(창 6-7장), 가뭄(신 28장; 렘 14장, 50-51장), 지진(사 29장; 겔 3장, 38장; 슥 14장), 메뚜기 창궐(욜; 암 4장; 나 3장)과 같은 것이 대표적입니다. 이들은 모두 언약적 심판의 문맥 아래서 언급됩니다. 흔하지 않은 메뚜기의 창궐과, 빈번히 일어나는 가뭄 현상은 언약적 심판의 도구로 자주 언급되었습니다. 코로나19 발생과 같은 시기에 아프리카 대륙에 메뚜기 사태가 창궐했다는 것은 꼭 우연만이 아닐 것입니다.

자연 재해와 더불어 언약적 심판의 도구로 자주 사용되는 다른 하나는 전쟁입니다. 근래에 이라크 시리아 터키 전쟁으로 수많은 난민이 발생하고, 그 난민으로 유럽 전체가 사회적 혼란을 경험하고 있는 것을 우리는 목격합니다. 구약성경에서 질병은 재난의 일부분으로 항상 전쟁 및 가뭄과 함께 사용되거나 심판의 문맥 아래서 이해되었습니다. 선지서의 여러 곳에서 **칼과 기근과 전염병** 등의 세 가지 심판의 용어들이 언약적 심판의 문맥 아래 자주 사용됩니다. 물론 예레미야서에는 위의 세 가지 심판의 용어들이 한 묶음으로 함께 사용되어 일종의 기술용어가 되기도 하고, 위의 세 용어들 중 칼과 기근, 칼과 전염병, 기근과 전염병과 같이 두 가지씩 조합을 이루어, 열거하기 너무 많을 정도로 자주 사용되기도 합니다.

환난 회복에 대한 구약성경 해석학적 초점: 공동체 신학

모세오경은 선민 이스라엘의 선택과 국가 이스라엘의 태동을 묘사하고 있습니다. 이 주제는 신명기서의 언약갱신을 통해서 다시 확인되었습니다. 모압 평야에서 모세의 죽음으로 여호수아가 지도자가 되는데, 역사서는 여호수아의 지도력으로 가나안 정복을 시작하는 것으로, 언약이 이스라엘의 역사 속에서 어떻게 실현되는지 기록하고 있습니다. 정복 초기의 의미 있는 사건 중 하나는 여호수아 7장에 기록되어 있는 아간의 죄입니다. 아간 한 개인의 죄 때문에 아간 씨족과 그에 속한 많은 가축들까지도 죽음을 맞이합니다(수 7:24).

여기서 우리는 구약신학의 공동체 사상의 본보기를 볼 수 있습니다. 이 개념은 왕조 시대에 더욱 드러납니다. 왕은 한 개인일 뿐만 아니라 국가 이스라엘을 상징하는데, 열왕기 기자에 의하면 북 왕조 이스라엘 및 남 왕조 유다에 하나님 보시기에 합당한 왕이 하나도 없었습니다. 그렇기에 국가 이스라엘의 멸망은 피할 수 없었던 것이지요. 왕이 국가이기도 하며, 각 이스라엘인 개인이 국가를 나타내기도 하는데, 구약성경에 묘사되는 언약관계는 하나님과 이스라엘과 관계입니다. 여기서 이스라엘은 이스라엘 민족 또는 국가 이스라엘의 전체 구성원을 의미합니다.

구약성경의 재난을 이해할 때 중요하게 고려해야 할 것은 구약성경의 심판의 대상이, 적어도 모세오경과 역사서 및 선지서에서는 이스라

엘 국가라는 점입니다. 구약성경에 등장하는 환난의 개념을 해석할 때
는 항상 이 점을 염두에 두어야 합니다. 한 개개인이 아닌 국가 이스라
엘 전체에 대한 축복과 저주, "이스라엘 공동체" 전체가 언약의 대상이
며 축복과 심판의 주체인 것입니다. 구약성경에서 공동체 이스라엘이
개개인이며, 백성 개개인이 공동체 이스라엘입니다.

21세기 재난에 대한 태도

선지자들은 백성들에게 회개를 권면하면서 언약파괴의 결과로 심판의
불가피성을 선언했으며, 이스라엘 역사에서 포로생활이 바로 그 대표
적인 경우입니다.

　열왕기는 바벨론에 포로로 간 백성들에게, 왜 성전이 파괴되고 왕
조가 멸망하게 되며, 약속의 땅인 가나안이 파괴된 것인가에 대해 역
사적 평가를 내려줍니다. 열왕기는 북왕국 이스라엘이 멸망하게 된 이
유가 이방신을 추종했기 때문이고, 그래서 앗수르의 포로가 되었다고
기록하는데(왕하 17:23), 이 평가는 남 왕국 유다가 바벨론에 의해서 멸
망하게 된 이유이기도 합니다. 즉, 이스라엘의 멸망은 언약파기의 결
과인 것입니다. 구약성경의 언약관계에 의하면 언약파기에 대한 심판
은 죽음입니다(창 15장). 만약 자연인이 연약을 파괴했다면 그 결과는
죽음이고, 법인체인 국가 이스라엘에 해당되는 죽음은 결국 법인체의
해산입니다. 곧 왕조가 파괴되고 백성은 열방의 노예가 되었습니다.

　남왕국 유다는 주전 586년 마침내 바벨론에 의해서 멸망했는데, 이
스라엘 백성이 바벨론에 포로가 되기 전까지도 선지자들은 계속해서

이스라엘이 회개하고 하나님께로 돌아오기를 외쳤지만, 백성들은 선지자들을 통한 하나님의 말씀을 청종하지 않았습니다. 특히 이사야, 예레미야, 에스겔은 회개하지 않으면 심판의 결과로 포로가 될 것이라고 분명하게 선언했습니다. 하나님의 말씀에 대한 이스라엘의 불순종은 신명기 28장에 제시된 바와 같이, 이스라엘에 재난을 가져왔습니다. 심판의 결과로 재난이 주어졌습니다. 국가 이스라엘은 멸망하고, 선민 이스라엘은 이방의 포로가 되었습니다.

선지서는 회개를 강조하면서 심판 후에는 회복을 선언합니다. 구약성경에서 선지자가 회복을 제시했을 때에는, 이미 누구의 죄가 무엇인가에 대한 질문이 큰 의미가 없는 단계입니다. 이미 심판의 결과인 포로생활을 맞이했다면, 그 이후 필요한 것은 "우리에게 어떤 미래가 기다리고 있는가?"와 같은 질문입니다. 이에 대한 답은 구약성경의 포로기의 신학이 제시해줍니다.

전염병은 구약시대에도 그렇듯이 21세기에도 우리가 지구촌의 한 공동체 구성원이라는 점을 상기시켜 줍니다. 재난을 심판의 결과로 이해할 때, 우리들 중에는 심판을 당할만한 직접적인 책임과 죄가 없는 사람도 있을 것입니다. 그러나 이미 고난이 주어진 시점에서, 이것이 누구의 죄이며 어떤 죄인가를 논하는 것은 바람직한 태도가 아닙니다.

포로기 신학: 미래에 대한 가능성 제시

앞서 언급했듯이 선지서에서 심판은 회개를 위한 경종의 의미보다 언약의 파기에 의한 심판의 불가피성을 강조하는 의미로 사용되었습니다. 마찬가지로 현 시국이 특정한 죄 때문에 이루어진 심판이라고 생각하는 것은 바람직한 해석학적 태도가 아닙니다. 이런 측면에서 우리는 코로나19 사태로 맞이한 환난에 대해서 과거의 죄를 회개하는 것도 물론 중요하지만, 그보다 미래를 향해 초점을 맞추고 하나님의 은혜를 기다리는 것이 올바른 태도일 것입니다.

신약성경에서는 요한복음 8장이 이를 잘 설명하면서 과거의 죄로부터 이제는 그만 단절하고 미래 지향적 태도를 취할 것을 권면합니다. 누구의, 어떤 죄 때문에 일어난 환난인가에 급급한 것이 아니라, 과거를 성찰함과 더불어 앞으로의 성결한 삶을 다짐하는 회복과 은혜의 교훈에 귀 기울여야 합니다. 만국 전염병은 어느 개인이 아닌 온 세상에 대한 선언이며, 동시에 온 세상을 향한 복음의 메시지로 이해해야 합니다.

포로생활로부터 귀환 및 회복의 근거: 하나님의 언약적 신실하심

선지서에 기록된 회복의 증거는 이스라엘의 우상숭배로 인해 포로생활을 하게 될 것이라는 선언과 함께 주어진 포로생활에서 귀환할 것이라는 선언입니다. 성전이 무너지고 다윗 왕조가 멸망하는 일이 왜 벌어졌을까요? 선지서는 이스라엘의 포로생활의 근거로 하나님의 공의에 의거해 언약파기에 대한 심판의 불가피성을 선언하면서, 모든 이스라엘이 포로생활을 언약심판의 관점에서 받아드릴 것을 요구합니다.

그렇다면, 포로생활로부터의 귀환과 회복의 근거는 무엇일까요? 이스라엘이 포로생활 가운데 신실하게 회개했기 때문에, 그 회개가 회복의 근거가 된다고 생각하기 쉽습니다. 물론 그들 가운데 신실하게 회개한 사람들도 분명히 있을 것입니다. 그러나 선지서는 회복의 근거를 회개에서 찾지 않고, 하나님의 언약적인 신실함에서 찾습니다. 이미 심판은 내려진 후이며, 백성들 각자는 이미 고난을 충분히 받은 후라는 사실을 기억해야 합니다. 포로기 신학과 포로기 이후 신학은 심판 이후에 관심을 갖습니다. 포로기를 겪었고, 겪고 있는 백성들은 그들의 미래에 대해서 회의적이었습니다. 언약적인 신실하심만이 이스라엘의 미래에 대한 회복의 근거가 됩니다. 과거의 죄에 집착할 것이 아니라, 언약적인 신실하심을 기억하는 것이 구약을 해석하는 바람직한 태도입니다.

그렇다면, 우리는 구약의 해석으로부터 현재 우리에게 임한 코로나19로 인한 환난의 회복에 대해 어떤 설명을 들을 수 있을까요? 어쩌면 이 환난은 모든 사람들로 하여금 과거의 죄와 허물, 그릇된 관습, 신실하지 못했던 우리의 생활과 삶에서 돌이켜 하나님의 신실하신 언약에 근거해 다시 한 번 신앙의 도약을 다짐하고 새롭게 시작할 수 있는 기회인지도 모릅니다. 많은 것들이 변할 것입니다. 환난 이후의 새로운 세상에서는, 요한복음 8장에서 이제는 더 이상 죄를 범하지 말라는 예수님의 말씀처럼, 이전과는 다른 새로운 가치 기준이 필요할 것입니다.

전염병을 통해 우리가 민족과 종교와 지역과 세대를 초월하며, 온 지구촌이 하나님의 창조물로서 하나의 운명 공동체라는 것을 새롭게 관찰하고 경험하고 있습니다. 또한 하나님의 주권이 어느 곳에 한정되는 것이 아니라 전 우주 천지 만물에 해당되는 것을 목격할 수 있습니다. 민족과 국가, 사회적 위치, 남녀노소를 불문하고 어느 누구도 전염병 사태에서 벗어나지 못하는 나약한 존재임을 기억하면서 우리는 다시 하나님의 창조질서 속으로 되돌아가려고 노력해야 할 것입니다.

역대기 신학: 미래 지향적 태도

역대기 기자의 제1차 청중은 포로생활에서 귀환한 백성들입니다. 포로생활이 어땠을까요? 이스라엘에서 최고층이었던 사람들도 바벨론 포로생활 가운데서는 그들이 이전에 갖고 있던 모든 권세와 영화가 아무 쓸모가 없었습니다. 그들은 단지 노예일 뿐이었고, 그들의 가장 큰 삶의 목표는 살아남아 생명을 유지하는 것이었습니다. 그들에게 미래는 회의적일 뿐이었습니다. 그들이 포로생활을 했던 70년이라는 기간은, 두 세대가 지나는 기간이며, 과거의 부귀와 영화가 먼 옛날의 이야기가 되기에 충분한 기간이었습니다.

그런데 역대기 기자는 포로기 이후의 청중들에게 영광스러운 과거를 기억하기를 권면했습니다. 이것이 역대기 신학의 시작점입니다. 구약 성경이 이스라엘에게, 하나님께서 출애굽 당시 이스라엘을 구원하신 것을 기억하라고 가르치는 것처럼, 신실하신 하나님의 은혜를 기억하라고 말합니다.

어떤 이들은 포로지에서 귀환했고, 다른 이들은 여전히 바벨론에서 포로생활을 이어가고 있었습니다. 바벨론 제국을 멸망시키고 고대 근동의 새로운 맹주가 된 페르시아의 통치정책에 따라 이스라엘 백성들에게 예루살렘으로 귀환할 기회가 주어졌지만, 그들의 신분에 변화는 없었습니다. 예루살렘은 여전히 점령된 상태였고, 바벨론에서 페르시아로 단지 주인이 바뀌었을 뿐입니다. 봄날은 여전히 멀어 보였습니다.

역대기 역사가의 또 다른 강조점은, 하나님의 언약의 신실함을 기억하고, 과거에 받은 복을 기억하며, 환난을 야기한 과거의 죄에 얽매여 있지 말고 미래를 향하라는 메시지입니다. 이제부터는 과거 조상들의 죄는 지우고 그들 자신의 죄에 대해 본인들이 책임을 지는 것입니다. 과거의 죄에 대한 문책이 아니라, 미래의 죄에 대한 방지에 초점을 맞춥니다. 환난이 우리에게 주는 교훈은 하나님과의 언약 관계를 다시 기억하고, 새롭게 언약을 갱신하라는 것입니다.

구약성경을 통해서 본, 환난에 처할 때 우리가 취해야 할 태도

코로나19 사태는 하나님의 심판은 어느 누구도 피할 수 없음을 상징적으로 교훈해 줍니다. **칼, 기근, 전염병**(렘 14:12)을 통한 심판은 문자적으로 적용될 수도 있으나, 이를 비유적으로 이해하면 그 의미가 더욱 명확해 집니다. 전쟁과 같이 칼로 오는 심판은 피할 수도 있습니다. 또 그들 중 어떤 이는 기근 중에서도 살아남을 수 있을 것입니다. 그러나, 그 남은 자들도 무차별적으로 임하는 전염병은 피하기가 어려울 것입니다. "칼, 기근, 전염병"을 통한 심판은 비유적으로 절대적으로 피할 수 없는 하나님의 심판을 의미하는 것입니다.

고대 근동에서 신을 영토 신으로 이해했습니다. 이것은 고대근동에서 종교와 전쟁을 이해하는 중요한 개념입니다. 당시에는 보편적으로 각 국가별로 그들이 섬기는 신이 있고, 그들의 신은 각자의 영토를 갖고 있다고 믿었습니다. 모압의 신은 케모쉬였고, 암몬의 신은 몰렉과 바알, 아세라는 가나안의 신들이었습니다. 또한 바벨론은 그들의 신 마르둑의 영토로 간주되었습니다.

국가 간의 전쟁은 각 국가의 신들의 전쟁이었습니다. 구약성경에 등장하는 전쟁에는 이런 개념들이 잘 표현되어 있습니다. 전쟁이 임했을 때 왕들은 선지자를 통해서 전쟁에 가담할지 말지에 대해 하나님의 뜻을 구했습니다(사 37장, 렘 20장). 또한 광야 시대에서도 보듯이, 전쟁을 할 때 제사장이 법궤를 메고 전쟁대오의 선두에 서서 전진했습니다. 전쟁에서 지면, 그들의 신이 적대국의 신에 패했다고 생각했습니다.

그러나 구약성경의 영토 신의 개념은 고대근동에서 보편적으로 이해하는 것과는 다소 달랐습니다. 열방들은 자신들의 신의 영향력이 그들의 영토에 제한되어 있다고 여겼지만, 이스라엘의 선지자들은 그들의 하나님 여호와의 영토가 이스라엘 땅에 한정되어 있지 않고 전 우주가 다 여호와의 영토라고 여겼습니다. 선지서를 이해할 때 이 개념은 매우 중요합니다. 선지서에 의하면, 이스라엘의 신 여호와가 바벨론의 신 마르둑에게 패했기 때문에 이스라엘 백성이 바벨론에 포로로 온 것이 아닙니다. 이사야, 예레미야, 에스겔, 다니엘 같은 선지자들은 이스라엘의 신 여호와의 영토가 이스라엘 땅에만 제한된 것이 아니라, 바벨론에서도 여전히 여호와의 권능이 유효하다는 것을 강조합니다.

바벨론에 포로로 온 이스라엘 백성에게 임한 갈등은, 그들의 하나님이 여전히 그들과 함께 하고 있는가에 대한 의심이었습니다. 그들은 그들의 하나님 여호와가 바벨론의 신에게 졌기 때문에 그들이 포로로 잡혀왔다고 생각했고, 그렇기 때문에 여호와를 버리고 바벨론의 신을 섬기고자 했습니다. 영적인 측면에서 이것이 이스라엘 백성에 임한 바벨론 포로생활의 최대 위협이었습니다. 이스라엘의 신 여호와 하나님과 바벨론 신 마르둑에 대한 경쟁구도는 21세기를 살아가고 있는 우리에게도 여전히 적용되고 있습니다.

이사야 선지자는 40장에서 이 갈등에 대해 경종을 울립니다. 움직일 수도 없고 말도 할 수 없는 오이 밭의 허수아비같은 바벨론 신과, 이스라엘의 조상들을 출애굽에서 구해주셨고 여전히 살아 계시는 여호와 하나님을 이스라엘 백성들에게 대조시키며, 누구를 믿고 따를 것인지 묻고 여호와 하나님을 저버리지 말라고 말합니다.

이사야에 따르면 이스라엘의 회복과 구원의 근거는 환난에 처한 이스라엘 백성의 회개에 있는 것이 아니라, 근본적으로 신실하신 하나님의 은혜에 의존하는 것입니다. 코로나19와 같은 큰 환난의 위협과 두려움 속에서 우리가 취해야 할 태도는 하나님의 언약의 신실하심을 확신하며 그 한량없는 은혜를 구하는 것입니다.

고난에 처했을 때, 우리의 초점은 이것이 죄의 결과인지 아니지를 판단하기 보다는, 고난 이후에 무엇이 기다리고 있는가에 맞추어야 함을 살펴보았습니다. 선지서는 피할 수 없는 고난에 처했을 때, 하나님의 신실하심을 기억하는 것이 우리가 취할 올바른 태도라는 것을 가르칩니다. 선지서가 회개를 강조하지 않는다는 말이 아닙니다. 그러나 회개는 심판이 임하기 이전에 할 일입니다. 구약의 관점에서, 이미 심판이 내려진 후의 선지자들의 관심은 희망을 잃은 백성들이 하나님의 언약적 신실하심을 기억하고 미래의 회복과 희망을 갖도록 하는 데 있습니다. 오늘 우리가 맞닥뜨린 고난의 시기 가운데 구약성경이 우리에게 주는 교훈을 잘 기억하여 하나님과의 언약 관계를 다시금 바로 세워 신앙이 도약할 수 있는 소중한 기회의 시간으로 삼을 수 있기를 권면합니다.

최순진
성균관대학교
텍사스대학교(University of Texas at Austin) M.S.
워싱턴대학교(Washington University in St. Louis) Ph.D. 수학
웨스트민스터신학교(Westminster Theological Seminary, M.Div.)
비블리칼신학교(Biblical Theological Seminary, Th.M.)
University of Gloucestershire (Ph.D.)

06
구약과 질병

– 선지서에 나타난 질병 이해 –

최만수
(구약학 박사)

구약 선지서에서 나타난 질병은 사건이 아닌 하나님의 특별한 메시지를 전달하는 방편 중 하나였습니다. 선지자는 하나님의 권한을 위임받아 '이스라엘의 거룩하신 자' 하나님을 대변했고, 자신들이 속한 공동체가 하나님의 메시지를 듣고 순종하도록 인도했습니다. 반면에 백성의 모습은 불순종의 연속이었습니다. 질병은 선지자를 통해 하나님의 말씀을 전해 듣고도 도무지 깨닫지도 못하고, 깨달아도 순종하지 않고 살아가는 사람들의 모습을 반영하고 있습니다. 구약 선지서에서 질병은 '하나님이 절대 주권자이다'는 사실을 알리는 하나님의 메시지였습니다.

구약 선지서의 질병은 사람들의 삶의 영역에 따라 죽음에 이르는 몸의 병과 공동체와 격리되는 마음/정신적인 이상, 그리고 공동체의 파멸을 부르는 병인 전염병으로 구분됩니다. 이를 통해서 질병을 살펴보고자 합니다.

죽음에 이르는 몸의 병

선지서에서 언급되는 몸의 병은 많은 곳에서 찾아볼 수 있습니다(사 1:5; 33:24; 38:1, 9; 39:1; 렘 14:18; 겔 34:4, 16; 단 8:27; 호 7:5; 미 6:13). 이런 병들이 깊어지면 돌이킬 수 없는 죽음에 이르게 됩니다. 병이 깊어지는 것은 하나님에 대한 절대 믿음이 흔들린다는 것을 의미했습니다. 유다의 왕이었던 히스기야의 죽음에 이른 사정이 이를 잘 보여줍니다(사 38:1).

히스기야는 몸에 심각한 병을 얻었습니다. 성경에서는 단순히 '종처'라고 합니다(사 38:21). 고대 사회에서 종기와 같은 병은 흔한 병이었지만, 하나님은 그 병으로 죽음에 이를 것이라고 선언하십니다. **너는 네 집에 유언하라 네가 죽고 살지 못하리라**(1절) 지금 죽음의 통고를 받아든 시기는 왕으로서 가장 왕성하게 일을 할 38세쯤에 일어난 일입니다. 본문이 기록된 이사야 38장은 36-37장의 주전 701년 앗수르의 대군이 침공하여 수도 예루살렘을 포위하고 있는 상황에 대한 묘사 후에 나와서, 왕의 병이 깊어진 것을 알게 합니다. 대수롭지 않은 병이었던 종기 혹은 부스럼이 있는 상태에서 앗수르의 군대가 파죽지세로 국경을 넘어 예루살렘까지 공격하고, 성을 포위하고 있었습니다. 앗수르 왕 산헤립은 그의 연대기에서 히스기야가 마치 새장에 갇힌 새 같았다고 합니다. 그의 병이 깊어지고 돌이킬 수 없는 상태에 이른 것은 그 심리적인 요인에서 나온 것입니다. 전능하신 이스라엘의 거룩하신 하나님을 의지하는 대신 꼼짝없이 죽게 된 상황과 일국의 왕으로서의 책임감 때문에 그는 스스로 무너졌습니다.

히스기야가 죽을 것이라는 말은 의사들이 내린 진단이 아니라 하나님이 스스로 하신 말씀이었습니다. 왜 하나님은 병중에 있고, 전쟁 중에 있는 왕에게 죽음을 선언하셨을까요? 이스라엘에서 왕은 하나님이 세우십니다. 그는 날마다 율법을 묵상하고 그분을 신뢰하여야 하지만(신 18장), 히스기야는 하나님께 모든 것을 의지하지 않습니다. 오히려 주변의 사정으로 인해 그는 깊은 낙담에 들어가 있었습니다. 하나님을 전적으로 신뢰하고 하나님을 바라보지 않았기 때문에 하나님은 그에게 병으로 죽을 것이라고 선언하신 것입니다.

그러면 히스기야는 어떻게 죽음에 이르는 상태에서 벗어나서 구원을 받았을까요? 히스기야는 하나님의 죽음선고에 막연히 죽음을 준비한 것이 아니라 오히려 하나님 앞으로 나가 기도합니다. 그는 선지자를 통해 하나님의 말씀을 듣자마자 '벽을 향하여' 눈물로 기도했습니다. '벽을 향하는' 것은 이제 그가 온전히 하나님만 바라본다는 것을 드러냅니다. 그의 생명이 하나님의 손에 있음을 고백하는 동시에 그의 모든 시선이 하나님께로만 옮겨갔음을 보여줍니다. 히스기야는 뜨거운 눈물과 간절한 기도로 하나님 앞에 자신을 철저히 낮추었습니다. 하나님은 그의 생명을 15년 더 연장해주시고(사 38:5), 그에게 병의 치료제인 한 뭉치 무화과를 가져다가 종기가 난 곳에 붙이도록 알려주셨습니다(사 38:21). 이로 보건데, 히스기야의 병은 하나님만 바라보지 못한 불신으로 생긴 질병이라고 할 수 있습니다.

공동체와 격리되는 마음/정신의 병

하나님은 마음과 정신까지도 직접 다스리시는 전능하신 분이십니다. 하나님은 모든 사람의 교만한 마음을 낮추시고 하나님만이 진정한 왕이심을 깨닫게 하십니다. 그리고 하나님의 뜻에 따라 공의와 정의를 행하게 하도록 하십니다. 이는 바벨론 왕이었던 느부갓네살의 경우에서 분명히 드러납니다(단 4장).

느부갓네살은 당시 이스라엘을 포함해서 동서남북에 걸쳐 대 제국을 건설한 바벨론 왕이었습니다. 그런 왕이 미친 상태에 빠지게 되었습니다. 다니엘 4장 33절에서 그는 자신의 병의 모습을 상세히 설명을 합니다.

> 내가 사람에게서 쫓겨나서 소처럼 풀을 먹으며 몸이 하늘 이슬에 젖고 머리털이 독수리 털과 같이 자랐고 손톱은 새 발톱과 같이 되었더라 (단 4:33)

그는 자신이 마치 소와 같은 동물이 되었다고 생각하고, 산과 들을 뛰어다니며 동물처럼 행동했습니다. 당시로는 이런 증상이 있는 사람을 미친 사람이라고 생각해 공동체에서 분리하거나 혹은 사람과의 접근을 차단해야 하는 질병으로 여겼습니다. 이는 "낭광증이나 수광증으로 알려진 정신병"[1]의 일종입니다.

> 그는 때와 계절을 바꾸시며 왕들을 폐하시고 왕들을 세우시며 지혜자

에게 지혜를 주시고 총명한 자에게 지식을 주시는도다 (단 2:21)

느부갓네살이 비록 이방 왕이지만 하나님의 백성인 이스라엘을 다스리는 왕으로 세워졌는데 왜 이런 질병에 걸려야 했을까요? 분명 그는 하나님께서 왕으로 세운 사람이었습니다(단 2:21).

그러나 느부갓네살은 자신의 왕국이 이룬 업적 즉 땅 끝까지 이르는 제국을 자신의 능력과 권세로 건설하여 자신의 도성으로 삼고 이것으로 자신의 위엄의 영광을 나타낸 것이라고 자랑했습니다(단 4:30). 분명히 하나님은 꿈으로 그에게 일어날 일들을 알려주셨고, 하나님의 사람 다니엘을 통해서 직접 해몽을 듣고 하나님의 경고를 알았습니다. 그러나 그는 마치 다윗 왕이 왕궁 지붕 위에서 거닐며 죄의 현장으로 들어가듯이, 왕궁의 지붕에서 거닐며 교만함의 극치를 드러냅니다. 왕은 자신의 권력의 정점에서 모든 것이 자신의 성취라고 주장함으로 하나님께 돌아갈 영광을 차지했습니다. 이런 그의 마음을 하나님은 '들짐승의 것'과 같도록 하십니다(단 4:20-21). 만유의 주되시는 하나님은 자기의 영광을 남에게 결코 빼앗기지 않는 분이십니다(사 42:8).

느부갓네살은 이 병으로 인해 7년간 사람들에게서 격리되고 들판에서 살았습니다. 하지만 그가 이 병에서 회복되었을 때에 그는 교만한 마음이 변하여 하나님 앞에선 겸손한 자가 되었고, 동시에 여호와께서 지극히 높으신 하나님이시며 진정한 주권자임을 알고 높이게 되었습니다.

참으로 크도다 그의 이적이여, 참으로 능하도다 그의 놀라운 일이여,

그의 나라는 영원한 나라요 그의 통치는 대대에 이르리로다 (단 4:3)

그 권세는 영원한 권세요 그 나라는 대대로 이르리로다 (단 4:34)

느부갓네살은 자신이 회복되는 개인적인 경험을 통해 하나님의 진실함과 공의, 그리고 그분이 왕을 능히 낮추시는 분임을 드러냅니다. 결국 느부갓네살은 자기에게 주어진 권세가 하나님으로부터 온 것임을 깨달았습니다. 실제로 그가 이 병에서 놓임을 받은 후 30년간의 통치기간 동안 어떤 심판도 주어지지 않았습니다. 그는 하나님을 높이고 하나님 나라의 영원함을 노래했습니다(단 4:2-3).

공동체의 파멸을 부르는 병, 전염병

구약 선지서에서 나타나는 전염병은 국가 혹은 공동체에 임한 심판과 재앙이었습니다. 그 전염병들이 어떤 질병들인지는 정확히 알 수 없습니다. 다만 그 병이 죽음에 이르는 두려움과 그 병의 확산 범위가 전체 공동체까지 미쳤음은 분명히 볼 수 있습니다. 선지자 예레미야는 이 전염병이 하나님의 심판의 수단임을 알려줍니다.

여호와께서 또 내게 이르시되 너는 이 백성을 위하여 복을 구하지 말라

그들이 금식할지라도 내가 그 부르짖음을 듣지 아니하겠고 번제와 소

제를 드릴지라도 내가 그것을 받지 아니할 뿐 아니라 칼과 기근과 전염

병으로 내가 그들을 멸하리라 (렘 14:11-12)

이 전염병은 칼로 상징되는 전쟁과 먹을 것을 찾을 수 없는 기근을 동반한 하나님의 심판임을 알 수 있습니다. 전쟁이 휩쓸고 지난 자리에는 오직 죽음을 피한 소수의 사람만이 남을 것입니다. 그리고 그 남은 자들은 먹고 마실 수 있는 것을 찾을 수 없는 극심한 기근으로 죽을 것입니다. 마지막으로 그 죽음의 공간에서 살아남은 자는 전염병으로 끝이 납니다. 결국 전염병은 한 번도 경험해보지 못한, 상상할 수 없는 무서운 죽음의 심판인 것입니다.

왜 재앙으로써 전염병이 주어지는 걸까요? 하나님은 직접 그 재앙을 일으키신다고 하십니다(렘 14:12; 21:7, 9; 24:10; 27:8; 29:17, 18; 34:17; 38:2; 42:17; 44:13; 겔 5:17; 6:11-12; 7:15; 14:21; 28:23; 33:27; 암 4:10). 하나님은 다윗 왕에게 **네 집과 네 나라가 내 앞에서 영원히 보전되고 네 왕위가 영원히 견고하리라**(삼하 7:16)고 언약을 하셨습니다.

북 왕국 이스라엘은 경제적으로 풍요로움을 만끽하고 있었습니다. 게다가 국방이 튼튼히 이루어져서 이제까지 경험해 보지 못한 넓은 영토를 가지고 있었습니다. 이런 일련의 사회적, 경제적 그리고 군사적인 강성함에 깊이 빠져서 하나님을 예배하지 않고 우상을 숭배하며, 하나님의 말씀에 순종하지 않고 공의와 정의를 행하지 않았습니다. 또한 남 왕국 유다의 경우는 하나님의 말씀을 듣지 않고 하나님의 선지자들을 죽이며, 마음에도 없는 형식적으로만 예배를 행했습니다. 하나님은 이들에게 불같은 진노의 표현으로 전쟁과 기근과 전염병을 보내겠다고 하신 것입니다(합 3:2). 그러므로 이 무서운 재앙은 이스라엘이 그 언약을 지키지 않았기 때문에 주어진 것입니다. 이러한 하나님의 심판과 재앙은 결코 피할 수 없고, 전염병은 공동체 전체를 멸망으로 이르게 합니다.

공동체에 임한 심판과 재앙의 결말은 무엇입니까? 이 삼중의 재앙 속에서도 살아남은 자들이 있을까요? 분명히 역대하 7장 12-14절에 하나님께서는 자신의 잘못을 회개하고 돌아오는 자들에게 그 땅을 고칠 것이라고 말씀하셨습니다.

> 밤에 여호와께서 솔로몬에게 나타나사 그에게 이르시되 내가 이미 네 기도를 듣고 이곳을 택하여 내게 제사하는 성전을 삼았으니 혹 내가 하늘을 닫고 비를 내리지 아니하거나 혹 메뚜기들에게 토산을 먹게 하거나 혹 전염병이 내 백성 가운데에 유행하게 할 때에 내 이름으로 일컫는 내 백성이 그들의 악한 길에게 떠나 스스로 낮추고 기도하여 내 얼굴을 찾으면 내가 하늘에서 듣고 그들의 죄를 사하고 그들의 땅을 고칠지라 (대하 7:12-14)

새로운 땅, 회복된 하나님의 나라가 이루어집니다. 심판과 재앙으로 바벨론 포로로 가게 된 이스라엘은 그 곳에서 하나님의 위로하심과 구원하심을 경험합니다(사 40:1). 그리고 예루살렘으로 다시 돌아와서 하나님의 성전을 재건하며, 하나님의 공의와 정의가 하수처럼 흘러갈 나라를 회복할 것입니다. 이들을 반대하고 대항하는 자들은 그들의 나라가 하나님의 심판의 재앙에 망하게 될 것입니다(겔 38장). 새롭게 회복된 공동체는, 전염병으로 인한 탄식과 죽음의 소리가 진정한 왕이신 하나님을 높이며 찬양하는 소리, **나는 여호와로 말미암아 즐거워하며 나의 구원의 하나님으로 말미암아 기뻐하리로다**(합 3:18)로 바뀌게 됩니다.

정리하면서

구약 선지서에서 질병은 '하나님이 절대 주권자이시다'라는 사실을 알리는 장치였습니다. 때로는 육체에 주어진 병의 깊어짐을 통해 온전히 하나님만을 의지하도록 하시고, 때로는 마음 속 깊은 곳으로부터 흔들어서 들짐승처럼 뛰어다니면서 하나님의 자리까지 높아진 마음에서 벗어나도록 하셨습니다. 더욱이 온 공동체가 하나님이 아닌 세상이라는 우상을 섬기며 하나님의 말씀에 불순종할 때, 누구도 피해갈 수 없는 재앙을 내려 거룩한 하나님의 백성으로 남도록 하셨습니다.

그렇다면 오늘날 우리에게 주는 교훈은 무엇일까요? 모든 질병은 하나님의 섭리 속에 있음을 알 수 있습니다. 하나님은 "주께서 그 사랑하시는 자를 징계하시고 그가 받아들이시는 아들마다 채찍질"하신다고 알려 주십니다(히 12:6). 분명히 두렵고 무서운 재앙 같은 전염병은, 하나님의 백성에게 다시 하나님을 만나고 그에 대한 믿음을 회복하게 하는 하나님의 섭리인 것입니다. 그러므로 절망에 이르는 병들이 일어날 때, 우리는 온전히 기뻐하고 감사함으로 '하나님 앞에' 더욱 나아가야 합니다.

최만수

고신대학교(BA)
백석대학교 기독신학대학원 (M.Div.)
호주 The University of Melbourne (PostGrad. Dip.)
호주 The University of Queensland (MA, PhD.)

07
복음서의 전염병

황원하
(대구 산성교회 담임목사)

들어가면서

복음서에는 예수님이 병자들을 고쳐주신 일이 많이 기록되어 있습니다. 실제로 예수님이 일으키신 대부분의 이적은 병자들을 치유하신 일이었습니다. 물론, 복음서 저자들이 예수님의 치유 이적을 모두 기록한 것은 아닙니다. 성경에 **예수께서 행하신 일이 이 외에도 많으니 만일 낱낱이 기록된다면 이 세상이라도 이 기록된 책을 두기에 부족할 줄 아노라**(요 21:25)는 언급이 있는데, 이는 복음서 저자들이 일어난 일을 저술 목적에 따라서 선별하여 기록했음을 알려줍니다.

예수님이 사람들의 질병을 고쳐주신 것은 그분이 전능하신 분이라는 사실을 드러내고, 그분이 사람들을 불쌍히 여기셔서 자비를 베풀어주시는 분임을 보여주며, 나아가서 그분이 이사야서(특히 35:5-6)에 예언된 메시아라는 사실을 입증해 줍니다. 따라서 우리는 예수님이 질병을 고치시는 것을 보면서 그분이 우리를 지극히 사랑하시는 분이라는 사실을 알게 되고, 또한 그분이 우리에게 고통과 죽음이 없는 영원한 삶을 선사하시는 분이라는 사실을 배우게 됩니다.

한편으로 우리는 예수님이 병든 사람들을 치유해 주시는 모습을 보면서 우리가 병들었을 때 어떤 마음가짐을 가져야 할지를 알게 되고, 또한 우리가 다른 아픈 사람들을 어떻게 대해야 할지를 깨닫게 됩니다. 그러므로 이 글은 복음서에 있는 질병, 특히 전염병 치유 기사를 해석하면서, 이를 통하여 우리가 무엇을 배울 수 있는지를 말하고자 합니다.

복음서의 질병

복음서에는 다양한 질병이 언급되어 있습니다. 그것들은 정신병, 혈루증, 중풍병, 열병, 원인을 알 수 없는 심각한 병, 일어나서 걷지 못하는 병, 나병(악성 피부병), 앞을 보지 못하는 병, 그리고 말하지 못하는 병 등입니다. 당시에는 의학이 발달하지 않았기 때문에 고정된 의학 용어가 존재하지 않았고, 이에 성경 저자들이 질병을 정확하게 묘사할 수 없었습니다. 따라서 우리는 복음서의 질병들이 구체적으로(현대 의학적으로) 무엇을 가리키는지를 알 수 없습니다.

특히 복음서에는 '나병'이 자주 언급됩니다. 한글성경 개역개정판에 '나병'(한글성경 개역판에는 '문둥병'이라고 표현됨)이라고 표현된 이 질병은 오늘날의 한센병을 비롯하여 다양한 악성 피부질환을 포괄합니다. 당시 사람들은 나병에 걸리는 것을 하나님의 큰 저주를 받은 것으로 생각해서 매우 비천하게 취급했습니다. 그들은 살아 있으면서도 죽은 자들과 같았습니다. 그들은 마을에서 멀리 떨어진 외곽에서 살아야 했습니다. 따라서 그들은 육체적인 고통을 당해야 했을 뿐 아니라, 사회적으로 외톨이가 되었고, 종교적으로도 부정했습니다.

또한, 복음서에는 귀신들린 사람들이 많이 나옵니다. 귀신들림은 초자연적 현상으로써 질병과 구분되지만 때로 질병을 동반하는 경우가 있었습니다. 그래서 주님은 귀신을 쫓아내시면서 동시에 질병을 고쳐주기도 하셨습니다. 예를 들어, 마가복음 9장 14-29절에는 예수님이 귀신으로 인해 말을 할 수 없게 된 어떤 아이에게서 귀신을 쫓아내 주시면서 질병까지 고쳐주신 일이 기록되어 있고, 누가복음 4장 40-41절에는 예수님이 온갖 병자들을 안수하며 고쳐주실 때 여러 사람에게서 귀신들이 나갔다는 언급이 있습니다.

질병에 대한 사람들의 인식

당시 상당수 유대인은 질병에 걸리거나 장애를 얻는 것을 죄 때문이라고 인식했습니다. 그래서 요한복음에는 태어날 때부터 앞을 볼 수 없게 된 사람에 대해서 제자들이 **랍비여 이 사람이 맹인으로 난 것이 누구의 죄로 인함이니이까 자기니이까 그의 부모니이까**(요 9:2)라고 묻는 장면이 기록되어 있습니다. 그러나 이에 대해서 예수님은 **이 사람이나 그 부모의 죄로 인한 것이 아니라**(요 9:3)고 말씀하셨습니다. 예수님의 말씀은 이 시각장애인의 상황에 해당하는 답변으로, 질병이 반드시 죄로 인해 생기는 것만은 아님을 의미합니다. 물론 성경은 죄로 인해서 질병이 생기는 경우가 있음을 인정합니다. 하나님은 때로 육체의 고통(질병, 장애, 구금, 빈곤 등)을 심판의 수단으로 사용하기도 하십니다.

고대에 질병은 공포의 대상이었습니다. 아이가 태어날 때 아이나 산모가 사망하는 경우가 종종 있었으며, 병에 걸려도 변변히 치료를 받지 못하며 그냥 지내는 일이 많았고, 심지어 심각한 전염병으로 인해 마을 전체가 없어지는 예도 있었습니다. 그래서 사람들의 평균 수명은 길지 않았습니다. 당시 유대인들이 지켰던 규례들은 구약시대의 정결 규정에 근거한 것이었지만 위생과 건강도 배려한 것이었습니다. 그들은 열악한 환경 가운데에서도 나름대로 육신의 건강을 유지하기 위해서 많은 노력을 기울였습니다.

그러나 당시에는 의술이 발달하지 않아서 의사들의 실력이 떨어졌고, 의사 자체도 많지 않았으며, 심지어 치료비용이 비쌌습니다. 그래서 아픈 사람들이 원만하게 치료를 받기가 어려웠습니다. 고대에 질병 치료의 주 약재는 '기름'이었습니다. 사람들은 병자에게 기름을 발랐습니다(눅 10:25-37). 그리고 다양한 약재를 사용했는데, 로즈메리, 히솝풀, 루타, 마디풀 등을 사용했습니다. 또한, 사해의 소금물과 진흙이 질환 치료에 효험이 있다고 알려져서 사람들이 이를 이용했습니다. 예를 들어, 헤롯 대왕은 사해 옆에 별장(여리고, 헤로디움)을 지어 놓고 질병을 고치고자 했습니다.

복음서에는 예수님이 계시는 곳에 수많은 사람이 몰려들었던 사실이 빈번하게 언급되어 있는데, 이는 예수님의 말씀을 듣기 위함도 있었지만, 예수님에게서 병 고침을 받고자 함도 많았습니다. 그들은 영웅의 침에 능력과 효험이 있다고 믿었으며(요 9장), 위대한 사람의 옷자락이라도 잡으려고 했고(마 9장), 그런 사람의 그림자에라도 덮이기를 바랐습니다(행 5장). 오늘날에도 병에 걸리면 병원에서 치료를 받는 동시에 종교를 찾는 이들이 많은데, 하물며 당시에는 얼마나 그러했겠습니까? 그래서 사람들은 예수님이 병을 잘 고치신다는 소문을 듣고 몰려들었던 것입니다. 마가는 이러한 일을 다음과 같이 기록합니다.

> 저물어 해 질 때에 모든 병자와 귀신 들린 자를 예수께 데려오니 온 동네가 그 문 앞에 모였더라 예수께서 각종 병이 든 많은 사람을 고치시며 많은 귀신을 내쫓으시되 (막 1:32-34)

복음서의 전염병

복음서에는 전염병으로 분류할 만한 질병의 언급이 많지 않습니다. 신약성경에는 '전염병'에 해당하는 헬라어 '로이모스'가 두 번 나오는데, 누가복음 21장 11절과 사도행전 24장 5절에 나옵니다. 누가복음 21장 11절에서 예수님은 '감람산 강화'를 말씀하시면서 앞으로 큰 어려움이 있을 것이라고 하시는 가운데 '전염병'을 언급하셨습니다. 그리고 사도행전 24장 5절은 전염병 자체를 가리키는 것이 아니라 대제사장 아나니아가 변호사 더둘로를 통해서 바울을 고발하는 가운데, **우리가 보니 이 사람은 전염병 같은 자라 천하에 흩어진 유대인을 다 소요하게 하는 자요 나사렛 이단의 우두머리**라고 말한 것입니다.

그러나 복음서의 '나병'과 '열병' 가운데 일부는 전염성을 가졌을 수도 있습니다. 앞에서 말했듯이, 나병은 한센병을 포함한 각종 악성 피부질환을 가리킵니다. 그것들 가운데 어떤 것은 전염이 되고 어떤 것은 전염이 되지 않았겠지만, 구약성경은 이를 대단히 위험한 질병으로 분류해 나병에 걸린 사람들이 마을 사람들과 함께 지내지 못하게 했습니다. 복음서에는 한 나병환자가 예수님께 나아와서 **주여 원하시면 저를 깨끗하게 하실 수 있나이다**라고 간청하자, 예수님이 **손을 내밀어 그에게 대시며** 말씀하시기를 **내가 원하노니 깨끗함을 받으라**라고 하시니 즉시 그의 나병이 나았다는 기록이 있습니다(마 8:2-3). 예수님은 당시에 사람들이 가까이하지 않으려고 했던 나병환자의 몸에 손을 대시면서 그를 고쳐주셨습니다. 예수님은 말씀만으로도 고치실 수 있었지만, 친히 '몸에 손을 대심으로써' 병자를 향한 사랑을 표현하셨습니다.

예수님은 '열병'도 고쳐주셨는데, '열병'이란 그 종류와 원인이 워낙 다양해서 딱히 어떤 병이라고 규정하기가 어렵습니다. 하지만 이 병 가운데 어떤 것은 타인에게 전염될 수 있었을 것입니다. 예수님은 베드로의 집에 들어가셨는데, 베드로의 장모가 열병으로 앓아누운 것을 보셨습니다. 오늘날도 그렇지만 당시에 열병은 심각한 질병이었습니다. 그래서 자칫 생명을 잃을 수도 있었습니다. 이에 예수님이 **그의 손을 만지시니** 열병이 떠나가고 여인이 일어나서 예수님께 수종을 들었습니다(마 8:14-15). 곧 예수님은 친히 그녀의 '손을 만지시면서' 치유해주셨습니다. 이 행동은 그녀를 향한 예수님의 자비로운 마음을 드러냅니다.

앞에서 언급했듯이, 예수님은 감람산 강화에서 전염병의 발병을 말씀하셨습니다. 예수님은 **곳곳에 큰 지진과 기근과 전염병이 있겠고**(눅 21:11)라고 하셨습니다. 감람산 강화는 공관복음(마태, 마가, 누가)에 모두 기록된 것인데, 예루살렘 성전이 무너질 것이라는 예언과 세상 종말에 주님의 재림이 있을 것이라는 예언으로 구성되어 있습니다. 누가복음 기사의 경우 21장 23절까지가 성전 파괴 예언이고 그 이후가 세상 종말에 관한 예언입니다. 따라서 누가복음 21장 11절에 언급된 전염병은 성전이 무너질 때의 상황입니다. 실제로 주후 70년에 예루살렘 성전이 파괴되는 과정에서 유대인과 로마인 사이에 치열한 전투가 있었고, 이로 인하여 많은 사람과 짐승이 죽임을 당했기에 필시 전염병이 크게 창궐했을 것입니다. 따라서 예수님은 장차 일어날 심각한 상황을 미리 말씀하시면서 제자들이 대비할 것을 당부하셨습니다.

예수님과 의술

예수님은 공생애 기간에 많은 사람의 병을 고쳐주셨습니다(행 10:38). 하지만 예수님은 우리가 의술의 도움을 얻어야 한다는 사실을 암시하셨습니다. 즉 주님은 **건강한 자에게는 의사가 쓸 데 없고 병든 자에게라야 쓸 데 있느니라**(막 2:17)고 말씀하심으로 의사의 필요성을 분명히 언급하셨습니다. 그리고 주님께서 '언제나' 그리고 '모든' 사람을 고치신 것은 아니었습니다. 예를 들어, 베데스다 연못가에 수많은 사람이 질병 치유를 위해서 모여 있었지만, 주님은 38년 된 병자 한 사람만 치유해 주셨습니다. 그리고 사도들 역시 놀라운 능력으로 질병을 고쳤으나 항상 고친 것이 아니었으며, 오히려 그들 자신이 질병으로 고통을 겪기도 했습니다. 그러므로 질병의 치유란 하나님의 능력으로 이루어지는 것이지만, 하나님께서는 의술을 통해 병 고치기를 기뻐하십니다. 곧 하나님은 의술을 사용해서 일하십니다.

질병(전염병)에 대한 그리스도인의 자세

첫째, 우리는 병에 걸렸을 때 하나님께서 치유해 주시도록 기도해야 합니다. 그리고 다른 아픈 사람들을 위해서도 기도해 주어야 합니다. 하나님은 우리를 사랑하시고 불쌍히 여기셔서 우리의 병을 낫게 해주십니다. 열두 해 동안 혈루증으로 앓던 여인이 예수님의 겉옷 가를 만지면서 낫기를 바랐을 때 예수님은 **딸아 안심하라 네 믿음이 너를 구원하였다**라고 하셨고, 그 여자는 즉시 고침을 받았습니다(마 9:20-22). 또한, 예수님은 수많은 병든 사람들을 불쌍히 여기셔서 친히 고쳐주셨습니다. **예수께서 나오사 큰 무리를 보시고 불쌍히 여기사 그 중에 있는 병자를 고쳐 주시니라**(마 14:14) 그러므로 우리는 육신의 아픔 앞에서 하나님의 도우심을 구해야 합니다. 이런 기도는 허황한 기복신앙이 아니며, 오히려 우리가 하나님의 자녀로서 마땅히 할 일입니다. 그리고 하나님은 이렇게 간구하는 자들의 소원을 들으시고 응답해 주십니다(약 5:16).

둘째, 우리는 병에 걸렸을 때 의사의 도움을 얻어야 합니다. 하나님은 우리에게 여러 가지 다양한 은덕을 허락해 주셨는데, 그 가운데 하나가 의술입니다. 실상 이 세상의 모든 발전과 혜택은 하나님의 은혜에 기인합니다. 사람들은 이를 '일반은총'이라고 부르기도 하는데, 우리는 하나님의 사랑과 복 덕분에 이런 혜택을 얻습니다. 우리가 아플 때 병원에 가는 것은 우리가 추울 때 따뜻한 옷을 입는 것과 또한 먼 곳을 갈 때 차량을 이용하는 것과 같은 차원입니다. 그러므로 아플 때 단지 하나님만 찾고 기도만 하면 된다는 신비주의적 맹신을 가지지 않도록 주의해야 합니다. 특히 전염병은 대단히 위험한 질병입니다. 우리는 주님께서 예루살렘 성전이 멸망할 때 전염병이 돌 것을 예언하시며 미리 주의하라고 당부하신 것을 기억하면서 전염병 확산 방지를 위하여 우리가 할 수 있는 모든 노력을 다해야 합니다.

셋째, 우리는 병든 사람들을 사랑으로 돌봐 주어야 합니다. 그들이 죄 때문에 병에 걸렸다고 비난하거나 정죄하지 말아야 합니다. 더욱이 질병을 귀신들림 때문이라고 생각해서도 안 됩니다. 예수님은 사람들을 불쌍히 여기셔서 그들의 병을 고쳐주셨습니다. 그분은 병든 사람들을 정죄하시거나 그들이 병에 걸린 것이 그들의 죄 때문이라고 말씀하지 않으셨습니다. 필시 성경은 죄와 질병을 원인과 결과의 관계라는 도식으로 보지 않습니다. 그러므로 우리는 병든 사람들을 자애롭게 대해야 합니다. 특히 전염될 수도 있는 병에 대해서 우리가 취해야 할 자세는 주님이 취하셨던 자세와 같아야 합니다. 주님은 사람들이 가까이 하기를 원하지 않았던 나병환자들의 몸에 친히 손을 대시면서 치유하심으로 그분의 사랑을 보여주셨습니다. 이처럼 우리는 전염병으로 인해 고통당하는 사람들에게 실질적인 도움을 주어야 합니다.

넷째, 우리는 질병이 항상 치유되는 것이 아님을 알아야 합니다. 어떤 병은 고침을 받을 수 있으나 어떤 병은 고침을 받을 수 없습니다. 이것은 복음서에 명확히 드러난 현실이었습니다. 하지만 병 고침을 받지 못한다고 해서 하나님의 형벌을 받았거나 자신의 믿음이 부족하기 때문이라고 단정해서는 안 됩니다. 우리는 지식과 지혜가 부족하여 이러한 일에 대해서 자세히 알 수 없기에 그저 이 모든 것이 하나님의 섭리 가운데 일어남을 알고 순종해야 합니다.

다섯째, 우리는 예수님의 질병 치유가 그분의 메시아적 정체를 알리시려는 의도를 내포하고 있음을 알아야 합니다. 예수님은 아픈 사람들을 많이 고쳐주셨으나, 그들 모두를 고쳐주시지 않으셨습니다. 이는 예수님이 사람들을 고쳐주신 일에 특정한 목적이 담겨 있었기 때문입니다. 우리는 **저물매 사람들이 귀신 들린 자를 많이 데리고 예수께 오거늘 예수께서 말씀으로 귀신들을 쫓아내시고 병든 자들을 다 고치시니 이는 선지자 이사야를 통하여 하신 말씀에 우리의 연약한 것을 친히 담당하시고 병을 짊어지셨도다 함을 이루려 하심이더라**(마 8:16-17)는 말씀을 기억해야 합니다. 예수님은 질병 치유를 통해 자신이 인류의 아픔(고통, 슬픔, 사망)을 없애 주시는 구세주이심을 드러내셨습니다. 특히 예수님은 세례 요한의 제자들에게 자신의 정체를 밝히시면서 **너희가 가서 듣고 보는 것을 요한에게 알리되 맹인이 보며 못 걷는 사람이 걸으며 나병환자가 깨끗함을 받으며 못 듣는 자가 들으며 죽은 자가 살아나며 가난한 자에게 복음이 전파된다 하라**(마 11:4-5; 눅 7:18-22)고 말씀하셨습니다. 그러므로 우리는 육신의 질병 앞에서 주님이 우리를 위해서 하신 일을 생각하며 감사해야 합니다.

여섯째, 우리는 이 땅에 질병이 존재하는 것을 보면서 하나님의 나라를 사모해야 합니다. 마태복음 10장 1–8절(병행 본문: 눅 9:1–6)은 예수님의 치유 이적이 하나님 나라를 보여주시기 위해서였음을 가르쳐줍니다. 제자들이 여러 지역을 다니면서 사람들을 고쳐주는 일은 하나님 나라를 전파하는 방편이자 하나님 나라의 속성을 드러내는 일이었습니다. 즉 제자들은 이를 통하여 하나님 나라에 질병과 고통이 없다는 사실을 알려주었습니다. 언젠가 주님이 다시 오시면 새 하늘과 새 땅이 임할 것인데, 성경은 이를 **모든 눈물을 그 눈에서 닦아 주시니 다시는 사망이 없고 애통하는 것이나 곡하는 것이나 아픈 것이 다시 있지 아니하리니 처음 것들이 다 지나갔음이러라**(계 21:4)고 표현합니다. 그러므로 우리는 병으로 인하여 고통을 겪을 때마다 하나님 나라의 임함을 소망해야 합니다. 그러니 어떤 면에서 아픈 것도 은혜요 복입니다.

황원하
고신대학교 신학과(B.A.)
고려신학대학원(M.Div.)
Universeit van Pretoria (Th.M. 신약학)
Universeit van Pretoria (Ph.D. 신약학)

08

사도행전–요한계시록의 전염병

김영호
(합동신학대학원대학교 신약학 교수)

최근 한국과 전 세계, 그리고 그리스도인들은 이전에 한 번도 경험해 보지 못한 상황을 맞아 분투하고 있습니다. 역사상 전염병이 일어났을 때, 그리스도인들은 도피하지 않고 이웃 곁에 있음으로써 사랑을 실천하고 하나님께 영광을 돌렸습니다.[1] 그러나 이번에는 모임과 접촉 자체가 개인과 공동체의 안전을 위협하고, 대중의 공포와 혐오의 원인이 되고 있습니다. 예배냐 방역이냐는 질문에 대한 신약의 교훈은 무엇일까요?

이 질문에 대답하기 위해 우선 사도행전에서 요한계시록까지 '전염병' 개념과 사건이 나오는지, 나온다면 오늘날 상황과 유사점이 있는지 살펴보겠습니다. 다음으로 이 관찰을 현재 상황에 적용하여 그리스도인들이 어떻게 신앙적 가치를 실현할 것인지 생각해 보겠습니다.

전염병

신약에서 '전염병'을 나타내는 말은 로이모스(λοιμός)입니다. 사도행전에서 요한계시록까지 이 단어가 나오는 곳은 사도행전 24장 5절 뿐입니다. 더둘로라는 변호사가 총독 벨릭스 앞에서 바울을 고소하면서 "이 사람은 전염병입니다"하고 말할 때 쓰였습니다. 이것은 아비가일의 남편 나발(삼상 25:25)[2]을 묘사할 때나, 다윗의 추종자들 중 이기적인 부류(삼상 30:22)를 가리킬 때 쓰인 말이기도 합니다. 그러나 이 본문들에 등장하는 '전염병'은 현재 당면한 전염병과 거리가 멉니다. 또 전염병을 맞아 사람이 어떻게 해야 할지도 다루지 않습니다. 따라서 '전염병'이라는 개념이 나오는 본문에서 출발하여 논의를 진행할 수 없습니다.

그러면 사도행전 이후에서는 전염병에 대한 교훈을 전혀 찾을 수 없을까요? 이 질문에는 두 가지 이유에서 부정적으로 대답할 수 있습니다. 첫째 성경에서 '전염병'(로이모스)을 가리키는 단어가 나오느냐 여부가 절대적인 것이 아닐 수 있습니다. 혹 나온다 해도 그 단어가 반드시 현재 우리가 겪고 있는 전염병과 같은 것이 아니기 때문입니다. 실제로 페리클레스 당시 역병이 무엇이었는지 오늘날까지 논란이 되고 있습니다. 인류역사를 통해 나타난 역병에는 세 가지 종류가 있었습니다. 첫째는 콜레라와 같이 소화기 질환과 관련된 것입니다. 이것은 물, 음식, 분변 등으로 감염되었습니다. 둘째는 벼룩이나 이, 모기 등 매개 곤충을 통해 감염되는 것으로 발진이나 티푸스가 있습니다. 이것은 살충제의 하나인 디디티(DDT) 때문에 오늘날에는 없어졌습니다. 셋째는 호흡기를 통해 감염되는 전염병입니다. 대표적으로 감기와 인플루엔자입니다. 과거에 있었던 역병은 처음 두 가지였을 가능성이 높습니다. 이 역병은 거의 예외 없이 전쟁이나 기근과 함께 발생했습니다. 그러나 현재 당면한 역병은 대부분 호흡기를 통해 전파되는 전염병들입니다. 따라서 '전염병'이란 단어가 나온다 하여 유사사건으로 다루고, 단어가 나오지 않는다 하여 논의가 불가능한 것은 아닙니다. 그러면 어디서 출발해야 할까요?

둘째 성경에서 '전염병'과 함께 등장하는 말이 있습니다. 바로 '기근'(λιμός; 리모스)입니다(눅 21:11; 마 24:7; 막 13:8). 두 단어는 서로 연결되면서 한 개념(헨디아뒤스)으로 쓰이는 경우가 있습니다. 기근에 이어 역병이 오거나 역병과 맞물려 기근이 오는 경우가 있었기 때문에, 두 부분으로 이루어진 한 재앙으로 인식한 것입니다. 기근이 들어 사람들이 많이 죽었을 때, 굶어 죽는 사람 중에는 반드시 굶주림이 아니라 역병이 주원인이었을 수도 있고, 그 반대도 생각할 수 있습니다. 한 예로 트로이 전쟁 때 크레타에 일어난 재난을 들 수 있습니다.[3] 따라서 기근이 들었을 때, 교회가 어떻게 했는지 살펴봄으로써 간접적으로 교훈을 얻을 수 있을 것입니다.

기근이 찾아왔을 때, 사도들과 초대교회의 그리스도인들은 가난한 이들을 도왔습니다. 당시에 계시 외에는 극복할 수 없었던 유대인과 이방인 사이의 장벽을 넘어, 자기 희생 외에는 길을 찾을 수 없는 궁핍을 이기고, 연보를 했습니다(행 11:27–30; 갈 2:10; 고후 8:2; 엡 3:5–6). 그러나 이 돕는 행위만큼이나 중요한 것은 돕는 이유입니다. 마케도니아, 아가야, 갈라디아, 시리아 교회가 유대아에 있는 교회에 연보를 보냈고, 바울은 이 연보를 왜 반드시 **오순절** 전에는 예루살렘에 도착하여 (행 20:16) 전해야 한다고 생각했습니까? 바울은 이것을 단순한 구제로 여기지 않고, 교회론과 은혜론에 속한 개념으로 설명합니다.

> 이제 너희의 넉넉한 것으로 그들의 부족한 것을 보충함은 후에 그들의 넉넉한 것으로 너희의 부족한 것을 보충하여 균등하게 하려 함이라 기록된 것 같이 많이 거둔 자도 남지 아니하였고 적게 거둔 자도 모자라지 아니하였느니라 (고후 8:14-15; 출 16:17-18)

이 말씀에 따르면, 연보는 균등의 원리에서 출발합니다. 그런데 이 균등의 원리는 하나님께서 이스라엘 총회에 주신 만나에 기초합니다. 여기서 바울이 이방인과 유대인을 이스라엘 총회로 생각한다는 점이 중요합니다. 또 그들에게 주신 자산이 고린도에서 상업으로 얻은 것이든 팔레스타인에서 농사로 얻은 것이든 하나님이 주신 은혜라는 것입니다. 그러므로 바울은 연보의 이유를 교회의 하나됨에서 찾고 있는 것입니다. 만일 이방인 교회와 유대인 교회가 하나라면, 저들이 부족할 때 이들은 남거나, 이들이 취할 때 저들은 목마르다면, 그들은 스스로 그리스도의 한 교회에 속한 자임을 깨는 결과가 될 것이라는 말입니다.

그러면 그들이 하나님의 은혜와 교회의 하나됨을 생각하여 너그럽게 연보한 최종 결과는 무엇이었습니까? 사람들이 하나님께 감사하고, 그들의 연보로 하나님께 영광을 돌리는 것이었습니다(고후 9:11,

13). 만일 기근이 찾아왔을 때 하나님의 은혜와 교회의 하나됨에서 해답을 찾아야 한다면, 전염병에 대한 해결책도 모든 것이 하나님의 선물이라는 원리와 교회의 하나됨이라는 원리에서 찾아야 하며, 그 결과는 하나님께 영광을 돌리는 것이어야 한다는 결론에 이릅니다.

그러면 본래 질문으로 다시 돌아와 보겠습니다. 그리스도인들은 코로나19같은 전염병을 맞았을 때 어떻게 해야 할까요?

전염병이 왔을 때 신자가 따를 원리

우선 현재 상황이 비상상황이라는 사실을 기억할 필요가 있습니다. 즉 전염병이 끝나고 일상이 회복되면, 다시 비상상황에서 정당했던 원리를 내려놓고 평소 원리와 개념으로 돌아가야 한다는 것입니다. 예를 들어, 현재 비상상황에서 대면모임이 전염병 확산의 진원지가 될 수 있으므로 학교가 원격수업을 할 수 있으나 전염병이 끝나면 다시 집합수업으로 돌아가야 합니다.

이것을 염두에 두고 신약이 제시하는 원칙이 무엇인지 찾아보겠습니다. 신약은 두 가지 원칙을 제시합니다. 하나는 하나님께 영광을 돌려야 한다는 원칙이고(고전 10:30; 고후 4:15), 다른 하나는 이웃을 사랑해야 한다는 원칙입니다(갈 5:14). 이 둘은 함께 가는 경우가 많습니다. 하나님이 말씀하시므로 자기 것을 희생하여 가난한 사람들을 도우면, 그것 자체가 하나님께 영광이 되고 동시에 이웃에 대한 사랑의 실천이 됩니다. 그러나 코로나19와 같은 사태에서 **모이기를 힘써야 한다**(행 2:46; 히 10:25)는 원칙을 위해 공간적으로 모이는 일을 고집하면, 자신과 타인의 생명을 위협하게 됩니다. 그 결과는 이웃을 사랑하라는 하나님의 명령을 거스르게 되는 것이고, 결국 하나님의 영광을 해치게 됩니다. 또 그리스도인들이 집합예배로 인해 감염확률을 높인다면 이웃에게 불안과 공포, 혐오심을 심어주게 되고, 이런 일이 반복되면 우리가 믿는 하나님과 교회에 대한 반감이 증폭될 것입니다. 이것은 하나님께 영광을 돌리는 것과 반대방향으로 가는 것일 수 있습니다.

그렇다면 한편으로 모이기를 힘써야 한다는 원칙을 지키고, 다른 한편으로 감염을 방지하기 위한 길을 찾아야 합니다. 그 길이 무엇인지 대답하기 위해서는 두 가지 차원을 고려해야 합니다. 첫째는 **모인다**는 내용을 심화하는 것입니다. 사도 바울은 이렇게 말한 적이 있습니다. **이 외의 일은 고사하고 아직도 날마다 내 속에 눌리는 일이 있으니 곧 모든 교회를 위하여 염려하는 것이라**(고후 11:28) 바울은 마치 자신이 로마제국 전역에 흩어져 있는 모든 교회를 돌보는 자인 것처럼 말하고 있습니다. 사도적 책임감이요, 사도적 의식이라고 볼 수 있습니다. 하지만 바울은 현재 에베소에 있습니다. 고린도 교회에 자신이 함께 있어야 함에도 그럴 수 없습니다. 그런데 이상한 말을 합니다. 자신이 고린도 교회와 함께 있어 이미 죄인을 치리했다고 말합니다(고전 5:3-4). 만일 **주 예수의 이름으로 너희가 내 영과 함께 모여서**(고전 5:4)라는 말이 고린도 교회의 예배를 가리킨다면, 바울이 몸으로는 떠나 있으나 영으로 고린도 교회의 예배에 참여했다는 뜻이 됩니다. 바울이 어떻게 그렇게 할 수 있습니까? 만일 바울이 자신이 보편편재한다고 생각하지 않았고 동시에 단지 비유적인 뜻으로 말한 것도 아니라면,

남은 것은 하나뿐입니다. 자신이 그 예배에 참여한 것이나 다름없게 한 무언가가 있었던 것입니다. 고린도 교회를 비롯한 모든 교회에 당시 바울은 **현존**했습니다. 어째서 그렇습니까? 교회가 공적 예배에서 구약 성경과 함께 바울의 편지를 읽었기 때문입니다(살전 5:27; 살후 3:17; 골 4:16). 바울의 편지는 바울에게 있는 사도로서 권위를 현재화하는 역할을 했습니다.[4] 편지가 바울의 사역의 확장이었던 것입니다. 물론 바울의 사도의식을 현재 교회나 교회의 사역자, 그리스도인들에게 그대로 적용할 수는 없지만, 바울이 자신이 공간적으로 있을 수 없는 상황임에도 거기에 있었다고 말한 진정한 이유는 오늘날에도 여전히 유효한 원리입니다. 바울은 육체적으로 또는 정신적으로 그곳에 있다고 말한 것이 아닙니다. 그의 말의 진정한 뜻은 자신에게 주신 계시가 활동한다는 것입니다(고후 10:11). 그렇다면 이 원리는 바울과 같이 공간적으로 모일 수 없는 상황에 **함께 있을 수 있는 일**에 명확한 지침을 줍니다. 그것은 그리스도인의 모임에 없어서는 안 될 필수 요소가 하나님의 말씀이라는 것입니다. 이 말씀을 통한 하나님의 통치가 드러나야 한다는 것입니다. 이것을 위해 바울은 교회를 세울 때, 반드시 말씀 사역자를 세웠습니다(행 14:23). 자신이 갈 수 없으면, 동역자들이나 편지를 보냈습니다(살전 3:2; 5:27). 그는 교회를 주님과 주의 은혜의 말씀에 부탁했음을 잊지 않았습니다.

둘째는 '방편'에 대한 관점을 정립하는 것입니다. 다른 예를 들어 보겠습니다. 그리스도인들은 몸에 악성 종기가 났을 때 어떻게 하나요? 또 그리스도인들은 막 태어난 아이들에게 각종 예방접종을 해야 할까요?[5] 유다 왕 아사처럼, 하나님께 구하지 않고 의사에게 구하면 불신 앙적인 것은 아닐까요?(대하 16:12; 왕상 15:23). 그러나 만일 오늘날 치명 적인 부상이 들었거나 심한 질병에 걸렸을 때 병원에 가지 않는다면, 겉으로는 아사와 반대로 행동했으나 실제로는 그와 동일하게 행한 셈 일 것입니다. 왜냐하면 두 경우 모두, 문제는 하나님에 대한 불신이 기 때문입니다. 물론 하나님은 과거 출애굽 때나 유다 왕 아사 때(B.C. 911-870)와 같이, 현대에도 직접 병을 고쳐 주실 수 있습니다(출 9:9). 그 러나 성령께서는 많은 나라에서 그분의 일반은총 가운데 의학과 약학 등을 발전하게 하시고, 일상에서 하나님의 섭리와 도우심을 누리게 하 십니다.[6] 지금 상황도 마찬가지입니다. 오늘날 성령께서 문명이 발전 하게 하시고, 아이티(IT)를 비롯한 제반 기술과 과학을 발전하게 하셨 습니다. 그래서 멀리 있으면서도 함께 예배를 드리고 함께 찬송하고 기도하며 공동체적 유대감을 유지할 수 있게 하셨습니다. 그리스도인 들은 자신과 이웃이 병들었을 때, 첨단의학을 하나님이 주신 혜택으로 적극 활용하고 자신과 이웃의 질병을 치유하며 이 일을 통해 하나님의 이름을 높입니다. 이와 같이 그리스도인들은 자신과 가족, 공동체에 전염병이 밀려왔을 때 절망하지 않고, 첨단기술을 적극 활용하여 함께 예배하고 이웃과 교제를 누리며, 과거의 눈으로 보면 기적 같은 일들 을 일상으로 주신 하나님께 영광을 돌리는 것을 잊지 않아야 합니다.

진정한 선은 결코 악한 결과를 낳지 않습니다. 풍요와 안녕이 지배 하는 평화가 있을 때나, 기근이나 전염병이 지배하는 재난이 찾아왔을 때나, 그리스도인에게 최고선은 하나님을 영화롭게 하는 것입니다. 이것을 제1원리로 재난을 당한 이웃을 돕는 일, 전염병이 강하게 일어날 때 집합예배를 드려야 하는지의 문제, 의학과 기술문명 등 방편을 활용하는 일 등을 판단해야 합니다. 그러나 이 모든 것은 전염병이 대유행할 때에 해당합니다. 만일 하나님께서 은혜를 베푸셔서 전염병이 사라진다면, 지체 없이 모여 하나님께 감사해야 합니다.

마지막으로 그리스도인들은 전염병 한복판에서 전염병 이후 물적 복구와 영적 회복을 위해 고민하고 노력해야 합니다. 무엇보다 각각 자기의 마음에 재앙을 깨닫고 개인과 국가, 세계에서 제거해야 할 악과 바꾸어야 할 불의에 대해 기도해야 합니다(왕상 8:37-40).

김영호
한양대학교 원자력공학(B.S.)
합동신학대학원대학교(M.Div.)
Theologische Universiteit Gereformeerde Kerken (M.A.)
Evangelisch-Theologische Fakultät der Rheinischen
Friedrich-Wilhelms-Universität Bonn (Dr.Theol.)

Ⅲ

교회 역사에서 본
전염병과 기독교

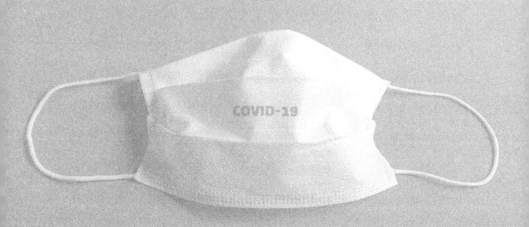

09
초대교회 당시의 전염병

이상규
(고신대학교 명예교수, 백석대학교 석좌교수)

대역병(大疫病) 혹은 전염병을 말할 때, 중세기 특히 14세기의 흑사병
을 생각합니다만, 이런 유의 질병은 그 시대에만 있었던 것은 아닙
니다. 전염병은 초대교회 시대에도 창궐하여 교회가 심각한 어려움
에 처하기도 했습니다. 그런가 하면 우리 시대에도 끊이지 않고 발
병하여 인류 사회에 심각한 위협이 되고 있습니다. 1918년의 스페
인독감 이후만 보더라도 1957년의 아시아독감, 1968년의 홍콩독감,
2002~2003년 사스, 2003~2009년의 조류독감, 2009년의 신종 플루,
2015년의 메르스 등이 있었고, 최근(2019-2020)에는 중국 후베이성 무
한(武汉)에서 시작된 신종 코로나 바이러스가 창궐하고 있습니다. 이
런 질병이 창궐할 때 그 시대 교회는 어떻게 대처했을까요? 이런 호
기심을 가지고 이번에는 초대교회 시대의 팬데믹과 교회의 대응에 대
해 소개하고자 합니다.

첫 번째 역병(165-180)

첫 3세기 동안의 초기교회 시대에는 크게 두 차례의 국제적인 전염병이 발병했는데, 첫 번째 경우가 2세기 중엽, 곧 165년 겨울에 발생한 역병이었습니다. 마르크스 아우렐리우스 황제 치하 근동 실루기아에서 베르스의 군부대에서 발병한 이 역병은 180년까지 15년간 로마제국 전역으로 확산되었습니다. 이 역병이 안토니우스 역병인데, 이 병의 확산을 목격하고 기록한 그리스 의사의 이름을 따 '갈레노스 역병'이라고 부르기도 합니다. 이 역병은 골(Gaul)로, 그리고 라인강을 따라 확산되었고, 원정에서 돌아온 군인들에 의해 동부의 로마 제국으로도 전파되었습니다. 고대 사회는 통계에 무관심하여 정확한 사망자를 알 수 없으나 윌리엄 맥닐은 로마제국 인구의 4분의 1 이상, 심지어는 3분의 1 이상이 목숨을 잃었다고 추정합니다.[1] 매우 높은 치사율이었음을 알 수 있습니다. 미국의 세균학자이자 의사인 한스 진저는 "사망자가 많아 이탈리아의 도시와 마을이 공동화되고 황폐화 되었다"고 썼을 정도입니다.[2] 이 역병은 1~2년 정도 유행하다가 종식된 것이 아니라 무려 15년간 지속되었고, 166년 이전에 중국에까지 전파되었기 때문에 사태가 매우 심각했습니다. 황제 아울렐리우스 자신도 이 역병으로 180년 3월 17일 사망했습니다. 그의 사인이 지병의 악화라고 보는 견해도 있지만, 사실은 이 역병으로 고생하던 중 비엔나에서 사망한 것입니다. 그의 시신은 테베레 강변의 하드리아누스 영묘에 안치되었습니다. 한스 진저는 이것이 서구사회에 최초로 등장한 천연두였을 것으로 추측합니다. 엄청난 인구가 유실되자 인력난에 허덕이게 되었고,

사회적 혼란은 가중되었습니다.

두 번째 역병(249-262)

두 번째 발병은 249년 시작되어 251년 창궐하기 시작했습니다. 262년 까지 계속된 이때의 전염병은 도시와 농촌으로까지 파급되었는데 이 번의 역병은 홍역이었던 것으로 보고 있습니다. '키프리아누스 역병' 이라고 불리는 이 질병은 천연두나 홍역을 경험해 보지 못한 지역에서 는 면역력의 부재로 피해가 컸고 치사율도 높았습니다. 이때의 질병을 '키프리아누스 역병'이라고 부르게 된 것은 북아프리카 카르타고의 주 교 키프리아누스가 자신의 설교 '죽음을 면치 못함에 대하여'에서 병세 와 사회상황에 대해 자세히 언급했기 때문에 붙여진 이름이라고 합니 다. 이때 로마에서만 하루에 5천명이 죽었다는 보고가 있었다고 맥닐 은 주장합니다.[3] 그런가하면 보우크는 알렉산드리아에서는 인구의 3 분의 2가 죽음을 맞았을 것으로 추정했습니다. 이때의 역병에 대해 기 독교 관련 여러 기록이 남아 있는데, 키프리아누스는, "우리 가운데 많 은 이가 이 전염병과 흑사병으로 죽어가고 있다"고 썼습니다. 몇 년 후 알렉산드리아의 주교 디오니시우스는 부활절 설교에서 "청천벽력처럼 그 어떤 재앙보다도 공포스러운 존재인 이 질병이 임했다"고 탄식했을 정도였습니다.[4]

기독교회의 대처

문제는 이런 역병이 창궐했을 때 기독교회는 어떤 태도를 취했느냐 하는 것과, 역병의 창궐이 교회에 어떤 영향을 주었는지에 관한 것입니다. 종교의 가치는 위난한 상황에서 유효한 역할을 통해 드러나는데, 이 당시 대 역병의 환난에서 종교는 두 가지 질문에 답해야 했습니다. 첫 째는 왜 이런 재앙이 일어났는가 하는 재앙의 원인에 대한 설명을 해야했고, 다른 하나는 재앙에 어떻게 대응해야하는가에 대한 모범을 제시해야 했습니다. 자연과학이나 의학이 발전한 오늘에는 그것을 종교가 답해야 한다고 여기지 않았지만, 초대교회 당시 사람들은 종교가 답해야 한다고 믿고 있었습니다.

그런데 당시 이방종교는 이 질문에 답하지 못했습니다. 알 수 없는 불안에 대한 유일한 해답은 도피였습니다. 그래서 이교의 사제들은 피신했고, 고위층 관리들이나 부유한 이들도 도시를 떠나 안전한 곳으로 피신했습니다. 이교도들은 환자 스스로 알아서 살아남아야 한다고 보아 그들을 보호하지 않았고, 그 어느 곳도 안전하지 않았음에도 불구하고 도피를 최상의 대책이라고 여겼습니다. 부모는 자녀를 버렸고, 자녀도 부모를 버렸습니다. 돌보지 못한 자녀들과 연로한 부모들이 보호 받지 못하고 죽음을 맞았습니다.

그렇다면 교회는 어떠했을까요? 이때의 역병에 대처 했던 교회 지도자들의 여러 기록이 남아 있는데, 교회는 모든 질병은 근본적으로 인간의 죄 때문이라고 보았고(시89:31-33), 하나님은 역병을 가져오기도 하시고 멈추게도 하신다고 믿었기에 하나님의 자비하심을 바라며 기도해야 한다고 가르쳤습니다. 그래서 도피가 최상의 길이 아니라 보살핌과 배려, 사랑으로 질병을 극복해야 한다고 권고한 것입니다. 이

점이 이방종교와 그 신봉자들과의 현격한 차이였습니다. 이때는 데시우스 황제 치하에서 기독교가 조직적인 박해를 받고 있었음에도 불구하고 기독교적 가치를 드러내고자 했던 것입니다. 알렉산드리아의 감독이었던 디오니시우스는 "이교도들은 처음 질병이 발생하자 아픈 자를 내쫓았고, 가장 가까이 이는 자들이 먼저 도망쳤고, 병든 자가 죽기도 전에 거리에 버려지고 매장하지 않는 시신을 흙처럼 취급했다. 그들은 이렇게 함으로서 치명적인 질병의 확산을 막고자 했으나 아무리 몸부림쳐도 도망치기 어렵다는 점을 알게 되었다."고 말하면서 그리스도인들은 이들과 달랐다고 말합니다.

그리스도인들은 역병의 현장에서도 사랑의 시혜자이고자 했던 것입니다. 모두가 자기만 살겠다고 도피하는 현실에서도 도피가 최선의 선택이라고 여기지 않았습니다. 도리어 감염된 이들을 사랑으로 보살폈고 소생할 수 있도록 도움을 베풀었습니다. 도움을 베풀되, 교회 밖의 이방인들에게도 동일했습니다. 키프리아누스는 하나님의 선하심과 자비하심을 설명하면서 이렇게 설교했습니다.

우리가 단지 우리(그리스도인)들만을 소중히 여기고 우리끼리만 자비를 베푼다면 그것은 놀라운 일이 아니지만, 세리나 이교도들이 하는 것 이상으로 선으로 악을 이기고, 하나님께서 관용을 베푸신 것 같이 관용을 베풀고, 원수조차도 사랑하며, 주님께서 권고하신 대로 핍박하는 자의 구원을 위해서 기도한다면 우리는 온전하게 될 것입니다. 하나님께서는 변함없이 태양을 떠오르게 하시며, 비를 내리셔서 씨앗들을 기르시고 이러한 모든 선하심을 그의 백성들에게 보이실 뿐만 아니라 이방인 들에게도 그렇게 하십니다. 만일 누가 스스로 하나님의 아들이라고 고 백한다면 그 사람은 아버지를 본받아야 함이 마땅하지 않겠습니까?[5]

키프리아누스는 전염병이 돌고 있는 위험한 상황에서도 그리스도 인들에게 사랑을 실천하라고 가르친 것입니다. 또 역병이 절정에 달하 던 260년 부활절에 디오니시우스는 이렇게 설교했습니다.

> 우리 형제 그리스도인 대부분은 무한한 사랑과 충성심을 보여 주었으며 한시라도 몸을 사리지 않고 상대방을 배려하는 데 온 힘을 쏟았습니다. 그들은 위험을 무릅쓰고 아픈 자를 보살폈고, 그들의 모든 필요를 채워 주었고 주님 안에서 그들을 섬겼습니다. 그리고 병자들과 함께 평안과 기쁨 속에 생을 마감했습니다. 그들은 환자로부터 병이 감염되자 그 아 픔을 받아드리고 고통을 감내했습니다. 많은 이들이 다른 이들을 간호 하고 치유하다가 사망을 자신에게로 옮겨와 대신 죽음을 맞았습니다.[6]

자신이 감염될 수도 있는 죽음의 위험에도 불구하고 실천한 형제 사랑은 이교도들이 상상할 수 없는 일이었습니다. 바로 이런 상황에서 생겨난 단어가 '파라볼라노이'(παραβολάνοι), 곧 '위험을 무릅쓰는 자 들'이라는 단어였습니다.[7] 3세기 당시 기독교 공동체가 '파라볼라노이' 라는 칭호로 불렸다는 사실은 기독교가 위난자들에게 자기희생적 사 랑을 실천했다는 중요한 증거입니다. 디오니시우스는 그리스도인들이 이렇게 사랑을 실천한 대가로 죽음을 맞았고, 또 이런 사랑을 실천했던 이들은 직분을 떠나 순교자와 다를 바 없다고 설교했습니다.[8] 이런 점에서 아우구스티누스는 후일 '사랑은 영혼의 손'이라고 말한 것이 아닐까요?

기독교에 어떤 영향을 주었을까?

키프리아누스나 디오니시우스, 그리고 역사가인 유세비우스 등은 이런 역병이 기독교의 확산에 영향을 주었다고 해석합니다. 그리스도인들이 병든 자를 간호하고 위난한 이들에게 도움을 베푼 결과, 모든 치료가 중단된 상태에서 기본적인 간호만으로도 사망률을 현저히 낮출 수가 있었다고 의사였던 맥닐은 주장합니다. 또한 물과 음식을 제공하는 것만으로도 쇠약해진 이들의 건강을 회복할 수 있었다고 합니다. 그래서 이방 종교 신봉자들에 비해 기독교 공동체의 생존율이 월등히 높았고, 또 그리스도인들이 베푼 형제애적 사랑은, 이교 숭배자들의 마음을 열어 기존 종교를 폐기하고 새로운 종교를 수용하는 변화, 곧 기독교로의 개종이라는 종교적 이행(移行)이 이루어져 기독교의 성공에 기여했다는 평가를 받고 있습니다.

정치적으로 볼 때 이런 질병이 로마제국 쇠퇴의 출발점이 되었다는 주장도 있습니다. 에드워드 보크와 같은 역사가들은 계속되는 역병의 발발로 인구가 감소했고, 모자라는 군인을 농부와 지역 공무원으로 충당하였기 때문에 식량 생산량도 감소했다고 말합니다. 또 도시와 농촌 등 행정 지원 부족으로 야만인 침략을 막는 로마제국의 역량이 약화되었다고 지적했습니다. 자연재해나 역병이 역사의 변화를 초래하지만, 이런 큰 변화의 가운데서 기독교는 절망에 빠진 민중들에게 소망을 주었던 것입니다. 현세와 내세 모두에게 말입니다. 초대교회의 대역병이 결과적으로 이교의 쇠퇴와 기독교의 성공에 기여하였다는 주장은 오늘 우리들에게도 깊은 교훈을 줍니다. 자신의 위험을 감수하는 진실한 사랑의 실천은 사람들을 감동시키고, 그것이 기독교의 참된 정신을 보여 줄 수 있다는 점입니다.

이상규
고신대학교 신학과(B.Th.)
신학대학원(M.Div.), 대학원(Th.M.)
호주빅토리아주 장로교 신학대학(P.T.C.)
호주신학대학(A.C.T.) 신학박사(Th.D.)

10
루터와 흑사병

주도홍
(백석대학교 은퇴 교수, 통일신학회 명예회장)

들어가는 말

A fame, peste et bello, libera nos, Domine!

주여, 기근, 흑사병 그리고 전쟁으로부터 우리를 구하소서!

위의 구절은 루터와 그 시대 사람들의 기도였습니다. 기근, 흑사병, 전쟁으로부터 오는 죽음의 공포는 루터의 생애를 항상 둘러싸고 있었습니다. 1505년 여름 루터가 자신의 서원을 따라 불현듯 법학부 학생의 신분을 포기하고, 에르푸르트에 있는 아우구스티누스 수도원으로 들어갈 당시에도 무서운 흑사병이 독일을 쓸고 있을 때였습니다. 1511년과 1512년 독일 아우구스부르크에서는 흑사병으로 약 1,800명이 죽어갔는데, 수천 명이 죽어갔던 다른 도시들도 사정이 다르지 않았습니다. 1520년 9월 독일 아헨에 거주하던 황태자 칼 5세도 흑사병 때문에 몇 주간 피신해야만 했습니다. 흑사병으로 찾아오는 '갑작스러운 죽음'은 회개할 마지막 기회를 주지도 않았기에 못내 안타까웠습니다. 사람들의 편지에는 죽음의 소식이 끊이지 않았고, 먼 길을 떠나 여행할 때에도 죽지 않고 다시 만날 수 있기를 기원했습니다. 신분을 가리지 않고 찾아오는 갑작스러운 죽음 때문에, 황제 막스밀리안 1세도 생애 마지막 7년 동안 여행을 떠날 때마다 죽음을 염두에 둔 자신의 관을 늘 준비해야만 했습니다. 무엇보다 사람들은 왜 이런 재앙을 만나야 하는지 궁금해 했습니다. 그 원인을 무엇보다 불신앙, 불순종 그리고 감사하지 않음에서 오는 죄라고 믿어, 거대한 두려움과 함께 하나님의 은혜를 구하는 회개와 갱신 운동이 일어났습니다. 1527년 7월 루터가 사는 비텐베르크에도 흑사병이 찾아들었는데, 8월 2일 비텐베르크 대학은 에나(Jena)로 학생들을 피신시켜야 했지만, 루터는 가족과 함께 비텐베르크에 남아 도리어 흑사병 환자들을 집에 들였습니다. 슈팔라틴에게 보낸 루터의 편지는 당시 상황을 잘 말해줍니다.

> 지금 이곳 비텐베르크에도 흑사병이 찾아들었습니다. 다행히 그렇게 독하지 않습니다만, 사람들의 두려움은 여전히 크고 피난 행렬은 끊이지 않습니다. 특히 심각한 곳은 어부들이 사는 아래 도시입니다. 비텐베르크에서 지금까지 18명의 장례를 치렀는데, 오늘은 이곳 시장 데네의 아내 장례를 치러야 했습니다. 그녀는 어제 거의 내 품에서 임종을

했습니다.

1527년 9월부터 비텐베르크에서 조금씩 안정세를 찾아가던 흑사병은 11월 초에 거의 사라지는 것 같았습니다. 루터는 그의 편지에 이렇게 적었습니다.

> 아래 도시 어부 촌에도 흑사병이 멈추었습니다. 결혼식과 파티들이 열
> 리고 있습니다. 물론 그렇다고 아직 완전히 사라졌다고 볼 수 없습니
> 다. 8일 전까지도 사람들이 죽어갔기 때문입니다.[1]

비엘, 쯔빙글리, 칼뱅, 오시안더, 베자 등 대부분의 종교개혁자들이 같은 경험을 했는데, 그런 맥락에서 흑사병이 창궐하는 생생한 현장에서 기록한 루터의 글을 읽고 이해하면서, 전 세계가 코로나 19로 인해 진통하는 오늘의 한국에서 나름의 울림을 기대합니다.

헤쓰에게 답하다

1527년 루터는 죽음의 사자 흑사병을 직면하여 한 편의 글을 썼습니다. 1525년 8월부터 11월까지 독일 브레스라우(Breslau)에 흑사병이 번졌을 때, 그곳의 목회자 헤쓰 박사가 과연 목회자도 흑사병을 피해 타지로 피해야 하는지, 즉 목회자들이 전염병과 전쟁 등 비상상황에서 본인들이 살기 위해 교회를 떠날 수 있는가에 대해 구체적으로 질문했기 때문입니다. 그렇게 되면 목회자가 성도들을 영적으로 돌볼 수 없

게 될 뿐 아니라, 주일 설교도 하지 못하고, 예배도 인도할 수 없게 되기 때문에 쉽지 않은 문제였습니다. 모든 성도가 함께 길을 떠난다면 모르겠지만, 당시 노약자와 흑사병에 걸린 성도들을 두고 떠나야 하는 어려운 형편이었습니다. 흑사병이 도시에 찾아들었을 때, 사람들은 살기 위해 피난을 떠나야 했습니다. 이러한 피난은 공적 위치에 있는 성주들의 명령을 따라 행해졌기에 기독교 사회에서 문제가 되지는 않았지만, 개신교 목회자들은 쉽게 행동할 수 없어 영적 지도자인 루터의 의견을 듣고자 했습니다. 이에 대해 루터는 함께 고민하며, 본인 역시 질병으로 힘든 중에도 1527년 7월 말부터 10월 말까지 3개월에 걸쳐 글을 썼는데, "기꺼이 죽음을 피할 수 있을 것인지"라는 글이었습니다.[2] 당시 루터가 사는 비텐베르크에도 1527년 8월부터 12월까지 흑사병이 찾아들었고, 작센의 선제후 요한은 백성들에게 에나(Jena)로 피할 것을 명한 상태였으니, 루터의 글은 바로 이러한 위기의 현장에서 "그리스도 복음의 동역자"를 기억하며 목자의 한 사람으로서 기록한 것입니다. 위에 언급한 대로, 루터는 비텐베르크시 교회 담임목사 부겐하겐과 두 명의 부교역자와 함께 비텐베르크를 떠나지 않고 자신의 자리를 지켰는데, 강의와 설교를 했고 장례를 치러야 했으며, 영혼 위로자의 직무를 담당했습니다.

죽음과 죽어감

루터의 글은 목회자 헤쓰 한 사람만을 위하기보다는 본인 루터에게, 그리고 같은 위치에 있는 목회자와 공직자에게도 필요한 글이었습니다. 흑사병은 말 그대로 치명적인 병이었기에, 그 누구도 두렵지 않은 사람이 없었습니다. 루터 역시 흑사병을 목전에 두고 많은 생각을 해야 했고, 뭔가 결단해야만 했을 것입니다. 그런 맥락에서 루터의 이 글은 신앙이 어떻게 행동할 수 있는 자유를 부여하고, 사랑이 어떻게 고난으로의 자유를 결단하게 하는지를 잘 보여줍니다. 루터는 죽음에 직면할 때, 크리스천이 어떻게 행동할 것인지에 관해 근원적 물음을 던집니다. 사실 이런 물음은 어느 시대 누구나 가졌던 것으로, 특별한 것이 아님을 언급하며 글을 여는데, 글의 시작은 죽음과 사랑이 많으신 은혜로운 하나님의 뜻의 상관성에 관한 내용입니다. 루터가 서두에서 가져오는 성경은 고린도전서 1장 10절, 고린도후서 13장 11절, 빌립보서 2장 2절의 말씀입니다. 그중 고린도후서 13장 11절 **형제들아 기뻐하라 온전하게 되며 위로를 받으며 마음을 같이하며 평안할지어다 또 사랑과 평강의 하나님이 너희와 함께 계시리라**의 말씀은, 바로 앞 10절의 말씀 **주께서 너희를 넘어뜨리려 하지 않고 세우려 하여**의 구절과 함께 생각할 때 루터의 의도가 분명해집니다. 이 대목에서 루터가 가져오는 단어는 겸손, 낮추심, 학습입니다.

루터는 죽음을 죽어감과 죽음으로 구별하며, 죽음을 향한 일반적인 두 가지 입장을 나열합니다.

첫째, 죽음이란 죄로 인해 하나님께서 인간에게 내린 벌이기에 바르고 확고한 신앙 안에서 피하지 말고 기꺼이 받아들여야 한다. 그러기에 죽음을 피하려 하는 것은 하나님을 향하여 정의롭지도, 신앙적이지도 않다.

둘째, 국가 공직에 의해 내려진 정당한 처벌이 아니라면, 언제든지
죽음에서 기꺼이 피할 수 있다.

루터는 여기서 크리스천의 신앙 수준이 모두 같지 않음을 함께 말합
니다. 물 위를 믿음으로 걸었던 베드로가 의심할 때 물에 빠지는 것을
예로 들며, 예수님이 이러한 베드로를 비난하지 않았다고 말합니다.

선한 목자와 삯꾼

루터는 크리스천의 죽음을 향한 바른 태도를 두 가지로 말합니다. 먼
저 하나님의 말씀과 명령에 반하는 경우입니다. 한 예로, 어떤 사람이
복음을 전하다 붙잡혀 감옥에 갇혀서 복음을 부인해야 살아남을 수 있
는 경우에는 마땅히 죽음 선택해야 한다는 것입니다. 사람 앞에서 주
님을 부인하여 천국 아버지 앞에서 부인당하기보다 차라리 육신의 죽
음을 선택함이 옳다는 것입니다(마 10:28, 33). 다음으로 루터는 영적 직
분을 가진 설교자나 목회자가 흑사병 같은 죽음이 다가오는 위기상황
에서도 주의 명령을 잊지 말라고 강조합니다. 선한 목자는 자신의 양
을 위해 목숨을 버리거니와, 삯꾼은 늑대가 달려들 때 양들을 버리고
본인이 살기 위해 도망칩니다(요 10:12). 무엇보다 죽어가는 자들에게
요구되는 영적 직분은 하나님의 말씀과 성례를 통해서 신앙 안에서 죽
음을 극복할 수 있도록 양심을 강하게 하며 위로해야 하는 것입니다.
이처럼 한 도시의 시장이나 판사와 같은 세상 직분 역시 "하나님의 종

들로서" 위기 가운데서도 도시와 국가를 통치하고, 방어하며, 관리해서, 평화로이 살도록 해야 합니다(롬 13:6). 반대로 관리들이 책임을 파기하고 도망가는 행위는 거대한 죄로 처벌을 해야 합니다. 이럴 때 화재, 살인, 봉기 등 많은 사건과 사고가 일어날 수 있기 때문입니다. 루터는 이 두 가지 경우가 여러 상황에도 적용 가능한데, 종과 주인, 아내와 남편, 부모와 자식의 관계도 섬기고 도우라는 하나님의 규율의 관점에서 동일하게 이해한다고 말합니다. 이처럼 공직에 있는 시립의사, 세무원, 공무원도 본인의 자리에 그 누구를 대체할 수 없을 때는, 도피해서는 안 된다는 것이 루터의 입장이었습니다. 이웃이 죽어가고 있을 때 아무도 그를 돌볼 수 없다면, 마땅히 이를 모른 체하거나 피해서는 안 됩니다.

루터는 **내가 병들었을 때 … 너희가 돌보지 아니하였느니라**(마 25:43)는 말씀을 가져와 주의 음성을 들려주며 모두가 서로서로 떨어질 수 없는 자들임을 일깨워 주었습니다. 이웃이 위기 가운데 있을 때 마땅히 모른 체할 수 없고, 할 수 있는 한 함께 짐을 져야 하며, 그들 곁에 있어야 하고 도와야 하지만, 만약 돕는 자들이 넉넉하거나 환자들이 도움의 손길을 거부한다면, 자유롭게 결정해도 죄를 짓는 게 아닐 것입니다. 루터는 남에게 어려움을 주지 않고, 이웃을 소홀히 하지 않으면서, 할 수 있는 한 생명을 위해 죽음(Tod)을 피해 도망가는 것이 불의가 아님을 많은 성경 구절을 들어 언급했습니다. 그 예로 아브라함(창 12:12), 이삭(창 26:7), 야곱(창 27:43), 다윗(삼상 19:10; 삼하 15:14), 선지자 우리야(렘 26:21), 엘리야(왕상 19:3), 모세(출 2:15) 등 많은 인물들이 있었습니다. 루터는 믿음의 공동체에게 무엇보다 한 지체가 고통을 받으면 모든 지체가 함께 고통하고, 한 지체가 영광을 받으면 모든 지체가 함께 즐거워하는(고전 12:26) 유대감이 절실히 필요하다는 사실을 강조한 것입니다.

환자를 방치하지 말라

16세기의 사람이었던 루터는 흑사병을 다른 전염병과 같이 하나님의 저와 벌로 이해했지만, 그럼에도 불구하고 이웃이 이런 환난을 만났을 때는 모른 체 하지 말고 최선을 다해 도와야 한다고 했습니다.[3] 문제는 전염성이 강한 흑사병의 경우, 돕는 자도 함께 죽음을 만날 수 있다는 점인데, 루터는 이에 대해 요한일서 3장 16절을 들어 답합니다. **그가 우리를 위하여 목숨을 버리셨으니 우리가 이로써 사랑을 알고 우리도 형제를 위해 목숨을 버리는 것이 마땅하니라** 이런 이유로 마귀를 대하는 마음으로 강한 신앙 안에서, 죽음을 두려워하지 말고 더욱 강하고 담대하여 용기 있게 행동할 것을 강조합니다. 여기서 우리는 악한 마귀를 대적하여 싸우는 루터의 영성과 강한 의지를 만납니다. 이러한 루터의 태도는 그가 친히 흑사병 환자를 본인 집에 들여 치료했다는 사실을 기억할 때, 루터 본인의 이야기로 생각해도 틀리지 않을 것입니다.

　루터는 두 가지를 강조합니다. 첫째, 이러한 환난 가운데서도 마귀의 장난에 놀아나지 말고, 도리어 더욱 강하고 담대하게 마귀가 물러나게 해야 한다는 점입니다. 우리의 빛이며 생명이신 그리스도를 잊거나 잃지 말고, 어려움에 빠진 이웃을 돌아보며 하나님의 마음을 소유할 것을 강조합니다. 이렇게 할 때, 하나님과 모든 천사도 흡족해하는 일로 하나님의 뜻을 이루며 바른 예배와 순종을 할 수 있습니다. 둘째, 환난 중에 있는 모든 이를 위로하는 하나님의 그 찬란한 능력의 말씀과 약속을 견고히 붙들어야 합니다. 아무도 그 놀라운 하나님의 약속에 대적할 수 없기 때문입니다. 루터는 시편 41편 2-4절과 디모데전서 4장 8절의 말씀을 들어 이를 더욱 강조합니다. 루터에게 경건이란 무엇보다 하나님을 섬기는 것이고, 하나님을 섬기는 예배는 구체적으로 병든 이웃을 섬기는 것이었습니다. 루터는 위기 중에 있는 병자들을 사랑과 기도와 말씀으로 지극 정성으로 돌봤던 사람이 전염병에 걸렸을 때, 전혀 해를 입지 않고 살아난 경험을 이야기했습니다. 이 경험은 아마도 루터 본인의 이야기였을 것입니다. 이처럼 루터는 순전한 사랑의 섬김과 희생적 봉사를 강조했습니다. 그가 병들었을 때, 하나님께서 친히 그의 보호자가 되시고 그의 의사가 되어주신다는 말은 루터에게 더 없는 감격이 되었습니다.[4]

그러기에 사랑하는 친구들이여, 우리가 너무 두려워할 필요가 없습니다. 우리가 마땅히 돌보아야 할 우리의 이웃들을 내팽개치지 말고, 마귀의 경악에 그토록 창피하게 도망치지 말아야 합니다. 그럴 때 마귀는 기뻐하고 우리를 조롱할 것입니다. 이런 모습은 하나님이 모든 천사와 함께 확실히 불쾌하게 여기며, 하나님의 마음을 아프게 합니다. 그러기에 진심으로 다시 말합니다. 하나님의 풍성한 약속과 하나님의 계명을 경홀히 여기고, 위기에 처한 이웃을 방치하는 자는 하

나님의 모든 계명을 어기는 자로서, 그가 방치한 이웃들의 살인자로서 심판을 받을 것입니다.[5]

루터는 흑사병의 환난 가운데 있는 이웃을 위로하고 섬기고 치료하는 일이야말로 바로 그리스도를 섬기는 일로 거기에서 말씀 가운데 있는 주님을 진심으로 만나게 된다고 가르치면서, 이와 반대되는 모습은 병중에 있는 우리 주님을 내팽개치는 일로 참으로 수치스러운 도주와 공포로 마귀의 비웃음을 받게 된다고 경고하기도 했습니다.

왼편 죄, 오른편 죄

루터는 '왼편 죄'와 '오른편 죄'를 나누었습니다. '왼편 죄'는 이웃을 돌보지 못한 채 내팽개치고 도망치는 것입니다. 방치와 피함으로 인해 발생하는 수동적이고 소극적 죄라 할 수 있습니다. '오른편 죄'는 이웃이 병들었을 때 이를 하나님의 뜻으로 여겨 그들을 조롱하고, 이에 대한 어떤 수고나 도움을 주지 않은 채 방탕하고 유희를 즐기면서 이기적으로 살아가는 죄입니다. 실상은 그들은 하나님을 믿지도 않고 도리어 하나님을 시험하는 자들로서, 적극적으로 범하는 미신적이고 광신적인 죄라 하겠습니다. 무엇보다 하나님은 약품을 창조하셨으며, 인간에게 이성을 주시고, 육체를 돌보고 관리하여 건강하게 살도록 하셨습니다. 그런데 건강에 적극적으로 유의하지 않으면, 결국은 자신마저도 죽음에 방치하게 되는 자기 살인자가 되며, 남에게까지 무서운 흑사병을 옮겨 이웃을 죽게 만들어 하나님 앞에 살인자가 되는 것입니다. 루터는 사랑하는 친구들에게 적절한 병을 예방하기 위한 적절한 방안들와 병에 걸렸을 때의 대처하는 바른 자세를 꼼꼼히 제시합니다.

무서운 전염병도 하나님의 허락 아래에서 우리에게 오는 것이기에, 우리는 먼저 하나님께 우리를 긍휼히 여기시고 병을 물리쳐 달라고 기도해야 합니다. 루터는 흑사병의 기본 대처요령을 일인칭을 써서 제시합다. 곧 남의 문제가 아니라, 자신이 할 일이라는 점을 강조한 것입니다.

1. 나는 연기를 피워 독을 소독할 것인데, 이로써 공기를 깨끗이 정화한다.
2. 나는 병에 필요한 약을 전해주며, 그 약을 먹는다.
3. 나는 오염된 장소와 병든 사람들을 멀리한다.[6] 그렇지만 내 이웃이 어떤 모습으로든지 도움을 요청할 때, 기꺼이 나는 그에게 갈 것이며, 그를 도울 것이다.

이러한 모습이야말로 하나님을 두려워하는 바른 신앙이라고 루터는 말합니다.

바른 신앙 안에서 담대하고, 사회 속에서 이성적으로 지혜롭게 행동할 때, 확실히 전염병에 의한 희생자의 수가 줄어들 것입니다. 반대로 전염병을 너무 두려워해 어려움에 빠진 이웃을 내팽개친 채 도망하거나 맹목적인 만용으로 방역도 하지 않는다면, 전염병의 확산을 막지 못한 채 흑사병으로 죽어가는 자들이 넘쳐날 것이라고 경고합니다. 구약의 예를 들며(레위기 13장 이하), 루터는 환자를 어떤 특정 지역에 격리해서, 전염을 방지하고 의사들이 최대한 신속히 그들을 치료할 것을 권합니다. 루터는 많은 사람들을 위해 이런 당부의 내용들을 강의로도 하고 유인물로 만들어 보급하길 원했습니다. 죽음의 시대를 직면하여 루터는 설교자들이 강단에서 이 말씀을 설교하고, 영혼의 위로자로서 부름을 받아 옳게 처신할 것을 소망했습니다.

마지막 당부들

루터는 먼저 경건한 삶을 강조합니다. 하나님의 말씀에 귀를 기울여 신앙생활을 열심히 하고, 변화된 삶을 통해 살고 죽을 수 있어야 합니다. 지금까지 하나님의 말씀을 가볍게 여겼다면, 이방인처럼 아무렇게나 살았던 과거를 뉘우치고, 진심으로 눈물로써 회개의 기도를 드리고, 새로워진 공적 삶을 제시할 수 있어야 한다고 가르칩니다. 둘째, 흑사병을 통해 갑작스럽게 찾아오는 죽음을 직면해, 함께 살아가는 이웃의 잘못을 용서하고 화해하며 늘 경건하게 살아감으로 늘 죽음을 준비할 것을 권면합니다. 셋째, 흑사병이 전조를 보일 때 망설이지 말고 목회자에게 먼저 알려 함께 기도하며, 굳은 신앙과 마음으로 이겨나가야 한다고 말합니다. 죽음의 막바지에서 의식이 없는 상태로 목사를 찾는 것은 너무 늦은 일입니다. 넷째, 장례와 매장에 대해서도 새로운 견해를 밝히면서, 전문가 의사들의 견해가 중요함을 암시하는데, 시내 밖으로 교회 묘지를 옮기는 제안이었습니다. 시내 중앙에 있는 교회 묘지에 흑사병으로 죽은 시신을 매장할 경우, 독(바이러스)이 공기 중에 나와 다시 전염의 위험성이 있지는 않은지 걱정한 것입니다. 루터는 도시 밖 교회 묘지를, 유대인과 이방인의 전통, 구약과 신약을 예로 들며, "확신컨대 매우 지혜로운" 것으로 여겼습니다. 루터는 가능한 균을 멀리해 예방하는 것을 우선으로 생각했습니다. 시신을 저 멀리 밖으로 매장하거나 시신을 화장하여 가루로 만들면, 공기오염을 막을 수 있을 거라고 생각했습니다. 루터는 비텐베르크시가 적극적으로 시외로 교회 묘지를 옮기길 원했습니다. 그렇게 되면, 도시 밖 묘지는 모두가 함께 묻히는 공동묘지이자 거룩한 장소로도 활용할 수 있는데, 사람들이 이곳을 찾아 죽음과 삶, 부활에 대해 묵상할 때, 경건 현장이 될 수 있기 때문이었습니다. 어쨌든 하나님은 우리가 건강하게 살고, 환난을 만난 자들을 위로하며, 살든지 죽든지 제대로 준비된 성도의 모습을 보이길 원하십니다. 루터는 **우리 중에 누구든지 자기를 위하여 사는 자가 없고 자기를 위하여 죽는 자도 없도다**(롬 14:7)는 구절을 들어 이 말을 전했습니다.

글을 마감하며

헤쓰의 물음에 대한 답신으로 쓴 루터의 글은 16세기 당시 흑사병의 생생한 현장을 보여주는 역사적 문서로 그 가치를 평가할 수 있습니다. 흑사병이 비텐베르크를 덮쳤을 때 작센의 선제후 요한이 비텐베르크를 행정적으로는 관장하였지만, 종교개혁자 루터의 역할은 교회의 영역을 벗어나 그의 손이 미치는대로 환난을 만난 모든 사람을 아우르는 것이었습니다. 흑사병은 걸린 사람만의 문제가 아니라, 모든 사회의 문제로 번졌는데, 루터는 육체적, 정신적, 사회적, 신앙적, 영적 방면에 이르기까지 최선을 쏟는 지도자의 전형을 보여주었습니다. 루터는 흑사병을 만날 때, 먼저 생명의 주인이신 하나님의 긍휼을 구했습니다. 거대한 공포에 빠져 그저 피하려고만 하면 환자를 방치하게 되어 희생자는 늘어나고, 흑사병은 더욱 맹위를 떨치기 때문이었습니다. 루터에게 흑사병과의 투쟁은 무엇보다 믿음이 요구되는 영적 싸움이었습니다. 그러면서도 루터는 지혜롭게 이성적으로 방역에 임했습니다. 연기를 내서 소독하고, 흑사병에 걸린 사람과 흑사병이 퍼진 지역을 격리하여 더는 전염이 되지 않게 하며, "하나님이 만드신" 약을 나누어 주어 먹도록 하며, 병든 자가 방치되지 않도록 적극적 간호를 강조했습니다. 사망에 이르렀을 경우, 묘지에 이르기까지 장례를 책임졌습니다. 이와 같이 위기의 순간에는 목회자와 공무원들을 위시하여 할 수 있는 대로 모두가 목숨을 바쳐 사명을 다해야 합니다. 수동적 왼편 죄와 능동적 오른편 죄를 범해서는 안 됩니다. 왼편 죄는 두려움 때문에 환자들이 죽도록 방치하는 죄이며, 오른편 죄는 흑사병을 하나님의 뜻이라며 맹목적으로 받아들이는 운명론자들의 죄입니다. 루터는 흑사병을 만난 이웃을 버리고 도망치는 삯꾼이 되지 말고, 목숨까지 바치는 선한 목자가 될 것을 강조했습니다. 그렇지 않을 경우, 하나님의 심판대 앞에서 그 죄악의 대가를 치르게 될 것을 경고했습니다. 목사인지 아닌지, 공무원인지 아닌지는 루터에게 물음이 되지 않았습니다. 병이 났으면 치료해야 하고, 불이 났으면 불을 끄는 일에 모두가 힘을 합쳐 최선을 다해야 할 뿐이었습니다. 여기서 모두가 참여하고 함께하는 루터의 만인사제설은 분명하게 드러납니다. 끝으로 루터가 비텐베르크시에 제안한 시내 밖 공동묘지는 충분히 고려해야 할 신선한 아이디어입니다. 당시의 오염된 물을 식수로 사용하는 것을 염려한 이 제안은 사려 깊은 특별한 제안이었습니다. '기독교 사회'를 살았던 16세기 루터는 교회와 사회의 지도자 역할을 넉넉히 감당했습니다. 특히 인상적인 것은 루터가 요한복음 3장 16절을 들어, 목숨을 버려 세상을 구원한 주님의 모습을 흑사병을 퇴치하기 위해 싸우는 사람들의 모델로 제시하는 점은 과연 구원이 무엇인지를 생각하게 합니다.

주도홍

총신대학교, 문학사(B.A.)
총신대학교, 목회학석사(M.Div.)
독일 보쿰대학교(Ruhr-Uni. Bochum) 신학석사(Mag.Theol.)
독일 보쿰대학교(Ruhr-Uni. Bochum) 신학박사(Dr.Theol.)

11
쯔빙글리와 흑사병

조용석
(장로회신학대학교 객원교수)

흑사병에 걸린 쯔빙글리

스위스 종교개혁자 쯔빙글리(Huldreich Zwingli, 1484-1531)는 1519년 스위스 취리히에서 가장 큰 교회였던 그로스뮌스터 교회 담임목사로 청빙을 받은 이후, 페스트, 즉 흑사병에 걸리면서 죽음의 위기에 직면하게 되었습니다. 흑사병은 치사율이 높은 전염병이었습니다. 중세시기 유럽을 휩쓴 흑사병으로 인해 유럽인구의 거의 3분의 1이 사망했는데, 스위스의 취리히도 예외가 아니었습니다. 하지만 쯔빙글리는 하나님의 은혜와 성령의 능력을 온 몸으로 체험하면서 흑사병을 이겨냈습니다. 그는 이 과정을 통하여 하나님의 말씀의 사람, 성령의 사람으로 거듭났습니다. 흑사병에 전염되기 전과 치유된 이후의 쯔빙글리는 전혀 다른 사람이었습니다. 흑사병을 앓기 전까지 쯔빙글리는, 그리스 철학에 대해 상당히 조예가 깊었던 당대 지성인 중에 지성인으로, 당시 최고의 명성을 떨쳤던 가톨릭 지식인 에라스무스의 성경인문주의의 영향을 받아 히브리어와 헬라어로 기록된 성경원문을 읽을 수 있었던 소위 소장파 신학자이면서 목회자였습니다. 그는 당시 에라스무스 성경인문주의 운동에 영향을 받았던 수많은 젊은 지성인들처럼, 인간의 합리적 이성에 대해 어느 정도는 신뢰하고 있었습니다. 아마도 그 때까지 그는 성경의 중요성을 강조하긴 했지만, 하나님 말씀으로서의 성경말씀을 가슴 깊이 영적으로 체험을 하지 못했던 것 같습니다.

흑사병에 걸려 죽음을 목전에 둔 쯔빙글리는 다음과 같이 기도했습니다. 1517년 유럽대륙에서 발병한 흑사병은 1519년 스위스 전역으로 확산된 후 그 해 8월 취리히에서 전염자가 최고치에 육박했으며, 1520년 2월초까지 사라지지 않았습니다. 당시 역사기록에 따르면, 당시 취리히 인구는 약 7천 명이었는데, 흑사병으로 인해 약 25%의 인구가 감소했다고 합니다. 쯔빙글리는 그 해 9월말 흑사병에 전염되어, 10월경에는 죽음의 위기를 맞이했다가 11월 중순경 극적으로 회복했습니다. 그는 1519년 12월 31일 그의 친구 오스발트 미코니우스에게 편지를 보내, 다시 건강이 회복되었으며 상처부위에 발랐던 반창고를 제거했다고 말했습니다. 1520년에는 그의 형제 안드레아스가 흑사병으로 생을 마감하게 되는데, 그에게 이 사건은 중요한 영향을 미치게 되었습니다. 이 때 그가 간절하게 부르짖었던 기도는 "역병가"라는 제목으로 오늘날까지 스위스와 독일 개신교회 찬송가집에 수록되어 있습니다.

주 하나님이여, 곤경 속에 있는 나를 도와 주소서. 죽음이 문 앞에 온 것만 같습니다. 그리스도여, 당신은 죽음에 대항하여 이기셨습니다. 저는 당신에게 부르짖습니다. 당신은 저를 죽게 만들시려고 하십니까? 저는 삶의 한 가운데서 어떤 것이라도 긍정할 수 있습니다. 당신이 원하시는 대로 하시길 모든 것을 수용할 수 있습니다. 저는 당신의 그릇입니다. 만드시든지, 아니면 부수어 버리소서!

주 하나님이여, 위로하여 주소서. 병환이 더 심각해졌습니다. 통증과 압박이 내 영혼과 육체를 사로잡습니다. 저의 유일한 위로가 되시는 분이시여, 저를 도와 주시고, 은총을 베풀어 주소서. 당신을 향하여 열망하고 바라는 모든 이들을 구원시켜 주셨습니다. 그들에게는 이 세상의 유익과 손해가 어떠한 의미도 없습니다. 이제 마지막이 다가옵니다. 제 혀는 침묵하고 어떠한 말도 하지 못합니다. 저의 육신의 감각은 거의 마비되었습니다. 이제 당신이 저의 투쟁을 인도하실 시간이 다가 왔습니다. 나는 미쳐 날뛰는 무법자 악마에게 저항할 힘이 없습니다. 그럼에도 불구하고 저는 당신만을 신실하게 의지합니다.

주 하나님이여 건강을 주소서! 다시 원상태로 회복되는 것 같습니다. 그렇습니다. 당신은 이 땅에서 더 이상 죄가 지배하지 않도록 하실 것이기에 제 입술은 당신을 찬양합니다. 앞으로 당신의 가르침을 이전보다 더 많이 선포하렵니다. 어떠한 속임수도 없이 순수하게 항상 가능했던 것처럼 얼마나 제가 죽음의 형벌로 인하여 고통을 받았는지 엄청난 고통이었습니다. 지금보다 더 고통스러웠습니다. 그 때 저는 죽은 것이 나 다름이 없었습니다. 앞으로 저는 하늘의 보상에 기뻐하며, 이 세상에서 저항할 것입니다. 오직 당신의 도움으로 인하여, 온전해 질 수 있습니다.

이후 그는 성령의 능력을 통해 그의 병이 치유되는 과정 속에서 하나님의 절대주권과 섭리를 체험하며, 확신하게 되었습니다. 바로 그 때 그는 하나님께서 사도바울을 통하여 선포하시는 말씀 로마서 9장 20-21절, 하나님께서는 토기장이이며 자신은 토기라는 사실을 깊이 깨닫게 되었습니다. 자신을 끝까지 돌보시는 하나님의 섭리를, 성령의 능력을 통하여 온 몸으로 느끼게 된 것입니다. 개혁교회, 장로교회의 신학과 신앙을 대표하는 "하나님 절대주권"의 모토는 바로 이와 같은 쯔빙글리의 신앙적 체험을 통하여 시작된 것이며, 이후 칼뱅을 통해 깊게 뿌리 내렸습니다.

이 사람아 네가 누구이기에 감히 하나님께 반문하느냐 지음을 받은 물건이 지은 자에게 어찌 나를 이렇게 만들었느냐 말하겠느냐 토기장이가 진흙 한 덩이로 하나는 귀히 쓸 그릇을, 하나는 천히 쓸 그릇을 만들 권한이 없느냐 (롬 9:20-21)

쯔빙글리의 종교개혁운동

쯔빙글리 종교개혁운동의 목표는 루터의 종교개혁운동 중에서 미흡한 부분을 좀 더 보완하여, 루터가 시작한 종교개혁운동을 하나님께서 보시기에 아름답게 완성하는 것이었습니다. 그는 루터의 종교개혁운동에서 가톨릭 교회의 잔재가 남아있는 것을 보았습니다. 그가 볼 때, 루터에게서 남아있던 가톨릭 교회의 잔재는 바로 하나님 말씀이 아니라, 인간의 종교적 전통이었습니다. 예를 들자면, 루터는 교리적으로는 가톨릭 교회를 강력하게 비판했지만, 가톨릭 교회의 미사예식을 부분적으로 수정하여 사용하기도 했습니다.

따라서 그는 루터보다 더 철저하게 하나님 말씀과 인간의 말을 구별하고, 오직 하나님 말씀만을 강조하면서, 개혁교회 종교개혁의 초석을 닦았습니다. 성경말씀과 어긋나는 가톨릭 교회의 교황, 추기경, 주교, 사제의 임의적인 성경해석과 인간적인 가톨릭 교회의 종교적 전통을 거부하며, 오직 하나님의 말씀, 즉 성경말씀만을 선포하고자 했던 것입니다. 이와 같은 이유로 인하여, 쯔빙글리는 가톨릭 교회의 미사예식을 거부하고, 말씀중심의 예배를 드렸던 것입니다. 바로 이 지점에서 우리는 개혁신학의 출발점을 확실하게 파악할 수 있습니다. 여기서 주목해야 할 부분이 있는데, 그것은 바로 쯔빙글리가 하나님 말씀을 능력의 말씀으로 체험하고 전심으로 하나님 말씀을 붙들게 된 계기는, 바로 흑사병과 싸우며 치료하시는 하나님을 체험했을 때였다는 것입니다. 이 시기를 통해 그는 종교개혁자로서의 삶을 살기로 결심했습니다. 그는 이것을 섭리신앙이라고 표현합니다. 섭리신앙은 하나님께서 끝까지 나를 돌보시리라는 굳건한 믿음 속에서, 자신의 인간적 의지를 버리고 오직 하나님의 뜻만을 따르겠다고 결단하며 이를 실천으로 옮기는 것입니다. 이때부터 그는 하나님 말씀으로서의 성경말씀, 그리고 성경말씀의 의미를 깊이 체험하게 해주는 성령의 역사에 대해 눈을 뜨게 되었습니다. 더 이상 인간적인 것에 의지하지 않는 것이 참된 기독교 신앙이라는 사실을 깊이 체험하게 된 것입니다. 흑사병과 사투하면서 체험했던 하나님은, 그에게 참된 신학의 의미에 대하여 깨우치게 하셨습니다. 참된 신학은 진정한 영의 양식인 하나님 말씀으로 살아가는 것입니다!

참된 신앙과 참된 경건

쯔빙글리에 의하면, 참된 신앙, 또한 참된 경건은 바로 사람이 유일하신 하나님을 떠나지 않는 것입니다. 반대로 거짓 신앙, 혹은 거짓 경건은 하나님 아닌 다른 자, 즉 피조물을 의뢰하는 것입니다. 그는 오직 성경말씀을 통하여 참된 신앙을 가질 수 있다고 주장하며, 성경말씀을 망각한 채 철학에 물든 신학에 대하여 강력하게 비판했습니다. 그는 다음과 같이 선포했습니다.

> 하나님이 누구인가라는 질문에 대해서 철학으로부터 신학자들이 가지고 온 것은 기만이고 거짓 신앙이다. 혹시 어떤 사람이 그것에 관해서 참된 것을 말했다면, 그것은 하나님의 입으로부터 온 것이다. 사람들이 성경을 멸시한 즉시, 있을 수 있는 모든 육체적 공상, 즉 철학의 공상으

로 굴러 떨어진다.

이와 같이 오직 하나님 말씀으로서의 성경말씀을 붙들었던 쯔빙글리가 가장 많이 인용한 하나님 말씀은 바로 요한복음이었습니다. 그의 핵심적인 종교개혁사상은 바로 요한복음 6장에 있었습니다. 그는 요한복음의 핵심인 6장을 다음과 같이 요약합니다.

> 그리스도께서 몇 개 안되는 빵으로 수천 명을 먹이셨는데, 이들은 나중에는 거저 배를 불릴 수 있기 위해서 침을 흘리며 그를 따랐다. 마음을 감찰하시는 분인 그리스도께서 이들을 알아보시고는 그들의 위선과 그들의 게걸스러운 식욕을 벌하시고 그들에게 참되고 생명을 주는 영의 양식을 구하라고 권하셨다. 이것이 하나님을 가장 기쁘시게 하는 일이다.

예수님께서 말씀하신 참된 생명의 양식은 무엇일까요? 우리의 죽어가는 생명을 살리시는 참된 영의 양식은 참된 하나님 말씀이신 예수 그리스도이십니다. 쯔빙글리에 의하면, 참된 영과 생명의 양식을 먹는 것은 성령의 능력을 통하여 하나님의 말씀을 믿는 것입니다. 쯔빙글리는 하나님 말씀을 단순히 성경에 기록된 문자가 아니라, 우리의 영혼과 골수를 쪼개는 영적 말씀으로 이해했습니다. 바로 이 영적 말씀이 우리를 죄악으로부터 구원하는 것입니다. 이와 관련하여 그는 **살리는 것은 영이요, 육은 무익하니라**(요 6:63) 말씀에 대해 다음과 같이 해석합니다.

내가 너희에게 설명해 준 일은 하늘의 영이고, 그 영은 자기를 신뢰하
는 자들에게 생명을 만들어 주신다.

바로 여기서 그의 주장했던 영적인 성찬식의 의미가 분명하게 드러
납니다. 그는 성령의 능력을 통해 참된 생명과 영의 양식으로서의 하
나님 말씀을 믿음으로 먹는 영적인 성찬식을, 육신의 눈으로 보고 입
으로 먹는 성찬식보다 더 중요하게 여겼습니다. 그에게 눈에 보이는
빵과 포도주를 먹는 성찬식은, 예수 그리스도의 십자가 고난과 구원의
역사를 회상하면서 참된 그리스도인으로 살겠다고 서약하는 예배예식
일 뿐이었습니다.

오직 하나님의 영, 즉 성령이 육신적 생각에 갇혀 있는 우리를 하나
님의 생명의 말씀으로 살리십니다. 쯔빙글리가 강조했던 하나님 중심
적인 삶과 생각, 하나님의 절대주권에 대한 굳건한 믿음은 결국 성령
의 능력을 통하여 육의 생각으로부터 벗어나는 것입니다. 그러나 인간
스스로의 능력으로는 결코 육의 생각으로부터 벗어날 수 없습니다. 하
나님께서 이와 같은 진리를 우리에게 온 몸으로 깨닫게 하실 때, 하나
님 말씀은 우리의 생명을 살리는 진정한 영의 양식이 되는 것입니다.

진리를 알지니 진리가 너희를 자유롭게 하리라 (요 8:32)

그가 인간적인 말과 생각을 멀리하고 오직 하나님 말씀을 선포하라
고 강하게 외쳤던 이유는, 바로 하나님 말씀이 우리의 죽어가는 생명

을 살리는 우리의 참된 영의 양식이기 때문입니다. 성령으로 거듭난 사람은 하나님 중심적으로 살 수밖에 없으며, 하나님 말씀을 참된 영의 양식으로 먹고 살아갑니다. 인간의 말은 육신의 말이요, 하나님 말씀은 생명을 살리는 영의 양식입니다!

쯔빙글리가 뼈 속 깊이 체험했던 하나님의 영적 말씀은 자신의 모든 인간적인 욕망과 의지를 내려놓고 그 자리에 오직 하나님의 뜻만으로 채워 넣을 때, 비로소 체험할 수 있습니다. 쯔빙글리는 처절한 흑사병과의 사투를 통해 이와 같은 신앙의 진리를 깊이 체험했습니다. 병마와의 사투 속에서, 그는 하나님께 이렇게 부르짖으며 치유하시는 하나님을 만났습니다.

저는 당신의 그릇(토기)입니다. 만드시든지, 아니면 부수어 버리소서!

Din haf bin ich. Mach gantz ald brich!

조용석
연세대학교 신학과(Th.B.)
연세대학교 대학원(Th.M.)
장로회신학대학교 신학대학원(M.Div.)
보쿰대학교(Ruhr–Universität Bochum) 개신교 신학부(Dr. Theol.)

12
칼뱅과 흑사병

안명준
(평택대학교 조직신학 교수)

들어가는 말

스위스 제네바에 본부를 둔 세계보건기구(WHO)는 1968년 홍콩 독감 사태와 2009년 신종 플루(인플루엔자 A) 유행으로 팬데믹을 선언한 이후, 2020년 3월 11일 중국 우한에서 시작된 코로나19로 인해 다시 한 번 팬데믹을 선언했습니다. 며칠 전에는 세계적인 감염유행으로 국제올림픽위원회(IOC)가 2020년 동경올림픽을 연기하기도 했습니다. 한국에서는 신천지 집단의 은폐와 거짓으로 확진자가 기하급수적으로 늘어나 국민들에게 막대한 피해를 주었습니다. 또한 이 사태로 인해 수많은 지역 교회들은 집단감염을 우려해 자의반 타의반으로 주일에 함께 모여 예배하지 못하고 있습니다. 지금 전 세계는, 각 국가간 여행을 금지하고 대도시들 간에 이동금지령을 내리고 있습니다.

'역병'이라는 단어는 헬라어 플레게(πληγή)에서 나왔는데, 요한계시록에서는 '재앙'이라는 단어로 악한 자들에게 닥칠 심판과 연관해 번역되었습니다(계 9:20, 11:6). 중세 유럽에서 역병은 주로 페스트균에 의해 발병하는 흑사병을 가리키는 말로, 1347년부터 시작해 유럽인구의 약 30%가 죽고 유럽의 사회구조를 붕괴시켰으며, 소외된 자들과 유대인 같은 외국인에 대한 증오와 학살, 그리고 집단폭력을 일으켰습니다. 결과적으로 중세 장원제가 붕괴되고, 13세기에 전성기에 서 있던 아퀴나스의 신학에 근거한 스콜라 철학이 무너지게 되었습니다.

흑사병은 종교개혁자들의 큰 아픔이었습니다. 처절한 죽음의 자리를 모면한 루터와 베자는 흑사병(역병)에 대해 글을 썼으며, 쯔빙글리는 1519년 9월 말에 흑사병에 감염되어 11월 중순 극적으로 죽음에서 살아난 후 역병가를 썼습니다. 루터는 1526년 6월 7일 첫 아들을 시작으로 6남매를 두었는데, 흑사병으로 고아가 된 여섯 아이를 입양하기도 했습니다.[1] 후에 한 자녀를 흑사병으로 잃기도 했습니다. 불링거는 1564년에 그의 아내를 흑사병으로 잃었고, 취리히의 목회자들과 결혼했던 세 딸과 사위들도 1564-1565년 사이에 흑사병으로 모두 잃었습니다. 이렇듯 이들에게 이 역병은 인생의 폭풍과 같은 죽음의 공포였습니다. 그러나 그들은 욥처럼 고난 속에서도 천국에 대한 소망을 가지고 믿음으로 승리했습니다.

역병은 칼뱅에게도 예외가 아니었습니다. 죽음의 사자인 흑사병은 그의 삶의 현장에서 일평생 따라 다녔습니다. 흑사병은 사랑하는 자들에게는 슬픈 이별이었지만, 살아남은 자들에게는 인생의 방향과 하나님의 뜻을 깨닫게 하는 영적 교훈을 주었습니다. 흑사병은 15-16세기의 유럽인들에게 무시무시한 저승사자로 많은 사람을 죽음으로 몰아쳤고, 상처와 고통을 주는 폭풍과 같았습니다. 1571년 9월 프랑스 말발(Malval)이라는 지역에서는 임신한 딸이 해산을 위해 도움을 외쳤지만, 가족들은 무서운 역병 앞에서 전혀 도울 수 없었습니다.[2] 흑사병은 혈육과 인권을 파괴시키기까지 하였습니다.

칼뱅 당시의 무서운 역병에 대한 흔적은 여러 곳에서 발견됩니다. 역병의 공포는 서적이나 찬송 그리고 번역된 성경 안에서 나타납니다. 1411년에 스위스 북부 리히텐슈타이크에서 출판된 토겐부르그 성경에는 흑사병으로 고통당하는 두 사람과 두 손을 들고 있는 모세의 모습을 그린 삽화가 있습니다. 심지어 칼뱅이 목회했던 제네바의 대성당의 북쪽 탑에 이름이 '자비'(La Clémence)라는 종이 있는데, 이 종의 주춧돌 옆에 비문은 종의 사명을 다음과 같이 선언하고 있습니다.

나는 참되신 하나님을 찬양하고, 사람들을 소환하며, 성직자를 소집하고, 죽은 자를 위해서 눈물을 흘리며, 역병을 쫓아버리고, 축제일들을 제정합니다. 나의 소리는 모든 악마의 공포를 물리칩니다.[3]

이처럼 유럽의 문화적 유산 속에서도 흑사병은 무서운 공포의 대상으로 존재했습니다.

역병과 칼뱅의 삶

칼뱅은 유럽이 고통스러운 시기인 1509년 7월 10일에 태어났습니다. 그가 처음으로 역병과 대변한 것은, 자신을 낳아 키우신 어머니 잔 르 프랑이 6살 때 역병으로 돌아가신 일이었습니다. 칼뱅은 어머니의 죽음으로, 역병의 공포라는 심리적 압박을 받으며 자랐을 것입니다. 이 역병의 공포는 그가 어디를 가든 평생 동안 압박했습니다. 칼뱅이 14살이 되던 해인 1523년, 그의 고향에도 흑사병이 퍼졌습니다. 그래서 그해 8월에 그의 아버지 제라르 코뱅은 몽마르 가문의 형제들과 함께, 칼뱅의 안전을 위해 교회 장학금을 받으면서 학문을 마치도록 파리 마르슈 학교에 입학하게 했습니다. 1533년 8월 칼뱅은 성직을 유지하기 위해 고향 누아용(Noyon)에 잠시 머물렀는데, 카톨릭 교회당에서 열린 역병의 저지를 위한 기도회에 참석하기도 했습니다.[4]

칼뱅은 1536년 8월 1일 『기독교강요』 서문에 프란시스 1세 헌정사에서 역병이라는 용어를 처음 사용하였습니다. 그는 역병을 죄와 인간의 부패된 관습에 관계된 것으로 보았습니다. 그후 칼뱅이 파렐과 함께 1538년 부활절에 불경건한 자들에 대한 성례식 불참을 주장하자 이에 시의회가 그들을 제네바에서 추방하였고, 마르틴 부처가 목회하는 스트라스부르(Strasbourg)로 가게 되었습니다. 그는 그곳에서 설교와 강의를 하며 결혼도 했지만, 주변의 많은 사람들이 역병으로 죽게 되어 충격적인 슬픔을 맛보았습니다. 이 도시에서의 추억은 칼뱅에게 흑사병으로 인한 죽음의 문제에 도전과 극복의 과제를 주었습니다. 1538년 칼뱅은 자신과 가까운 세 명의 죽음을 겪게 되었습니다. 바로 코로도와, 사촌이자 개혁 동지인 피에르 보베르 올리베탕, 그리고 파렐의 조카였습니다. 칼뱅은 바젤에서 흑사병에 걸린 파렐의 조카의 장례를 치르고 비용을 지불한 후에는 돈이 부족해서 아끼는 책을 몇 권 팔았습니다.[5]

칼뱅이 스트라스부르에서 목회할 때 리제(Liege) 출신의 재세례파 쟝 스토르데라는 장인이 있었습니다. 그가 1540년 봄에 흑사병으로 죽게 되었고, 그의 아내 이델레트 드 뷔레와 두 명의 아이를 남겼습니다. 칼뱅은 파렐의 주례로 1540년 8월 6일에 몇 살 연상인 이델레트와 결혼식을 올렸는데, 결혼식 후 2주 만에 둘 다 몹시 아팠습니다. 그들의 결혼에서 즐거움은 금세 사라졌습니다.

1541년 4월에 황제가 소집한 회의 때문에 칼뱅은 레겐스부르크(Regensburg)에 있었는데, 역병이 스트라스부르로 무섭게 퍼져 많은 지인들이 죽었습니다. 칼뱅이 사랑하는 친구 클로드 페라이와 베드로투스, 하숙생 가운데 하나로 클로드의 제자인 루이스 드 리셔부르, 그리고 외콜람파디우스와 쯔빙글리의 아들, 그리고 카스파 헤디오의 아들이 숨졌습니다.[6] 심지어 칼뱅은 자신의 가족 중 두 사람이 역병에 걸렸다는 이야기도 들었습니다. 이 여파로 그의 아내 이델레트는 집을 떠나야 했습니다. 1541년 4월 2일에 피에르 비레에게 보낸 편지에서, 칼뱅은 깊은 슬픔과 우울함으로 자신의 걱정을 토로합니다. "내가 없는 가운데 무엇을 해야 할지 모르는 부인에 대한 염려로 밤낮을 지냅니다".[7] 아내를 위해 아무것도 할 수 없던 칼뱅은 흑사병의 여파로 고통의 날을 보냈습니다. 이런 상황에서도 칼뱅은 슬픔을 당한 가족들을 위로하고, 하나님이 인간의 삶을 인도하기는 것이 분명하기에 선한 목적으로 이런 일들을 의도하셨다고 말합니다.[8] 칼뱅은 하나님의 섭리의 관점에서 사람들을 위로했습니다.

칼뱅은 1541년 9월 13일 말 두 마리가 끈 마차와 전령의 보호 속에서 시민들의 대대적인 환영을 받고 제네바로 돌아왔습니다. 그가 받은 사례는 시의회로부터 매달 500 플로린의 월급, 열 두 부대의 밀, 포도주 두 통이었습니다. 나그네를 대접하도록 배려한 것이었습니다.[9] 16세기 칼뱅이 살았던 당시 제네바는 부유한 귀족층을 제외하면, 일반 평민들이 사는 밀집지대는 가난하고 검소한 도시로서, 신선한 공기와 생활공간은 적었습니다. 이런 주거 환경 때문에 역병이 발생하면 쉽게 퍼질 수밖에 없었습니다.

1542년 10월 흑사병이 퍼지자 피에르 블랑세가 자원봉사를 했는데, 그는 33세의 나이에 죽게 되었습니다. 그러자 루이 드 제니스톤 목사가 앞서 역병으로 삶을 마감한 피에르 블랑세의 본을 따라 자발적으로 병원에서 흑사병에 걸린 사람들을 위해 봉사하던 중 1545년에 역병에 걸리게 되었고 그 역시 결국에는 사망하게 되었습니다.

1546년 칼뱅도 어떤 심한 병에 걸렸는데 치료비가 없어서 의회에서 도움을 주었으며, 후에 돈을 갚았습니다. 칼뱅은 자신의 집에서 많은 피난민을 돌보았는데, 1549년 3월 29일 그의 아내가 하늘나라로 가게 되었습니다.[10]

흑사병은 1563년 영국에서 집단 발생해 8만 명이 사망하였습니다. 같은 해 칼뱅이 죽기 바로 전부터 인구 1만 6천 명의 제네바에 닥쳤습니다. 그리고 칼뱅이 1564년 5월 27일에 죽은 후 1568년부터 이 질병은 또 다시 시작되어 1571년까지 발생되었는데, 흑사병으로 제네바 아카데미의 교수들이 모두 면직되어서 칼뱅의 후계자 베자가 매우 슬퍼하기도 했습니다. 베자의 삼촌이자 파리 고등법원에 일했던 니콜라스 베자는 파리로부터 피해 베자에게 왔지만, 자신의 집에서 죽었습니다.[11]

역병에 대한 칼뱅의 이해

칼뱅은 역병에 대하여 하나님의 심판과 훈련이라는 이중적 관점에서 접근합니다. 심판과 관련해서는 두 가지로 설명했습니다. 하나님은 하나님에 대항하는 악한 원수의 세력과 죄에게는 진노와 심판으로써 역병을 통해 심판하시지만, 자신의 백성들에게는 죄에 대해 교정적 징계를 하십니다. 특별히 믿는 자들의 고통은 궁극적으로 하나님의 허락하심에서 일어나는 정화훈련의 과정이며, 이것은 하나님의 섭리로써 모든 죄인들은 일평생 이 훈련의 과정을 밟아야 하는 것입니다. 그러나 이런 고통과 어려움 속에서도 하나님은 자기의 종들을 천사를 통해서 돌보십니다.[12] 우리는 하나님의 자비와 인자를 생각해야 합니다.[13] 칼뱅은 우리에게는 우연으로 보이는 모든 일이 하나님의 은밀한 추진이었다고 인정하는 신앙을 가지라고 말합니다. 언제나 같은 이유로 나타나는 것은 아니지만, 그러나 세계에서 볼 수 있는 일체의 변동이 하나님의 손의 은밀한 활동에서 온다는 것은 분명히 의심의 여지가 없는 것입니다. 이런 역병으로 인한 고통이 있을 때 칼뱅은 슬픔을 당한 자들을 위로하고 병든 자들을 돌보아야할 책임이 있다고 말했습니다. 이런 사회적 책임은 모든 종교개혁자들에게 동일하게 나타납니다. 칼뱅은 역병으로 인한 슬픔과 죽음이, 믿음으로 천국을 소망함으로 극복된다고 말했습니다.

먼저, 칼뱅은 다른 개혁자들과 마찬가지로 역병을 하나님의 심판이라고 보았습니다. 하나님의 심판의 목적은 하나님의 백성들을 회개와 겸비를 통하여 교정하기 위한 것입니다. 칼뱅은 자신의 시대에 발병한 역병을 하나님으로부터 찾았습니다. 왜 하나님의 심판으로 이런 재앙이 발생했는지에 대한 구체적인 원인을 밝히지 않고, 하나님의 섭리 속에서 이루어지는 징계의 심판이라고 말하였습니다. 그러나 칼뱅은 하나님의 원수들에 대해서는 역병이 하나님의 진노로 주어지는 보복의 심판이라고 말하며,[14] 재앙은 하나님의 확실한 보응으로 주어지는 저주이며 복수라고 표현합니다.[15] 믿는 자들에 대해서는 채찍으로 교정과 책망하신다고 말했습니다. 칼뱅은 하나님이 노하셔서 다윗을 벌하실 때도, 그를 교정할 목적으로 전염병을 보냈다고 합니다(삼상 24:15). 다윗을 심한 채찍으로 냉혹하게 징계하여, 모든 시대에 본을 보이며 겸비하게 만드신 것입니다.[16] 칼뱅은 이것을 하나님이 우리를 전염병으로 벌하시는 목적으로 보았습니다.

칼뱅의 시대에 역병에 대한 신학적인 논쟁이 있었는데, 이에 대한 헤르만 셀더하위스의 이해는 매우 흥미롭습니다. 칼뱅은 먼저, 로마 가톨릭교회와 종교개혁자들과 마찬가지로 역병을 유럽 전역에 내린 하나님의 심판으로 보았습니다. 로마 가톨릭교회는 역병을 종교개혁을 벌였기 때문에 하나님께서 내린 심판이라고 생각한 반면, 종교개혁자들은 역병을 내린 하나님의 심판은 개혁에 더욱 열심내지 못했기 때문이라고 생각했습니다. 칼뱅은 자신에게 질문한 어느 사제에게, 제네바에서 창궐한 역병이 하나님의 분노라며 그곳 사람들은 회개하라고 편지했습니다. 칼뱅은 우리의 죄와 약점으로 인해 심판을 받았다는 데는 동의했고, 따라서 회개하고 하나님의 자비와 은혜를 구해야 한다는 것을 인정했습니다. 하지만 칼뱅은 심판에 있어서는 하나님은 개혁파와 가톨릭을 구별하지 않으신다고 덧붙였습니다. 가톨릭은 우상숭배와 미신 때문에 벌을 받은 것이고, 개혁파는 상황을 잘 알고 있으면서도 자신이 가진 진리로 충분히 나가지 못한 것 때문에 징계를 받는 것이라고 말했습니다. 한쪽은 불신 때문에, 다른 쪽은 감사하지 않았기 때문에 받는 징벌이었다고 합니다. 하나님은 늘 공의로우신 분이시기에 누구도 심판에서 면제가 되지 않는다고 말했습니다.[17]

칼뱅은 지극히 지혜로운 하나님께서 모든 사람들에게 질병으로 훈련받게 하셨으므로 겸손하게 하나님 앞에 회개하라고 권면했습니다. 실제로 칼뱅은 다른 사람이 병으로 죽었을 때에도 자신의 죄로 받아드리면서 회개했습니다. 1542년 7월 28일에 태어난 자신의 어린 아들 자크의 죽음을 보면서도, 하나님이 자신을 치셨다고 말했습니다. 역병에 대하여 칼뱅은 크리소스톰의 주장처럼 경고와 겸손으로 이해했습니다. 하나님은 누구든지 회개하기만 하면 관대하게 대하십니다.[18]

두 번째로, 역병에 대한 칼뱅의 또 다른 중요한 이해는, 하나님의 섭리에서 바라본 종말론적 관점입니다. 그는 역병으로 죽음을 맞이한 성도들과 가족들에 대한 위로와 소망과 구원의 확신을 주기 위한 메시지를 주었습니다. 칼뱅은 자신의 친구, 자녀, 그리고 아내가 죽었을 때 비통함 속에서 울면서 슬퍼했지만, 그리스도인들에게는 죽음조차 불행한 상황이 아니라고 말했습니다. 죽음에 대한 슬픔도 하나님의 섭리 안에서 하나님이 주관하시고 우리를 돌보신다고 믿었습니다. 그래서 칼뱅은 슬픔으로 압도당하지 않게 잠시도 쉬지 않고 자신의 일을 했습니다.[19] 또한 칼뱅은, 하나님을 우리를 지으신 분이시며 우주의 창조주 하나님으로 믿고 겸손한 마음으로 그를 두려워하며 공경할 때, 하나님의 섭리를 바르고 유익하게 이해한다고 말했습니다.[20]

여기서 우리가 주목할 것이 있는데 칼뱅이 말하는 하나님의 섭리는, 스토아 철학의 운명론과 다르다는 것입니다. 칼뱅은 『기독교강요』에서 인간의 책임을 무시하면서 모든 것이 하나님이 정했으니 아무것도 할 필요가 없다고 주장하는 사람들을 비판했습니다. 부모님이 병들어 누워 있는데 아들이 치료를 게을리 한 채 아무런 관심도 없이 그의 죽음만을 기다린다면 이는 잘못된 것입니다. 우리는 마땅히 의무를 가지고 생명의 보호를 해야 합니다. 하나님이 주신 구조의 수단을 사용해야 합니다. 또한 위험에 대한 대비책을 소홀히 해서도 안 됩니다. 게으르고 태만하여 스스로 재난을 불러들이는 것도 잘못된 것입니다. 그래서 칼뱅은 더욱 하나님의 말씀을 배우는데 힘쓰라고 권했습니다.[21] 우리가 무모함과 자만심을 버리고 끊임없이 하나님께 구하면, 하나님은 우리의 마음을 참된 소망과 신뢰와 용기로 가득하게 하시며 우리를 둘러싼 모든 위험들을 물리쳐 주실 것입니다.[22] 이렇게 칼뱅은 하나님의 섭리의 관점에서 죽음을 이해하고 극복하려고 했고, 어려운 사람을 실제적으로 도왔습니다. 칼뱅이 바젤에 잠시 머문 동안 파렐의 한 친척이 전염병에 걸렸는데, 자기 돈으로 간병을 하고 그가 죽자 장례비용을 대주기도 했습니다.

칼뱅은 땅 위에서 일어나는 죽음의 슬픔을 하나님의 섭리로 극복하기를 바랄 뿐만 아니라, 소망을 가지고 현재의 죽음 이후를 바라보았습니다. 1347년부터 시작된 흑사병은 3년 동안 유럽인구의 30%를 사라지게 했으며, 그 후 칼뱅의 시대에도 여러 차례 몰아쳤습니다. 당시 흑사병은 사람들로 하여금 죽음의 공포였으며, 일상이었습니다. 칼뱅은 그런 사람들에게 인생과 죽음에 대한 도전을 주었습니다. 칼뱅은 나약한 인간의 현 주소를 파악하고, 죽음을 넘어 영원한 생명에 대한 소망을 강조했습니다. 칼뱅은 '믿음은 소망의 어머니이며 소망을 낳고, 소망은 믿음으로 인내한다.'고 하며, 소망과 믿음을 밀접한 관계로 설명했습니다.[23] 소망은 친구처럼 믿음에 힘을 주어 격려하며, 소망의 격려를 받은 믿음은 많은 시련과 유혹을 이겨낼 수 있습니다.

이 흑사병은 죽은 자들에게는 원치 않는 이별이었지만, 생존한 사람들에게는 자신을 돌아보고 하나님의 뜻이 무엇인지를 실존적으로 인식하는 기회를 주었습니다. 칼뱅은 세상의 일시적인 것들보다는 영원한 삶을 바라보며, 기쁨으로 죽음을 기다리고 충만한 삶으로 즐거이 기다려야 한다고 말했습니다.[24]

세 번째로, 칼뱅은 병든 자들을 전문적으로 돌보고 양질의 교육 여건을 만들어 사회적 책임에 더욱 정진했습니다. 흑사병의 공포로 삶은 위협을 느꼈음에도 불구하고, 칼뱅은 병원 사역과 교육 사역을 통해 하나님 나라의 확장을 위해 최선을 다했습니다. 이런 사역을 통해 칼뱅의 세계관이 현실에서 구체적으로 나타나는 것을 볼 수 있습니다. 칼뱅도 루터처럼 병든 자를 위한 철저한 돌봄을 실천했습니다. 흑사병을 두려워하지 않고 병자들을 찾고 날마다 심방하고 기도하며, 그들을 더욱 소중히 여기며 사랑했습니다. 하나님이 원하시는 뜻을 따라 자신의 의무와 이웃을 돌보는 삶을 살았습니다.

칼뱅은 프랑스 구호기금을 받아서 제네바의 종합 구빈원을 후원했습니다.[25] 그곳은 과부, 고아, 노인들 나그네의 안식처였을 뿐만 아니라 병자들의 치유센터 역할을 하는 곳이었습니다. 당시 제네바는 1만 명의 도시로서 시내에서 가축이 도살되고 쓰레기가 버려지는 등 주거 환경이 불결했습니다. 역병이 퍼지면 시민들의 건강을 위한 치료 등 시급한 상황들이 돌출했습니다. 1542년부터 지속적으로 피난민이 증가해 사회적으로 의료 시설의 확장 및 봉사가 필요했습니다. 이때 칼뱅은 의료 서비스 제공에 중요한 역할을 하였습니다. 의사들의 급료를 제네바 시가 담당하게 했고, 가난하고 병든 자들을 돌보는 것이 교회와 국가의 공동 관심사가 되어야 한다고 했습니다. 국가만이 아닌 교회도 적극적으로 도와주어야 한다고 주장하면서, 전염병이 발생하면 성곽 서편에 구빈원을 따로 운영하여 치료하기도 했습니다. 칼뱅은 의료서비스 사역이 지속적 업무가 되도록 제네바 시와 협력해 제도화 했습니다.[26] 이렇게 칼뱅은 교회와 국가가 협력해 위기를 극복하도록 도왔습니다.

흑사병의 위협은 1558년에 공사가 시작된 제네바 아카데미 부지를 결정하는 일에도 영향을 미쳤습니다. 칼뱅은 1538년부터 스트라스부르의 김나지움을 운영하던 독일 출신 종교개혁자 요하네스 슈투름의 조언을 듣고 그 학교를 모델로 제네바 아카데미를 세울 계획을 가졌습니다. 마침 그때 칼뱅을 반대하던 아미 페렝이 축출되면서 이 계획은 급물살을 탔습니다. 이들이 도망가면서 남긴 부동산을 처분한 돈과 함께 칼뱅이 직접 모금운동을 해 학교를 아름답게 건축하게 되었습니다. 학교 부지는 레만 호수(Lac Léman)가 내려다보이며 신선한 바람이 불어오는 전경이 좋은 곳에 마련되었는데, 이는 흑사병을 피하기 위한 것이었습니다.[27] 의과대학은 한참 후에 설립되었지만, 이 학교에서 1957년 노벨 생리의학상 수상자인 다니엘 보베, 1978년 노벨 생리의학상 수상자인 베르너 아르버, 그리고 1992년 노벨 생리의학상 수상자인 에드먼드 피셔가 배출되었습니다. 오늘날 제네바 대학교의 대학병원 바이러스 연구팀은 인플루엔자 바이러스를 비롯한 새로운 바이러스에 대한 연구로 인류를 위한 귀한 공헌을 하고 있습니다.

결론

다른 종교개혁자들과 마찬가지로 칼뱅의 삶도 질병으로 인한 아픔과 고통의 생애였습니다. 그가 10살 때 1519년에 흑사병이 휩쓸었고, 9년 동안의 결혼 생활 중에 자녀들을 병으로 세 명이나 잃었으며, 그가 사랑했던 주변의 많은 인물들이 흑사병으로 죽었고 그의 아내도 병으로 죽었습니다. 칼뱅은 열병, 담석, 통풍, 치질, 폐병, 위궤양, 장염, 편두통과 같은 여러 병을 가지고 있어서 종합병동이라는 별명까지 안고 살았습니다.

그러나 그는 무서운 질병의 고난 속에서도 이웃을 돌보며 하나님의 뜻을 실현하는데 최선을 다했습니다. 칼뱅은 질병으로 인한 고난에 좌절하지 않고, 오히려 질병이 진정한 그리스도 학교의 학생이 되게 한다고 보았습니다. 그리스도를 통해 아픔과 고난을 성화의 기회로 삼았습니다. 죄성과 교만으로 가득 찬 인간은 이 고난의 훈련으로 유익을 얻으며, 하나님의 도구로 사용되는 하나님의 사람이 됩니다. 인간은 역병을 통해 자신의 죄를 회개하고 하나님께 기도하며 하나님의 뜻을 살피기도 합니다.

그는 스트라스부르에서 충격적인 흑사병의 폭풍으로 죽음의 공포에 눌렸었지만, 제네바에 온 후에는 두려워하지 않고 병자를 돌보는 사회적 의무와 봉사를 다했습니다. 슬픔을 당한 자들에 대한 위로와 병든 자들을 위하여 병원의 역할을 중요시했고, 다른 사람들의 고난과 슬픔 속에서 그들의 생명과 생존을 위하여 최선을 다했습니다. 칼뱅은 이런 모든 인간의 슬픔과 죽음을 주는 역병의 태풍 속에서도, 죽음 이후 영생의 소망을 갖는 종말론적 세계관을 제시하면서 성도들을 위로했습니다. 모든 일에 하나님의 섭리를 알고 살아가는 복된 인생을 가르쳤습니다.

칼뱅이 흑사병을 통하여 우리에게 준 교훈은 창조주 하나님 앞에서 인간의 회개와 겸손에 대한 강조, 그리고 이 땅에 사는 성도들이 하늘의 영원한 소망을 가지고 현실 속에서 헌신과 사랑과 돌봄을 통하여 하나님의 뜻을 이루어 가는 것입니다. 칼뱅의 모습은 오늘날 전염병이 온 세상으로 퍼진 상황 속에서, 그리스도인들이 하나님에 대한 경외심과 세상에 대한 진정한 사랑과 책임, 그리고 하나님의 뜻을 따르는 지혜를 가르쳐 줍니다.

안명준
중앙대학교 공과대학 전기공학과 학사(1978)
합동신학대학원대학교 신학석사 M.Div.
Reformed Thelogical Seminary Th.M.
Westminster Theological Seminary Th.M.
Universeit van Pretoria Ph.D.

13
불링거와 취리히 흑사병

박상봉
(합동신학대학원대학교 역사신학 교수)

취리히의 흑사병

14세기 중엽에 유럽에서 전체 인구의 30%를 죽음에 이르게 했던 흑사병은 완전히 사라지지 않고, 그 후로 18세기 초까지 산발적으로 창궐하며 계속 많은 생명을 빼앗아 갔습니다. 특별히, 16세기 종교개혁 시대에도 흑사병은 유럽의 여러 지역에서 다시 맹위를 떨쳤습니다. 스위스 취리히도 외에는 아니었습니다. 종교개혁자 울드리히 쯔빙글리와 그의 후계자인 하인리히 불링거가 사역했을 때 흑사병은 여러 번 이 도시를 죽음의 색으로 물들였습니다. 1517년에 라인강 상류 도시 바젤에서 처음 발병된 흑사병은 1520년까지 스위스 모든 도시를 휩쓸었고, 취리히에서는 1519년 8월에 처음 발병하여 1520년 2월까지 지속되었습니다. 당시 취리히 인구는 약 7천 명이었는데 몇몇 기록을 통해서 종합적으로 확인해볼 때, 이 시기에 유행했던 흑사병으로 2천 1백 명 정도의 사람들이 사망한 것으로 알려져 있습니다. 다른 스위스 도시들의 상황도 심각했습니다. 정확한 통계를 낼 수 없을 정도로 많은 사람이 죽었습니다. 대표적으로 샹 갈렌(St. Gallen)에서 2천 명, 콘스탄츠(Konstanz)에서 4천 명, 바젤(Basel)에서 2천 명, 샤프하우젠(Schaffhausen)에서 3천 명이 죽음의 사신을 피하지 못했습니다.[1] 어린아이와 노인들이 가장 많이 사망한 것으로 알려져 있고, 가족 구성원 전체가 죽는 경우도 허다했습니다. 스위스 전역에서 애끊는 탄식과 통곡이 끊이지 않았습니다. 쯔빙글리도 1519년 9월 말에 흑사병에 걸려서 죽음의 문턱까지 이르렀다가, 다행히 의사의 치료를 통해서 11월 초에 가까스로 회복될 수 있었습니다. 하지만 회복 후에도 쯔빙글리는 몸의 상태가 너무도 좋지 않았고, 몇 주 동안 설교 수행과 예배 참석이 여전히 불가능했습니다.[2] 1519년 12월 말이 되어서야 쯔빙글리는 정상적인 생활을 할 수 있었습니다. 죽음을 극복하고 병상에서 일어난 쯔빙글리가 작곡한 '흑사병 노래'(역병가)는 많은 사람에게 잔잔한 감동을 주었습니다.

취리히 교회에서 불링거가 사역하는 동안에 1535년, 1541년, 1549년, 1564-5년 그리고 1569년에 흑사병이 창궐했습니다. 그 중 1564-5년에 유행한 흑사병이 가장 참혹했습니다. 1519년 상황과 거의 유사하게 이때도 취리히 인구의 3분의 1이 이 '검은 죽음'을 피하지 못했기 때문입니다. 불링거와 그의 가족들이 흑사병에 감염되었고, 그의 몇몇 동료들도 피할 수 없었습니다. 대표적으로 취리히 학교의 구약 교수였던 테오도르 비블리안더가 죽음에 이르렀습니다.[3] 다행히 불링거는 죽음 직전에 구사일생으로 회복되었습니다. 1564년 취리히 흑사병의 공포를 자세히 기록했던 그의 일기장에서 그 참상을 생생히 확인할 수 있습니다.

서기 1564년 9월 15일 저녁. 그날은 금요일이었다. 나는 식사 후에 흑사병으로 인하여 생명의 위협을 느꼈다. 이 죽음의 병은 이미 취리히에 창궐했다. 나는 세 곳에 흑사병 종기들로 고통을 받고 있었다. 하나는 왼쪽 허벅지 앞면 가장 근육이 많은 부위 중간에 생겼다. 무릎 아래 오른쪽 종아리에 있는 것은 바깥쪽 근육 위에서 곪았는데 상태가 매우 좋지 않았다. 나는 같은 오른쪽 허벅지 위쪽에도 동일한 종류의 종기를 가졌다. 이 종기들 때문에 나는 낮과 밤에 잠을 거의 이룰 수 없었다. 말로 표현할 수 없는 강렬한 통증을 머리와 옆구리 쪽에서 느꼈다. 의사들이 규칙적으로 나를 방문하여 치료했다. 요한네스 무랄토는 무릎 아래 있는 종기를 불로 태우는 소독을 했다. 그러나 오직 하나님만이 유일한 치료자이시다. 나는 9월 17일에 교회의 모든 사역자를 불러 모았다. 그들에게 감사의 말을 전했으며, 그들이 의연하고 충성스럽게 주님의 일을 감당하고 결속했다는 것을 상기시켰다. 그리고 나는 그들에게 교회에 대한 책임을 전달하였다. … 나는 11월 16일에 간신히 병상에서 다시 일어날 수 있었다. 나는 12월 4일 거의 6주가 지난 후에 완치된 종기를 절개하였는데 … 특별히 나는 매우 긍휼함을 받은 것이다. 그때 많은 사람이 "내가 하나님께 돌아가며, 다른 가족들처럼 교회에서 다시금 환송될 것이다"라고 생각하면서 나의 생명을 위해서 하나님께 솔직

하게 기도했었다. 의사들과 다른 모든 동료도 나의 생명을 장담하지 못

했으며 … 내가 죽을 것이라는 소문이 이미 널리 퍼져 있었다. 나의 대

적들은 기뻐했고, 신자들은 슬퍼했다. 하지만 하나님은 나에게 자신의

놀라운 은혜를 선물하셨다.[4]

종교개혁 시대의 흑사병 치료

종교개혁 당시에 흑사병 치료는 14세기 때부터 전수된 방식에서 크게

달라진 것이 없었습니다. 어떤 사람이 흑사병에 걸렸을 때 치료약 같

은 의료적 조치를 통해서 낫는 것은 거의 기적과 같은 일이었습니다.[5]

이 전염병에 걸리지 않도록 미리 예방하는 것이 가장 효과적인 방식이

었지만, 당시 수준으로는 해결하기 힘든 문제였습니다. 1348년에 프랑

스 왕 필립 6세가 흑사병의 원인 규명을 의뢰한 것과 관련해, 파리 대

학교 의학부는 흑사병이 공기를 통해서 전염이 된다는 연구결과를 제

시했습니다. 이때로부터 가장 유행했던 흑사병의 예방법 중에 한 가지

는 집 안을 불로 뜨겁게 하거나 향료를 불로 태워 공기를 정화하는 것

이었습니다. 공기 중에 있는 흑사병의 원인을 차단할 수 있다고 생각

했기 때문입니다. 그래서 당시 프랑스 아비뇽에 머물고 있었던 교황

크레멘스 6세는 흑사병 예방을 위해서 자신의 집무실에 큰 불을 피우

고 지냈다고 알려져 있습니다.[6] 하지만 이 예방법은 흑사병균을 가진

쥐들과 그 쥐들에 기생하는 벼룩들을 차단할 수 있는 보건위생과 해충

구제가 동반되지 않는 현실에서 직접적인 효과를 기대할 수 없었습니

다. 그리고 이미 흑사병이 걸린 사람의 타액으로 2차 감염이 이루어진다는 의학적 지식도 없었기 때문에, 이 병의 전염을 미리 예방하는 것은 거의 불가능했습니다.[7] 16세기 상황도 이 수준에서 크게 진전된 것이 없었습니다. 그래서 큰 효과를 기대할 수 없었지만, 이미 흑사병에 걸린 후에 의료적으로 치료하는 것이 최선의 조치였습니다. 14세기 이래로 중요한 치료법은 흑사병의 종기를 사혈하는 것, 음식을 조절하는 식이요법, 오랜 전통요법인 약초로 만든 생약 등이었습니다. 이미 일기장 기록을 통해 확인된 것처럼, 불링거는 종교개혁 당시에 가장 많이 활용되었던 흑사병의 종기를 사혈하는 치료를 여러 의사로부터 받았습니다. 당연히, 열이나 통증을 완화 시켜주는 약초들로 만든 생약을 먹는 것도 함께 처방되었을 것입니다.

불행하게도 불링거의 가족들은 하나님의 치료하시는 은혜를 누리지 못했습니다. 취리히를 공포로 몰아넣었던 흑사병은 그의 가족들에게 큰 비극을 안겨 주었습니다. 1564-5년은 불링거의 생애에서 가장 슬픈 해였는데, 1564년 말에 그의 아내 안나가, 둘째 딸 마가레타와 그녀의 태어난 지 4일 된 아들 베른하르트가 이 죽음의 사신을 피할 수 없었기 때문입니다. 그리고 1565년 초 흑사병은 큰 딸 안나와 셋째 딸 엘리자베스를 가족과 영원히 이별하도록 만들었습니다. 불링거는 1564년 9-10월에 발병된 흑사병으로 아내, 둘째 딸 그리고 손자의 죽음을 무력하게 지켜봐야 했습니다. 이때의 슬픔도 그의 일기장에 매우 상세하게 기록되어 있습니다.

다음날 밤에 흑사병은 내가 진심으로 사랑하는 아내인 안나 아들리슈빌러를 불러갔다. 그녀가 9일 동안 병으로 누워 있었을 때 깊은 신뢰로 하나님께 간구했지만, 그러나 9일째 되던 날 병상 위에서 숨을 거두었다. 이 일은 (1564년) 9월 25일 월요일 정오에 발생했다. 그녀는 다음날(26일) 낮 12시에 모든 도시로부터 온 많은 일반 사람들과 명망이 있고 존경을 받는 인사들의 화려한 환송 가운데서 엄숙하게 묘지에 안장되었다. … 10월 27일 새벽 4시에 흑사병은 나의 사랑하는 딸 마가레타 라바터를 엄습했다. 그녀는 다음날인 10월 28일에 아들 베른하르트를 출산했는데, 그는 겨우 이틀이 지난 10월 30일에 유아 세례를 받았다. … 그 아이는 다음 날 밤에 죽었고, 그의 엄마는 이미 10월 30일 밤 11시경에 세상을 떠났다. 그녀는 31일 오후 4시에 흙 속에 묻혔다. 많은 사람이 교회 입구에서 그녀를 마지막으로 환송했다. 그녀는 칼스투엄(Karlsturm) 묘지에 안장되었다.[8]

불링거보다 오래 생존한 자녀들은 11명 중에 겨우 4명이었습니다. 이 비극적인 가족사는 그에게 큰 아픔과 상실감을 안겨주었을 것입니다. 그러나 불링거는 가족에 대한 아픔을 밖으로 표출하지 않고, 하나님의 뜻을 붙들고 묵묵히 견뎌냈습니다. 그가 목회자와 위로자로서 모든 사람에게 칭송받은 것은 이런 가족사와 무관하지 않습니다. 불링거는 다양한 경험들로부터, 고난에 처한 성도들을 위해서 무엇을 실천해야 하는가를 분명히 알게 되었었기 때문입니다.

16세기 종교개혁자들도 흑사병과 관련한 사회적, 의학적 그리고 신학적 연계에 관한 지식은 당시 사람들과 크게 다르지 않았습니다.[9] 이 시기에 흑사병의 효과적인 예방을 위해서 자발적으로 사회적 격리를 실천하는 것은 매우 낯설 수밖에 없었습니다. 흑사병에 걸린 것이 확실히 밝혀진 사람은 정부의 방역 조치에 따라 어떤 특정한 장소에 기본적 치료도 없이 격리되었을 뿐입니다. 새로운 인식전환 없이 집에서 가족들과 사람들이 많이 모이는 시장, 일터, 학교, 정부청사, 교회 등의 사회 구성원들 사이의 직접적 접촉을 통해서 이 전염병이 급속하게 확산되는 것은 매우 자연스러운 일이었습니다.[10] 흑사병이 창궐했을 때 일상적인 생활은 전혀 기대될 수 없었습니다. 하지만 사회적 삶의 붕괴 속에서도 위기극복에 대한 희망을 신앙에서 찾는 일은 계속되었습니다. 당연히, 이 심각한 시기 속에서도 사람들은 교회를 찾았고 예배는 지속되었습니다. 다른 지역들과 마찬가지로 취리히도 다르지 않았습니다.

흥미롭게도, 이 현상은 이미 14세기에 창궐했던 흑사병에 대한 교회의 인식과 깊이 맞물려 있습니다. 541-767년에 지중해 연안의 국가들에서 유행했던 흑사병은 5백 년 넘게 사람들의 기억 속에서 완전히 잊혀진 사건이었습니다. 그런데 갑자기 1346-53년에 죽음의 악몽이 되살아난 것입니다. 이 짧은 기간 동안 흑사병이 온 유럽으로 전파되며 다시 대유행을 한 것입니다. 새롭게 등장한 흑사병은 중앙아시아에서 실크로드와 상선(商船)을 통해 유럽에 유입된 것으로 알려져 있습니다. 이때 7천 5백만 명 정도의 사람들이 사망했습니다.[11] 당시 유럽의 불결했던 생활환경, 전염방식의 불충분한 지식, 그리고 부족한 영양 상태는 이 전염병이 급속도로 퍼질 수 있는 최적의 조건이었습니다. 각 지역에서 창궐한 흑사병은 아무런 예방책이 없는 현실 속에서 다른 지역으로 피난한 사람들,[12] 의사의 치료를 통해서 회복된 일부 사람들, 그리고 자가면역(自家免疫)을 가진 사람들을 제외한 사람들이 다 죽었을 때에서야 그 위세가 사그라졌습니다. 하지만 유대인이 거주하는 지역은 흑사병이 거의 퍼지지 않았습니다. 구약 성경의 율법에 근거한 정결 의식을 통해 위생에 신경 썼을 뿐만 아니라, 만약 어떤 사람에게 발병이 되면 확실한 격리가 이루어졌기 때문입니다. 그러나 이 사실은 유럽 사람들에게 오히려 아주 강력한 반(反)유대주의 정서를 만들어 냈을 뿐, 매우 어리석게도 흑사병을 이겨낼 수 있는 대안으로 작용하지 않았습니다. 많은 사람들이 인종적 독기(毒氣)를 가지고 우물에 독을 풀었다는 가상의 죄목으로 수천 명의 무고한 유대인을 살해하기도 했습니다.

이렇게 죽음의 그림자가 깊이 드리운 시기에 사람들은 한편으로 흑사병을 하나님의 징계로 생각했습니다. 오직 신앙을 통해서 죽음의 그림자를 벗어나 삶의 안정과 평안을 찾을 수 있다고 믿었습니다. 흑사병을 이겨낼 수 있다는 믿음 속에서 죄를 자복하는 중보미사, 행렬, 수호성인들에 대한 숭배[13] 등이 새로운 신앙 운동으로 사람들의 일상을 점령했고, 이와 동시에 죽음 이후의 구원을 위해서 현재의 쾌락을 멀리하는 금욕과 고행이 유행했습니다. 중세 후기의 로마 카톨릭 교회는 목회적 방관 속에서 위생적이고 의료적인 권면과 예방에 대해 아무런 관심도 기울이지 않았습니다. 오히려 인간의 양심과 의식을 완전히 사로잡는 미신적 종교심을 자극해 흑사병을 이겨낼 수 있다고 선동했습니다. 그러나 다른 한편으로 흑사병의 위협 속에서 어떤 소망도 없이 삶을 즐기는 것에만 온 힘을 쏟는 사람들도 생겨났습니다. 아무런 해결책이 없는 죽음의 공포 앞에서 오직 '현재를 즐기자'(Carpe Diem)는 체념적 쾌락주의가 많은 사람을 지배한 것입니다. 예상할 수 없고, 통제할 수 없으며, 치료할 수 없는 죽음의 병 때문에 전전긍긍하지 말고, 오히려 지금 주어져 있는 시간을 최대한 즐기자는 심리였습니다. 이 쾌락주의자들은 가족, 이웃 그리고 삶의 터전을 내팽개치고 아무런 관심도 기울이지 않았습니다. 14세기 흑사병은 종교적인 왜곡을 가져왔을 뿐만 아니라, 정치, 경제 그리고 문화의 사회적인 체계에도 심각한 위기를 초래했습니다. 유럽의 종교와 사회 전반의 개혁에 대한 요구를 가시화시키는 한 역할을 한 것입니다. 이렇게 볼 때, 르네상스와 종교개혁은 흑사병으로 종교와 사회의 체계가 무너진 유럽의 무덤에서 피어났다는 주장은 틀린 것이 아닙니다.

의심의 여지없이, 흑사병을 하나님의 징계로 간주 되었던 인식은 16세기 종교개혁 당시에도 큰 변화가 없었습니다. 한 실례로, 1564년 10월 27일에 흑사병으로 죽은 불링거의 둘째 딸인 마가레타의 남편 루드비히 라바터가 1564년 8월에 출판했던 『흑사병에 관하여』[14]를 주목할 필요가 있습니다. 이 책에는 취리히의 그로스뮌스터 교회에서 선포했던 흑사병과 관련된 두 편의 설교가 담겨 있습니다. 라바터는 당시 유행했던 천문학의 관심 속에서 흑사병의 예방을 위한 위생적이고 의료적인 조치에 대해서는 거리를 둔 채, 이 전염병이 하나님으로부터 보내진 징계임을 강조했습니다. 하나님의 주권에 대한 강조 속에서 가장 먼저 영혼 구원에 관심을 가져야 하고, 다음으로 육체적 건강에 관심을 가져야 한다고 주장했습니다.[15] 하나님의 진노를 불러일으킨 가장 중요한 원인은 불신앙, 죄 그리고 신성모독이라고 밝히면서 다급한 목소리로 회개를 외쳤습니다.[16] 만약 흑사병이 걸렸을 때는 하나님이 선한 것으로 주신 약을 먹어야 되지만, 그러나 이와 동시에 다음과 같은 사실도 반드시 기억해야 한다고 경고했습니다.

> 그럴지만 우리가 반드시 알아야 할 것은, 하나님이 원치 않으시면, 약
> 이 효과를 발휘하지 못하기 때문에 약을 지나치게 의존해서는 안 된
> 다.[17]

결과적으로, 종교개혁 당시 위생적이고 의료적인 대안이 없었던 현실 속에서 무서운 전염병으로 떨고 있는 신자들은 하나님의 긍휼 외에 다른 소망이 없다고 믿게 되었습니다. 흑사병을 수단으로 사용하여 세상을 징계하시는 하나님 앞에서 치료의 은혜와 천상의 위로를 얻기 위해, 교회는 예배를 중단시킬 수 없었던 것입니다. 종교개혁자들이 신학적으로 문제를 가졌다는 것을 말하려는 것이 아닙니다. 이들은 5백년 전에 살았던 인물들로서, 오늘날의 기준에서 볼 때 아직도 갈 길이 멀었던 위생 개념과 의료 발전의 시대적 한계를 가지고 있었다는 것을 인정할 뿐입니다.

시대적 한계와 따라야 할 교훈

만약 종교개혁자들이 오늘날과 같은 위생적이고 의학적인 지식을 가지고 있었다면 어떻게 반응했을까요? 유럽에서 흑사병은 1720년 5월부터 1721년 9월까지 프랑스 항구 도시인 마르세유에서 마지막으로 창궐했습니다. 물론 이 시기에도 흑사병을 예방하거나 치료할 수 있는 의학적 원인은 아직 규명되지 않았습니다. 하지만 도시를 봉쇄하고, 시체를 매장할 때 석회를 뿌리며 그리고 교회처럼 사람이 많이 모이는 장소들을 폐쇄하는 방식을 통해 이 전염병이 더 많은 사람과 다른 지역으로 확산되는 것을 막을 수 있었습니다.[18] 1894년에 알렉산더 예니신에 의해서 흑사병균이 최초로 발견되었습니다. 이 전염병의 원인이 밝혀진 것입니다. 그리고 1897년에 파울 루이스 시몬드가 흑사병의 확산 때 쥐에서 기생하는 벼룩이 큰 역할을 한다는 것도 알아냈습니다. 보건위생과 해충구제를 통해서 이 전염병을 확실하게 막을 수 있는 예방법을 찾게 된 것입니다. 이 결과로 흑사병은 유럽뿐만 아니라 다른 대륙에서도 거의 자취를 감추었습니다. 의심의 여지없이, 만약 종교개혁자들이 이러한 의학적 지식을 가지고 있었다면, 그들도 생명을 살리는 것이 우선적으로 강조된 안식일 정신과 관련해 모든 사람의 생명과 관계된 공공의 유익을 위해서 주일 예배의 일시적 중단을 당연하게 받아들였을 것입니다. 주일에 모든 신자가 함께 모여 교회에서 예배를 드리는 것 대신에 각 신자가 흩어져서 가정에서 드린다고 해도, 종교개혁자들이 추구했던 교회론의 입장에서 교회와 예배의 본질을 훼손하거나 변질시키는 것으로 이해되지 않기 때문입니다. 당연히, 불링거도 다르게 생각하지 않았을 것입니다.

16세기 취리히에서 살았던 불링거도, 다른 종교개혁자들과 마찬가지로, 그 시대의 아들이었습니다. 기도를 통해 하나님의 긍휼을 간구하고, 심방을 통해 환자를 격려하며, 예배를 통해 천국의 소망을 더욱 온전히 붙들게 하는 목회적 직무 외에 흑사병을 이겨낼 수 있는 위생과 의학 지식 같은 다른 근본적인 대안을 제시할 수 없었습니다. 이런 현실 속에서 불링거는 수많은 사람들이 무력하게 죽어가는 것을 지켜보면서 인간적 삶의 종말에 대해 깊이 고민했습니다. 이 문제는 중세 후기부터 유럽 전역에서 창궐했던 흑사병 때문에 삶의 위협을 받고 있는 신자들에게 반드시 답변되어야 할 신학적이고 목회적인 사안이었기 때문입니다.[19] 불링거가 취리히 교회의 대표 목사로 활동했던 초기인 1535년 8월부터 12월까지 그 도시에서 흑사병이 발병했습니다. 그의 가족은 아무런 피해를 입지 않았지만, 많은 사람이 고통스럽게 죽어가는 것을 지켜봐야 했습니다. 불링거는 1535년 8월 31일에 바젤의 종교개혁자인 오스발트 미코니우스에게 보낸 편지에서 "주님이 생명과 죽음의 주인이시다"라는 고백과 함께, 죽음의 공포에서 떨고 있는 신자들로부터 이 고통의 시간이 빨리 지나가기를 소망한다고 밝혔습니다.[20] 이 일을 겪으면서 불링거는 흑사병으로 죽어가는 신자들을 너무도 안타깝게 여겼고, 이 전염병의 위협 속에서 죽음을 두려워하는 신자들을 외면할 수 없었기에, 취리히 교회의 대표 목사로서 신속하게 흑사병과 같은 질병으로 생명의 위협을 받고 있는 신자들을 위해 죽음에 대한 신학적 답변서를 저술했습니다. 그것이 1535년 10월에 출판된

『병자들의 보고서』[21]인데, 종교개혁 시대에 목회적 관점에서 질병과 관련된 모든 문제를 개신교 영역에서 최초로 설명한 책입니다. 불링거는 이 목회 저술을 통해 신자들이 질병, 고통 그리고 죽음에 대해서 어떻게 신앙적으로 대처해야 하는가를 하나님의 섭리적 입장에서 자세히 밝혔습니다. 그 책의 핵심 내용은 "부활과 생명의 주님이신 예수 그리스도 안에서 죽음은 복된 죽음이다. 신자는 지금 천상에 이르는 영혼의 구원과 함께 마지막 심판 때 새로운 육체로 부활하여 영원한 삶을 살기 때문에 어떤 죽음도 두려워하지 않아야 한다.[22] 하나님의 뜻 안에 허락된 시험으로서 질병, 고통 그리고 죽음은 저주가 아니고, 신자의 죽음은 모든 비참으로부터 벗어나서 하나님의 참된 위로를 얻기 위한 과정이다. 죄인이 예수 그리스도 안에서 죄와 사망으로부터 해방되어 참된 영광에 이르는 길이다."[23]라는 것입니다. 불링거는 죽음이 인간적인 아픔과 슬픔을 피할 수 없게 하지만, 예수 그리스도 안에서 복되고 영원한 삶을 누리게 하는 **영적 처방**으로서 결코 낙심에 이르게 하지는 않는다고 위로했습니다. 불링거는 천상의 소망 중에 있는 죽음을 말하면서도, 흑사병 같은 죽음의 질병에 걸린 환자들이 전능하신 하나님의 의지하며 의사의 상담과 치료를 받는 것이 당연한 의무임을 잊지 않았고[24], 이렇게 행하지 않는 것은 하나님을 시험하는 것과 같다고 밝혔습니다. 흑사병 같은 질병에 대한 효과적인 치료를 기대할 수 없었음에도 불구하고, 불링거는 당시 시대 속에서 시도할 수 있는 최상의 방식으로 아직 살아있는 병자에게 가족의 돌봄과 의료적 치료가 반드시 이루어져야 한다는 것을 각인시켰던 것입니다. 16세기 종교개혁 시대에 흑사병 같은 무서운 질병 앞에서 인간은 너무도 연약하고 무력했습니다. 이 전염병을 예방할 수 있는 근본적인 방법을 알 수 없었을 뿐만 아니라, 또한 효과적인 치료약도 없었기 때문입니다. 오직 신앙적으로 슬픔을 위로하는 것과 예수 그리스도 안에서 천상의 소망을 붙들며 죽음을 이겨내도록 권면하는 것 외에는 다른 대안과 해결책을 제시할 수 없었습니다.

1564-5년에 흑사병으로 사랑하는 아내와 자녀들을 잃었을 때, 불링거는 이미 『병자들의 보고서』에서 밝힌 대로 모든 인간적인 슬픔과 고통을 가슴에 묻고 신앙적으로 반응했습니다. 하나님을 향한 신뢰 속에서 삶의 고난을 묵묵히 감당하며 천상의 소망을 더욱 힘 있게 붙들었고, 참된 위로는 오직 예수 그리스도 안에 있는 영원한 생명에 있다는 것을 온몸으로 드러냈습니다. 신자들에 앞서 하나님의 말씀에 순종하는 삶을 살아야 하는 목자로서 위로적 모범을 실천한 것입니다.[25] 당시 흑사병으로 가족을 잃은 신자들은 불링거의 신앙적 자세를 보면서 위로를 얻고 인내할 수 있었고, 취리히에서 죽음의 그림자를 빗겨간 사람들은 슬픔과 고통을 이겨내고 살아남은 자의 몫을 다시금 감당했습니다. 삶은 분주해졌고, 교회는 신자들로 가득 찼으며, 일터는 다시 일상의 풍경으로 돌아갔습니다. 오늘의 위기 속에서 살아가는 우리의 삶도 이와 다르지 않을 것입니다.

박상봉

안양대학교 신학대학원(M.Div, Th.M.)
취리히 대학교(Universität Zürich) (Dr.Theol.)

14
베자와 흑사병[1]

양신혜
(합동신학대학원대학교 외래교수)

『흑사병에 대하여 알아야 할 것』

베자는 우리에게 익숙하지만 낯선 이름입니다. 단지 종교개혁사에서 칼뱅의 뒤를 이어 제네바 교회를 이끈 후계자로 알고 있을 뿐, 우리는 그가 하나님의 사명을 받은 그리스도인으로서 어떻게 살아갔는지에 대해서는 안개 낀 숲속 길과 같이 잘 알지 못합니다. 그는 정통주의 신학의 기틀을 마련한 신학자이자 죽어가는 한 영혼을 위해 먼 길을 주저함 없이 떠난 목회자였습니다. 또한 종교전쟁으로 위기에 서있는 프랑스의 위그노와 제네바에서 발생한 흑사병으로 고생하는 목회자와 성도들을 위해 눈물로 기도하고, 실제적인 도움을 주기 위해 길을 떠났던 목회자였습니다. 그는 하나님의 부르심 앞에 선 그리스도인으로서, 올바른 신학에 기초한 교회를 세우는 신학자이자 목회자로서 하나님 나라의 확장을 위해서 끝임 없이 길을 떠났습니다. 그는 흑사병으로 어려움이 처한 교회를 위해, 그리고 고난에도 넘어지지 않고 참된 그리스도인으로서의 삶을 살아가도록 격려하기 위해 『흑사병에 대하여 알아야 할 것』이라는 책을 남겼습니다.

베자가 이 글을 작정하게 된 직접적인 계기는 아아르베르크(Aarberg)에 있는 개혁교회 목사 크레스토프 뤼타르트의 잘못된 신학 때문이었습니다. 그는 하나님께서 흑사병을 보낸 데에는 하나님이 이루고자 하신 뜻이 있기 때문에, 흑사병이 도는 지역을 떠나 도망해서는 안 된다고 주장했습니다. 다시 말해, 흑사병은 하나님이 내린 벌이기 때문에 그 벌을 피해 도망해서는 안 된다는 것입니다. 그는 하나님이 2차 원인을 통해 자신의 뜻을 이루신다는 섭리를 부정한 셈이었기에, 이에 대한 교회 차원의 답변이 필요했습니다. 또한 목회자로서 아픈 성도를 두고 도망치는 목사와, 흑사병에 걸린 임신부를 가족들이 내버려 두어 혼자 아이를 낳은 산모가 갓 태어난 아기와 함께 죽는 일 등의 윤리적 폐허에 대항해 그리스도인으로서 어떻게 사명의 자리를 감당해야 하는지에 대한 답변을 해야만 했습니다.

베자는 이 책에서 두 가지 주제를 다루면서 당대에 제기된 질문들에 대한 교회의 답변을 시도합니다. **첫째**, 흑사병은 하나님의 진노인가? 하나님께서 직접 인간의 삶에 개입하여 내린 벌이기 때문에 도망가서는 안 되며, 그 벌을 오롯이 감당하고 견뎌내야 하는가? **둘째**, 그리스도인은 자신과 가족을 보호하기 위해 흑사병이 발발한 지역을 떠나서는 안 되는가? 그 지역을 떠나는 것은 신앙이 부족하기 때문인가? 그리스도인의 윤리적 판단은 어떻게 이루어져야 하는가? 이처럼 위기 상황에서 목회자로 부름을 받은 그리스도인이 성경을 어떻게 해석해야 하는지를 당대의 질문들을 통해서 구체적으로 답변하고자 했습니다.

첫 번째 질문에 대한 베자의 답변을 들어보겠습니다. 베자뿐만 아니라 칼뱅과 더불어 동시대인들은 흑사병을 죄에 대한 하나님의 진노로 여겼습니다.[2] 그러나 그는 흑사병이 하나님이 진노하여 벌로 내리셨기에 오롯이 견뎌야 하는 질병이 아니라는 사실을 분명하게 알고 있었습니다. 흑사병은 자연발생적으로 생겨나는 질병이자 전염병이므로, 그 자체가 선과 악의 윤리적 판단의 대상이 아니라는 사실은 적어도 베자에게 명확했습니다. 그래서 흑사병을 피해 안전한 곳으로 옮겨 오면 병에 전염되지 않고 안전하게 생명을 유지할 수 있으리라 여겼습니다. 하지만 베자는 자신의 형제가 흑사병이 창궐한 지역을 피해 비교적 안전한 제네바로 옮겨 왔음에도 불구하고 죽음을 맞이한 슬픔 앞에서, 하나의 질문을 던질 수밖에 없었습니다. 누구는 흑사병이 창궐한 지역에 머물고 있음에도 불구하고 살아남고, 누구는 그 지역을 벗어나 비교적 안전하다고 하는 지역으로 옮겨왔음에도 불구하고 죽음을 맞이하게 되는가? 이 질문 앞에서 베자는 하나님의 섭리가 그 가운데 있음을 인정하지 않을 수 없었습니다. 하나님은 전능하신 분이시기에 우리가 이해할 수 없는 상황에서도 우리를 이끄시는 분이십니다. 하나님은 흑사병을 주셨음에도 불구하고, 그 가운데 살아날 자를 택하시기도 하시고, 치료약을 발견하도록 하여 죽음에서 생명으로 인도하시기도 하시는 분이십니다. 하나님은 이 세상의 모든 수단을 사용하여 하나님이 작정한 목적과 뜻을 이루십니다. 베자는 그 실례를 하나님께서 하나님의 사람인 요셉이 이방신을 섬기는 애굽의 왕을 섬기도록 하셨던 사건에서 찾았습니다.[3] 어떻게 하나님의 사람이 이방의 신을 섬기는 왕을 모실 수 있단 말입니까! 이해할 수 없는 일이지만, 하나님은 이해할 수 없는 일을 통해서 하나님의 사람이 하나님을 두려워하고 사랑하는 법을 가르치셨습니다. 그렇기 때문에 목회자는 성도들에게 하나님의 방법을 가르쳐 그리스도인에게 주시고자 하는 유익을 누리도록 이끌어야 한다고 주장했습니다.

베자에게 하나님이 흑사병이라는 병을 통해서 진노하시는 이유는 명확했습니다. 바로 우리의 죄 때문입니다. 그러므로 우리가 해야 할 일은 죄에서 돌아서서 하나님께로 돌아서고, 하나님께서 인간을 만든 본연의 목적에 집중하는 일입니다. 인간은 본래 하나님의 피조물이지만, 인간의 시원인 아담의 타락으로 인해 영원한 정죄 아래에 있게 되었고, 그의 타락으로 인해 우리의 본성 전체가 부패하게 된 그 죄에서 우리는 벗어나야만 합니다. 하지만 우리는 스스로 그 죄에서 벗어날 수 없는 존재입니다. 우리는 예수 그리스도의 십자가를 통한 은혜가 없이는 하나님과 화해의 길에 들어설 수 없는 존재입니다. 하나님의 은혜로 예수 그리스도와 연합된 존재로서 악에 대항하여 싸우는 존재입니다. 그렇기에 흑사병을 통해 인간 본래의 죄에서 돌아서서 하나님의 목적하는 바가 무엇인지 점검하고, 하나님께서 우리를 보낸 목적에 합당하게 살았는지 점검하는 계기로 삼아야 합니다. 이것이 우리의 행위에 있어서 옳고 그름을 판단하는 중요한 기준입니다. 하나님의 부르심은 우리를 구원의 자리로 인도하기 위함이며, 죄인의 자리에서 자유의 자리로 인도하기 위함입니다. 그러므로 우리는 하나님이 보낸 목적에 따라서 올바르게 악에 대항하며 그 자리에 머물고 있는지, 그리스도인으로서 합당한 삶을 살고 있는지를 살펴야 한다.

그리스도인은 하나님이 보낸 목적을 바로 알고 올바른 윤리적 판단을 위한 기준으로 하나님의 말씀에 절대적 권위를 두고 살아가는 자들입니다. 하지만 그리스도인에게 가장 어려운 것은 성경을 어떻게 해석해야 하는가의 문제입니다. 그래서 베자는 이 책의 두 번째 주제를 통해 성경에 기록되어 있는 하나님의 말씀을 어떻게 해석해야 하는지, 성경 해석의 원칙을 다룹니다. 당시 예수님께서 이웃을 자기 몸과 같이 사랑하라고 하셨기 때문에, 흑사병이 돌더라도 마을을 떠나서는 안 된다고 주장하는 사람이 있었습니다. 아픈 자를 두고 마을을 떠나는 자는 하나님의 계명을 지키지 않을 뿐만 아니라 하나님을 진심으로 사랑하지도 않으며, 오히려 이 땅의 재물을 더 사랑하는 자라고 비난했습니다. 이 주장에 베자는 성경을 근거로 답변을 시도합니다. 바울은 빌립보서 1장 23절에서 **차라리 세상을 떠나서 그리스도와 함께 있는 것이 훨씬 더 좋은 일**이라고 했지만, 로마서 9장 3절에서는 자신이 **골육 친척을 위해서 저주를 받아 그리스도에게서 끊어지기를 원한다**고 고백합니다. 이 두 고백은 분명히 상반됩니다. 만약 그리스도와 함께 있고자 하여 이 땅을 떠나고 싶다고 한 바울의 고백이 선이라고 한다면, 로마서에서 한 고백은 거짓이 되는 것입니다. 그 반대도 마찬가지입니다. 이 상반된 구절을 어떻게 이해해야 할까요? 이 구절을 이해하기 위해 베자는, 바울이 자신이 처한 상황에서 '어떻게' 그런 고백에 이르게 되었는지를 살피라고 권면합니다. 바울은 자신이 처한 상황에서, 비록 상반된 고백을 했다할지라도, 먼저 하나님의 뜻을 판단의 기준으로 삼았습니다. 그는 하나님 앞에서 "정당하게 그리고 좋은 양심으로" 하나님의 뜻을 구했고, 그 뜻에 복종했습니다.[4] 그래서 베자는 누군가의 행위를 판단할 때 외적 행위를 두고 판단할 것이 아니라, 그가 하나님의 말씀을 정당하고 올바르게 해석했는지, 그리고 선한 양심에 따른 확신을 가지고 행동을 했는지를 점검하고 판단하라고 권면합니다. 이로써 베자에게 있어서 윤리적 판단의 기준은 명확해집니다. 베자는 하나님의 말씀을 절대적 기준으로 삼았기 때문에, 이웃을 사랑하라는 예수님의 지상명령은 어디서나 동일했습니다. 하지만 그리스도인의 윤리적 행위를 판단할 때는 그리스도인이 그가 처한 상황을 살피고, 그가 어떤 마음으로 하나님의 말씀으로서 이 계명을 받고 있는지 판단해야 합니다. 그리스도인이 하나님의 뜻에 얼마나 굳건한 확신을 가지고 행동했는지에 따라서 옳고 그름을 판단해야 하는 것입니다. 베자는 그리스도인의 하나님의 말씀에 따른 양심의 판단, 즉 그리스도인의 동기와 의도에 우위를 두었습니다.

성경이 가르치는 일반 규칙

올바른 윤리적 판단을 위한 절대적 기준으로서 성경에 절대적 권위를 두지만, 성경에 기록되어 있지 않는 천재지변이나 사건의 경우는 어떻게 판단해야 하는지가 의문이었습니다. 흑사병이 발발했을 때 마을을 떠나라는 구절이 성경에 없기 때문에 마을을 떠나서는 안 된다고 주장하는 자들이 있었습니다. 이들에 대항하여, 베자는 세 가지의 반대 논리를 펼쳤습니다. 첫째, 성경은 역사에서 일어난 모든 일을 기록하지 않는다. 둘째, 성경에 기록된 특별한 명령이 없다면, 우리는 일반적인 성경의 원칙을 따라야 한다. 셋째, 성경은 흑사병에 대한 모든 예를 기록하지 않을 뿐만 아니라 그에 대한 사람들의 모든 반응을 기록하지 않는다.[5] 베자는 흑사병과 관련하여 어떻게 대처해야 하는지에 대한 구체적인 지침이 모두 성경에 기록되어 있지 않기 때문에, 흑사병과 같은 특수한 상황에서 벌어지는 일에 대해서는 성경이 가르치는 '일반적인 규칙'을 따라야 한다고 제안합니다. 베자가 흑사병이라는 위기 상황에 대항해서 대처해야 한다고 했던 일반적인 규칙은 그리스도인의 일반은총으로서의 이성에 근거한 원칙이었습니다. 여기에서 주의해야 할 것은 베자는 이성이 '올바르게' 작동하기 위한 조건에 주목했다는 것입니다. 일반은총으로서의 이성은 모든 사람에게 주어졌지만, 그 이성이 올바르게 작동하기 위해서는 하나님의 부르심에 응답한 그리스도인이 되어야만 하는 전제를 두었습니다. 그러므로 성경은 그리스도인이 자신에게 닥친 문제에 대한 해답을 찾는 답안지입니다. 그래서 베자는 중생한 그리스도인이 하나님의 말씀을 이해하고, 그에 따라서 논리적 원리를 제시하는 이성의 역할을 거부하지 않고, 오히려 성경을 올바르게 해석하기 위한 방법론으로서 이성에 토대를 둔 확신의 자리를 마련했습니다.

베자는 절대적 판단 척도로서의 성경이 제시한 원칙에 따라서 각자의 자리에서 판단하라고 권면합니다. 그러기 위해 자신의 구체적인 삶의 자리를 살피는 것이 무엇보다 중요합니다. 하나님께서는 우리를 이 땅에 보내신 목적이 있기에, 우리 각자에게는 사명의 자리가 있습니다. 우리는 태어나자마자 가족이라는 공동체 일원으로서의 사명이 있고, 자라면서 다양한 공동체 일원으로서의 끈을 가지게 됩니다. 우리에게 주어진 사명의 자리는 공동체 안에서의 자리이기 때문에, 자신의 자리에서 사명으로 연결되어 있는 끈의 강도에 따라서 선택해야 합니다. 그렇다면, 흑사병과 같은 위기의 상황에서 어느 공동체의 끈을 우선시해야 하는지가 문제일 것입니다. 베자는 각자 개인에게 주어진 다양한 끈 중에서 가족 공동체의 끈이 가장 강하여 윤리적 판단에서 우위를 점하고 있다고 말하면서도, 흑사병과 같은 상황에서는 가족 공동체보다 국가 공동체가 부여한 임무를 우선시하라고 권했습니다. "어느 누구도 자신이 그의 나라와 이웃과 동료들에게 진 빚을 잊어버릴 정도로 자기 자신이나 가족을 배려해서는 안 된다. ... 사랑은 자신에게 속한 어떤 것을 추구하는 것이 아니기 때문이다."[6] 위기 상황에서는 인간의 이기적인 감정을 따르지 않고 공동체의 이익과 임무를 우선시하는 선택이 이루어져야 하므로, 이 판단의 기준에 따라서, 공동체를 떠날 것인지, 머무를 것인지를 결정해야 하는 것입니다.

하지만 인간의 윤리적 판단은 상당히 복잡하게 얽힌 개인적 그리고 사회적 관계로 인해 올바로 내리기가 어렵습니다.[7] 베자의 말대로, 그리스도인의 의도를 파악하기 어렵기 때문입니다. 윤리적 판단의 척도로서 성경의 절대적 권위를 받아들인다 하더라도, 그 해석이 다양하며, 때로는 동일한 하나님의 말씀에 대한 상반된 해석이 공존합니다. 또한 그리스도인 개인이 하나님의 말씀에 따라서 확신을 가지고 행한 행위의 결과가 자신의 의도와 다르게 나타날 때 주어지는 당혹감은 엄청나기 때문에, 그리스도인은 성경을 통해서 말씀하시는 하나님께 겸허한 자세로 나아가 무릎을 꿇어야 합니다.[8] 그리스도인은 하나님의 부르심에 응답한 자로서, 그리고 하나님과의 관계를 회복한 자로서 하나님의 뜻을 구하는 기도의 자리를 잊어서는 안 됩니다. 하나님은 영원에서 선택한 자들을 위해서 객관적 판단의 척도로서의 하나님의 말씀을 주셨기에, 우리는 이 말씀에 따라서 "자기에게 최상이라는 여겨지는 일"을 기도하면서 판단해야 합니다. 기도는 인간 자신의 욕망을 내려놓고 하나님의 뜻에 귀를 기울이는 행위로서 순종의 표현입니다. 그러므로 그리스도인은 자신을 움직이던 교만과 자만을 내려놓고, 하나님이 주시는 선한 소망을 붙잡고 확신과 용기를 갖고서 최선을 다해 그 일을 수행해야 합니다. 바로 그 자리에 있을 때 그리스도인 안에 거하는 그리스도로부터 선한 행위가 흘러나오게 되는 것입니다.[9]

그리스도인에게 주어지는 위로와 확신

그리스도인에게도 흑사병은 무섭고 두려운 병이었습니다. 전능하신 하나님의 섭리 안에서 구원이 예정되어 있음을 믿고 고백함에도 불구하고, 밀려들어오는 두려움을 어찌할 수는 없었습니다. 베자는, 우리 모두가 죽음 앞에서 두려움을 지닌 연약한 존재이며 이 두려움에서 하나님이 주시는 확신으로 나가는 존재라고 말하면서 흑사병 앞에서 두려워하는 성도를 위로합니다. 형을 피해서 도망했던 야곱임에도 불구하고, 우리는 두려움에 길을 떠났던 야곱의 삶을 하나님께서 만들어가고 계심을 눈으로 목도하지 않습니까! 형과의 재회를 앞두고 두려움에 떨고 있는 야곱에게 하나님은 다가가셨습니다. 얍복 강가에 홀로 남은 야곱은 어떤 사람과 씨름을 하였고, 새 이름을 얻었습니다.

> 그가 이르되 네 이름을 다시는 야곱이라 부를 것이 아니요 이스라엘이
>
> 라 부를 것이니 이는 네가 하나님과 및 사람들과 겨루어 이겼음이니라
>
> (창 32: 28)

두려움에 떨고 있는 연약한 야곱을 어느 누가 비난할 수 있겠습니까? 하지만 하나님은 연약한 야곱을 통해서 하나님의 뜻에 합당한 그리스도인으로 만들고 계셨습니다. 그것이 오늘을 견디는 우리에게도 큰 위로가 됩니다. 야곱에게 새 이름을 주어 그에 걸맞은 삶을 살아가게 하신 것처럼, 오늘을 살아가는 우리에게도 이 고난을 통해서 새로운 이름을 얻는 자리가 되길 간절히 기도합니다.

양신혜
총신대 신학과
서강대 종교학과 (석사)
독일 Humboldt Universität zu Berlin(Dr. Theol.)

15
한국 초기 기독교와 전염병

이재근
(광신대학교 교회사 교수)

1996년에 미국에서 *The Rise of Christianity*[1]라는 제목으로 발행된 로드
니 스타크의 책은 출간 직후 학계와 교계에 상당한 충격을 주었습니
다. "제국의 구석진 변방에서 시작된 극도로 미약한 예수 운동이 어떻
게 단 몇 세기 만에 서양 사회 전체를 지배하는 종교이자 문화, 세계관
으로 발전할 수 있었는가?"하는 질문은 모든 역사가와 사상가들이 공
통으로 가진 관심이었습니다. 이 질문에 대한 대답이 오랫동안 다양하
게 제시되었습니다. 신앙인들은 자연스럽게 이를 하나님의 특별한 주
권과 은혜로 인식하지만, 학자들은 더 냉정하고 객관적인 설명을 추구
했습니다. 한국에서도 이 책은 2016년에 『기독교의 발흥』[2]이라는 제목
으로 번역되어 상당한 관심을 받았습니다. 저자가 기독교 신학자도,
신약학자도, 역사가도 아닌데다, 심지어는 조물주의 초자연적 역사와
개입을 믿는 신앙인도 아니었기 때문에 더 주목을 받은 면도 있습니

다. 그런데 종교사회학자로서 기독교를 당대의 다른 종교와 비교하여 사회학적으로 냉담하게 분석할 뿐이었던 저자가 내린 결론에 기독교인 독자 다수가 크게 고무되었습니다. 이 책의 제4장은 "역병, 네트워크, 개종"이라는 소제목을 달고 있는데, 저자 스타크는 대략 다음과 같은 사항을 주장했습니다.

> 2-3세기 로마에서 역병이 발생해 최소 4분의 1에서 최대 3분의 1에 해당하는 대규모 인원이 사망하고 사회가 거의 붕괴될 지경이 이른 일이 적지 않았다. 이런 일이 있을 때마다 키프리아누스, 디오니시우스, 유세비우스 등 초대교회 교부들과 지도자들은 기독교인이 역병에 잘 대처함으로써 기독교인 수가 늘고 교회가 성장하는 데 기여했다고 언급했다. 특히 고전시대 사회가 재난으로 지축이 흔들리고 사람들이 희망을 잃을 때, 기독교인이 이들에게 희망을 제공하고 몸을 아끼지 않고 돌보며 위기를 기회로 바꾼 덕에 기독교가 4세기가 되기도 전에 주류 신앙으로 부상할 수 있었다.

스타크는 이를 크게 세 가지 논지로 정리합니다.

첫째, 역병에 대한 만족스러운 해명과 활력 있는 미래상 제시
함께 살던 가족과 마을 사람들 넷 중 하나가 사망할 정도로 대규모 역병이 진행될 때에 사람들은 본능적으로 "왜 이런 일이 일어나지? 왜 그들에겐 일어나고 나는 아니지? 우리는 모두 죽게 될까? 왜 애당초 세상이 존재할까? 이 다음에는 무슨 일이 일어날까? 우리가 할 수 있는 일은 무엇일까?" 같은 질문을 던집니다. 당대 그리스 인본주의 철학이나 타종교는 '삶의 의미'를 묻는 이런 질문에 마땅히 납득할 만한 답을 제시하지 못했습니다. 그러나 당대 기독교는 이런 재앙 이면에 중요한 의미가 숨겨져 있으며, 지금 현 상황보다 더 큰 계획이 있다고 해석했습니다. 기독교인들이 찾은 의미의 실례로, 251년에 키프리아누스 주교가 기독교인이 역병을 두려워하지 않아도 되는 이유에 대해 밝힌 말은 다음과 같습니다.

> 공포스럽고 치명적인 이 역병과 흑사병이 각 사람의 공의를 검증하고 인류 정신을 되돌아보는 계기가 되니 얼마나 시의적절하고 얼마나 필요한 일인지 모릅니다. 건강한 자가 병든 자를 돌보는지, 친족끼리 서로 사랑할 도리를 다하는지, 주인이 병든 노예에게 자비를 베푸는지, 의사가 고통 받는 자를 저버리지 않는지가 드러나게 됩니다. … 우리에게는 이것이 죽음이 아니라 힘겨운 훈련입니다. 기독교인에게는 이 훈련이 죽음을 멸시함으로써 면류관을 예비하고 앞으로 전진하는 영광이 됩니다. … 주님의 부르심을 받고 세상에서 먼저 놓임을 받은 우리의 형제들은 애곡의 대상이 아닙니다. 그들은 잃어버린 게 아니라 먼저 부름을 받은, 우리보다 앞장서 길을 떠난 자들입니다.[3]

둘째, 역병 창궐 당시 사랑과 선행, 공동체 결속 등 타종교인보다 우월한 대처
역병은 기독교인과 타종교인을 구별하지 않고 공격했습니다. 그러나 역병에 걸린 이들을 대하는 태도는 기독교인과 타종교인 사이에 큰 차이가 있었습니다. 260년 경 대규모 역병이 닥쳤을 때, 알렉산드리아 주교 디오니시우스는 다른 이를 위험을 무릅쓰고 돌보다가 자신도 전염되었고, 심지어 대신 죽은 동료 기독교인의 노력을 치하합니다. 그러면서 이런 헌신이 순교나 다름없다고 칭송했습니다. 반대로, 질병이 발생하자마자 병자를 내쫓고, 가장 가까운 자부터 도망치고, 죽기도 전에 거리에 내다버리고, 매장 안 한 시신을 흙처럼 취급한 이교도들이 있다고 지적했습니다.

기독교인이 아닌 이들의 증언도 크게 다르지 않았습니다. 기독교를 거부하고 고대 로마 종교의 부활을 꿈꾸었던 율리아누스 황제 마저도 나그네를 너그럽게 대하고 죽은 자의 무덤을 관리하며, 가난한 동료 기독교인뿐만 아니라 신자가 아닌 가난한 자들까지도 구제하는 기독교인의 행동에 대해 언급하면서, 그는 기독교인에 버금가는 자기 종교의 구제기구 설립을 추진했습니다. 실제로, 마태복음 25장 35-40절을 금과옥조로 삼고 살았던 초대 기독교인에게, 전염병에 신음하는 모든 이들은 그 자체로 예수 그리스도와 같은 소자(지극히 작은 자 하나)였습니다. 교부 테르툴리아누스는 이렇게 쓰기도 했습니다.

> 약자를 돌보고 사랑과 친절을 베푸는 우리의 모습은 많은 우리 반대자들의 눈에 비친 우리의 브랜드다. '한 번만 보라'고 그들은 말한다. '그들이 얼마나 서로 사랑하는지 보라!'[4]

셋째, 역병시 높은 사망률로 대인 애착관계를 상실한 타종교인이 훨씬 높은 생존율과 밀착관계를 유지한 기독교로 개종

세균이나 바이러스는 사람을 종교에 따라 차별하지 않습니다. 그러나 기독교인이 타종교인보다 사망률이 낮았던 데에는 이들의 환대와 섬김의 정신이 있었습니다. 일상이 완전히 마비되고 의료 혜택을 전혀 기대할 수 없는 상황에서는 가장 기본적인 간호로 물과 음식을 제공하고, 아픈 몸을 닦이고 쉬게 하는 것만으로도 상당한 회복과 더불어 사망률 저하를 기대할 수 있었습니다. 근대 의학이 등장하기 이전 시기 전염병의 가장 큰 희생양은 어린이, 임산부, 출산 전후 감염 환자였습니다. 따라서 역병으로 인한 사망에 더하여, 출산율 저하 또한 초래되었습니다. 기독교인의 사망률이 낮았던 만큼 출생률과 출산율도 높았기에, 이는 결국 인구 대비 기독교인 비율 증가로 이어졌습니다. 그러나 단순 생존율이 기독교의 성장을 보증한 것은 아닙니다. 전염병이 발생했을 때, 기독교인은 종교를 불문하고 병에 걸린 이들을 돌보았습니다. 우선적으로 기독교인을 돌보았고, 이어서 그 기독교인과 가까운 거리, 혹은 관계에 있는 타종교인을 돌아보았을 것입니다. 이런 식의 간호와 돌봄 서비스, 환대가 진행되었을 때, 간호를 받은 기독교인의 신앙은 더 견고해지고, 간호를 받은 비기독교인이 기독교로 개종할 가능성은 훨씬 높아질 것입니다. 결론적으로, "이 모든 사태의 귀결점은 이교도 생존자가 기독교인에 대한 애착관계의 증가로 인해 개종할 확률이 크게 상승한다는 것"입니다.[5]

로드니 스타크는 로마 시대에 변방 팔레스타인에서 비주류 유대인을 중심으로 예수를 따르는 작은 운동으로 시작된 기독교가 로마 제국 전역의 공인 종교이자 결국은 국교로 부상하게 된 다양한 사회적 원인을 상당히 설득력 있게 분석합니다. 특히 전염병이라는 전 제국적, 총체적 위기 앞에서 기독교인이 보여준 태도가 기독교의 발흥과 성장에 중요한 요인이었음을 보여주었습니다. 그렇다면, 한국의 초대교회 시대에는 이런 분석이 어떻게 적용될 수 있을까요? 보잘 것 없는 소수파 운동에 지나지 않았던 기독교가 로마를 지배하는 종교로 부상하는 과정에서 전염병이 매개가 되었던 현상이, 구한말 초기 한국 개신교 역사에서도 과연 동일하게 발견되고 적용될 수 있을까요?

서양선교사, 현대 의학, 사랑과 계몽: 초기 한국 기독교와 전염병

잘 알려진 대로, 1884년에 일정 기간 이상 상주한 첫 정주(定住, resident) 선교사 호러스 앨런이 미국 공사관 의사로 한국에 입국하면서부터 한국에 개신교 선교가 공식 시작되었습니다. 엄밀한 의미에서, 앨런은 개신교 선교사가 아니라 공사관 의사로 한국에 입국했고, 이후에도 국립병원인 제중원(혹은 광혜원) 원장, 미국공사관 서기, 미국 공사 등 주로 공무원이나 외교관으로 활약했습니다. 따라서 1885년에 한국에 입국한 북장로회 호러스 언더우드와 북감리회 헨리 아펜젤러가 첫 '복음' 선교사로서 더 큰 평가를 받습니다. 그럼에도 불구하고 앨런이 1882년 조미수호통상조약의 결과, 미국 개신교단(북장로회)에 의해 한국에 파견된 첫 '공식' 선교사라는 점, 앨런이 비록 직접 기독교 복음을 전파하지는 않았음에도, 그가 1884년 갑신정변 당시 중상을 입은 민영익을 치료함으로써 간접적 기독교 선교의 문을 열었다는 점, 비록 다른 선교사들과 관계가 그리 좋지는 않았음에도, 공사관 서기로 재직하면서 미국인 선교사들의 활동을 직간접으로 지원했다는 점에서 그의 선교적 노력은 인정받아야 합니다.

무엇보다도, 앨런은 의사 신분이었기에, 한국 거주 초기에 전국을 휩쓴 전염병에 대한 목격담과 치료 활동에 대해 많은 글을 남겼습니다. 장로회 첫 복음전도 선교사인 호러스 언더우드의 아내 릴리어스 호턴 언더우드도 의사였기에, 앨런과 마찬가지로 한국인의 질병 상태, 특히 전염병 당시의 상황에 대해 여러 곳에서 묘사했습니다. 이후 선교사와 서양인 여행가, 저술가들이 구한말의 질병 상황에 대해 남긴 글은 대부분 앨런과 언더우드 여사의 서술을 인용하거나 재진술한 것입니다. 따라서 전염병 상황, 한국인의 질병관, 당시 한국 정부 및 민간에 대한 평가는 대체로 서양인의 저술에서 하나의 표준으로 정형화되어 있었습니다. 구한말 서양 선교사들 및 여러 외국인 거주자들의 전염병 관련 진술들은 당시의 상황을 알려주는 거의 유일한 문서 기록들이므로 반드시 참고해야 할 필수 자료입니다.[6]

이들 기록에 의하면, 구한말 한국에서 자주 유행한 말라리아, 천연두, 장티푸스, 디프테리아, 발진티푸스, 콜레라[7] 등 여러 다양한 전염병 중 가장 큰 피해를 끼친 두 역병은 천연두와 콜레라였습니다. 천연두는 580년대에 중국을 통해 한반도에 유입된 후, 2년 후에 일본으로 건너갔습니다. 천연두는 집집마다 돌아다니며 빠르게 전염시킨다는 이유로 '손님마마,' '별성마마,' '역신마마' 등으로 불렸는데, 흔히 줄여서 '마마'로 부르곤 했습니다. 천연두에 대한 서양인들의 첫 언급은 1886년에 등장합니다. 당시 메리 스크랜턴 여사가 세운 이화학당은 여성 교육에 대한 한국인의 편견 때문에 학생 모집이 어려웠습니다. 따라서 초기 학생들은 첩, 기생 등 신분이 낮거나 소외된 여성인 경우가 많았습니다. 그런데, 그 중 한 학생은 천연두에 감염되었다는 이유로 가족에게 버림받아 거리에 방치되었다가 선교사들의 도움으로 치료받은 소녀였습니다.[8]

1903년 초의 천연두 유행에 대해서는 릴리아스 호턴 언더우드가 기록을 남겼습니다. 당시 수천 명 사망자가 발생했고 왕실에도 감염자가 나왔었는데, 서양인들에게 충격적이었던 것은 당시 천연두를 대하는 한국인의 태도였습니다. 이는 19세기 이후 계몽주의적 과학 혁명의 일환으로 현대 의료 체계를 구축한 서양인의 눈에는 너무도 원시적으로, 심지어 야만적으로 보였습니다.[9] 당시 한국인은 천연두의 원인이 귀신의 노여움 때문이라 생각했기에, 이 병을 치료하고 막기 위해 의사를 만나지 않고 무당을 불러 '손님'을 달래서 내보내는 '손님굿'을 했습니다. 무당들은 마마 귀신을 달래기 위해 북을 치고 소리를 지르며 거리를 누비고 다녔고, 병자의 가족은 귀신에게 바칠 엽전과 음식 자루, 귀신이 탈 목마(木馬)를 무당에게 내 주었습니다. 마마에게서 살아남은 갓난아기의 어머니는 아기의 얼굴에서 마마 딱지를 긁어모아 절에 가서 태우며 아이를 살려주신 것에 감사했고, 가시를 지붕에 올려놓아서 마마 손님이 오지 못하도록 부적으로 삼기도 했습니다.[10]

서양인들이 더 충격을 받은 것은 가난한 서민이 병자를 처리하는 방식이었습니다. 천연두에 걸렸다 죽은 아이들은 대부분 서대문 밖에 버려졌습니다. 아직 사망하지 않았지만 치료를 기대할 수 없고 살아날 가망도 거의 없어 보이는 아이들은 마을 주변이나 공터 나무에 묶어두 었습니다. 도망해서 가족이나 다른 사람에게 병을 옮기지 못하도록 하 기 위함이었습니다.[11]

천연두는 1890년대 중반 이후 한국 정부가 현대 의학에 근거한 종 두법을 대대적으로 시행하는 법령을 발표하면서 점점 줄어들었습니 다. 1876년 일본과의 강화도조약 이후 개항지에 거주하는 일본인을 대 상으로 일본 병원이 세워져, 이때부터 재한 일본인에게는 천연두가 더 이상 무서운 역병이 아니었습니다. 지석영은 1879년에 서양식 종두법 을 한국인으로서는 처음 도입했지만, 1903년 천연두 확산에서 알 수 있듯, 종두법은 한국인에게 정착되는데 많은 시간이 걸렸습니다. 주 사액이 죽은 소들의 영령으로 가득한 마법의 물이라는 소문, 예방접종 을 한 사람은 모두 소로 변한다는 소문 때문이었습니다. 심지어 지석 영이 1884년 갑신정변 당시 개화파를 지지했다는 이유로 신지도로 귀 양을 떠나는 바람에 종두법 연구가 중단되기도 했습니다. 그는 유배에 서 풀려나 1899년 경성의학교 교장으로 취임한 후에야 전염병 연구와 예방에 집중할 수 있었습니다. 그러나 1899년에도 한국인 일반의 예방 접종에 대한 저항은 여전했습니다. 한 의료선교사는 한국 입국 후 부 모를 설득할 수 없어서 한국인 아이 한 사람에게도 예방접종을 실시할 수 없다고 기록하기도 했습니다.[12]

콜레라는 천연두보다 단기간 전염성과 치사율이 더 높았기에, 피해도 그만큼 더 막심했던 전염병이었습니다. 서양인들의 기록 중 1886년과 1895년 콜레라에 대한 기록이 가장 상세합니다. 1886년 콜레라에 대한 기록은 앨런이 상세하게 남겼고, 1895년에 대한 기록은 릴리아스 호턴 언더우드가 남겼습니다.

1885년에 부산항으로 입국한 일본인이 콜레라에 걸려 사망하는 일이 있었습니다. 다행히 격리가 빨리 이루어져 부산 밖으로는 전염병이 크게 퍼지지 않았습니다. 그런데 서울에서 이 소식을 들은 제중원 의사 앨런은 오염된 하천과 식수, 야채, 부패한 음식이 콜레라 확산의 원인이라 보고 1886년 여름에 일련의 조치를 취했습니다. 서양인 거주지에 전단지를 뿌려, 돼지고기와 수박 취식 금지, 끓인 물을 마시고 야채와 과일을 반드시 소금물로 씻을 것, 마당과 주변을 청결히 하고 소독제와 항생제를 구비하라고 권장했습니다. 서양인 및 이들과 함께 일하는 한국인도 이 조치를 받아들였습니다. 이 조치 직후 콜레라가 서울을 휩쓸었으며, 당시 앨런이 민영익의 지원을 받아 시신이 서울 밖으로 반출되는 유일한 두 문인 서소문과 광희문에 경비병을 세워 시신 수를 세게 했습니다. 앨런과 아펜젤러, 다른 서양인들의 기록에 따르면, 당시 6주 동안 서울에서만 6천 명에서 1만 2천 명이 콜레라로 사망했습니다. 당시 사대문 내 거주 인구는 15만 명 정도였습니다. 당시 서울에서 사망한 외국인은 일본인과 중국인 두 사람 외에는 없었습니다.[13]

당시 한국인은 천연두와 마찬가지로, 콜레라 또한 초자연적 존재에 의해 발병한다고 믿었습니다. 특히 콜레라에 걸린 환자가 느끼는 경련

이 다리를 타고 올라서 피부를 거쳐 심장까지 파고 들 정도로 극심했기에, 이 고통을 악한 쥐의 악령, 즉 쥐신이 주는 것이라 믿었습니다. 이런 믿음은 남녀노소, 빈부귀천을 가리지 않았습니다. 정부는 쥐신에게 제사를 지냈고, 군인은 총을 쏘아 귀신을 위협했습니다. 쥐신으로 유발된 역병이므로, 민간에서는 환자의 경련 부위를 고양이 가죽으로 문지르고, 고양이 그림을 대문에 걸어놓고, 바가지를 긁어 고양이 소리를 냈습니다. 이런 이유로 콜레라 예방책으로 고양이를 기르는 집도 많았습니다. 재미있는 것은, 실제로 고양이를 기르는 것이 효과가 있었다는 것입니다. 고양이가 쥐를 잡아먹거나 죽여서, 콜레라가 아니더라도 여러 종류의 질병을 예방하는 작용을 했기 때문입니다.[14]

1895년의 콜레라는 1894년 청일전쟁 이후 일어났습니다. 당시 언더우드는 자신이 개척한 새문안교회의 예배실을 한국인 신자들과 함께 증축하고 있었습니다. 혹서기가 다가오면서 서울에서 콜레라가 창궐하기 시작했는데, 이에 정부는 서울 근교 큰 막사를 콜레라 병원으로 정하고, 1893년 이래 제중원 원장이던 올리버 애비슨에게 책임을 맡겼습니다. 언더우드 등 서울의 북장로회 선교사들과 새문안교회의 한국인 신자들이 병원과 휴양소, 검역소에서 애비슨을 도와 간호와 환대를 맡았습니다. 당시 일꾼들은 모두 적십자 배지를 가슴에 달았는데, 이는 기독교인이라는 표식이었습니다. 콜레라 만연 당시 정부는 사대문에 "예수병원에 가면 살 수 있는데 왜 죽으려 하는가?"라는 벽보를 붙여놓았습니다. 이로써 기독교로 개종하는 이들도 늘었고, 정부와 민간의 후원으로 교회를 지을 수 있는 자금도 예상보다 많이 늘어났습니다.[15]

2-3세기 초대교회와 19세기 한국 초대교회: 사랑의 종교 vs 계몽의 종교

　2-3세기 초대 기독교와 19세기 한국 초대 기독교가 전염병을 만나고 대한 방식, 그리고 그 결과에는 공통점과 차이점이 존재합니다. 공통점은 이들 두 교회 모두 아주 연약한 상태에서 전염병을 통해 새로운 전기를 맞았다는 것입니다. 주류 종교 신자들이 역병 앞에서 자신들의 생존만을 구할 때, 소수에 지나지 않았던 기독교인은 전염병에 맞서고, 병의 피해를 입은 이들을 신분, 종교, 재산, 지위 여부에 관계없이 헌신적으로 도왔습니다. 이로써 테르툴리아누스가 말한 대로, 기독교의 브랜드가 바로 이웃, 특히 고난 중에 있는 이웃에 대한 '사랑'임을 행동으로 보여주었습니다. 그 결과 기독교인과 비기독교인 사이에 새로운 애착관계가 형성되어, 기독교로 개종하는 인원이 늘어났습니다. 선교사들의 의료 지침을 따른 한국 기독교인의 사망률도 타종교인에 비해 낮았습니다.

　차이도 있습니다. 2-3세기 초기 기독교인은 로마 제국 사회의 거의 모든 영역에서 소외된 자, 소수자, 낮은 자였습니다. 비록 일부 부유한 이들이 기독교로 개종해서 교회의 일원이 되는 경우도 점점 더 많아졌지만, 그럼에도 기독교인은 여전히 지위와 권력, 재산, 권세, 신분에서 우위에 있는 사람들이 아니었습니다. 이들은 가장 낮은 자리에서 소박하고 단순하게, 대체로 거의 사심 없이, 오직 성경이 명한 황금률과 사랑, 환대의 명령을 문자 그대로 수행했을 뿐입니다. 그러나 그 순전한 행위가 많은 이들에게 삶의 의미, 대인관계에 대한 새로운 설명과 감동을 제공했습니다. 따라서 이 기독교는 **사랑의 종교**였습니다.

19세기 한국 초기 교회는 이와는 다른 점이 있었습니다. 비록 초기에 기독교인이 된 한국인은 대체로 가난하고 신분도 그리 높지 않은 경우가 많았습니다. 기득권과 권세를 가진 이들의 수도 많지 않았습니다. 이 점에서는 2-3세기 로마 제국 내 기독교인과 다르지 않습니다. 이들도 그리스도의 명령에 따라 사랑으로 고난에 처한 이들을 도왔습니다. 그럼에도 19세기 한국에서 콜레라와 천연두의 확산을 막은 더 실제적인 힘은 새로운 의학 혁명, 즉 세균학과 위생학과 병리학에 근거한 예방접종과 소독, 방역과 약품이었습니다. 소위 '근대성'을 대변하는 이런 신의학은 서양인 의료선교사들의 전유물이었기에, 기독교에 대한 초기 한국인의 이미지는 단순히 사랑과 환대의 종교였던 것만은 아니었습니다. 특히 제국주의 시대에 군사력과 외교력, 과학과 의학의 힘을 배후에 둔 선교사는 한국인에게 한편으로는 조건 없이 나눠주는 구제와 환대의 화신이었습니다. 그러나 다른 한편, 일반 한국인의 시선에서는 서양 열강이 가진 근대적 힘을 과시하는 두려운 존재였습니다. 따라서 서양 의료 선교사들이 가져온 기독교는 더 많은 한국인에게 **계몽의 종교**로 인식되었습니다.

이재근
아세아연합신학대학교(B.Th., Th.M.)
합동신학대학원대학교(M.Div.)
미국 보스턴대학(Boston University) (S.T.M.)
스코틀랜드 에든버러대학(The University of Edinburgh) (Ph.D.)

IV
전염병 사회 속의 기독교

전염병과 마주한 기독교

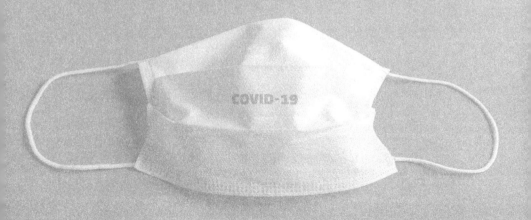

16
코로나19 사태와 예배[1]

박영돈
(작은목자들교회 담임목사, 고려신학대학원대학교 은퇴교수)

코로나19가 불러온 예배논란

코로나19 확진자가 급증하면서 많은 교회가 주일예배로 모이지 못하고 온라인 예배나 가정예배를 드리게 되었습니다. 그러나 이런 방식의 예배로 전환하는 것을 꺼려하거나 반대하는 목소리도 만만치 않고, 이에 대한 논란이 가열되고 있습니다. 얼마 전 교인들을 대상으로 실시한 여론 조사의 결과에 따르면 응답자의 71%가 주일예배로 모이지 않는 것에 찬성했습니다. 신앙의 연륜이 깊을수록 반대가 많았고, 초신자일수록 찬성하는 비율이 높았습니다.[2]

어느 교회의 원로목사는 예배모임을 취소한다는 교회결정을 듣고 깊은 충격을 받았다고 합니다. 이런 재난이 일어나면 교회가 함께 모여 회개하며 하나님께 기도해야 하는데, 예배까지 폐하며 의학적인 관점에서만 바이러스의 확산을 막으려고 하는 것은 문제를 해결하기보다 더 큰 하나님의 징벌을 불러올 수 있다고 우려를 표했습니다. 그 목사는 강직하고 개혁적이며 순수하신 분입니다. 다른 사안에 있어서는 의식이 있고 상식이 통하는 분입니다. 그럼에도 예배모임을 취소하는 것에 대해서는 전혀 유연성이 없어 보입니다. 젊은이들이 보기에는 너무 답답하고 완고한 것 같습니다. 그래서 그런 태도를 꼴통보수적인 사고라고 뇌까리는 이들도 있습니다.

그러나 성급하게 판단하여 정죄하기보다는 좀 더 차분하게 그 분의 입장에서 이해해보려는 노력이 필요합니다. 그 연배의 목사와 교인들은 어떤 난관과 핍박과 어려움이 있을지라도 주일예배는 생명처럼 지켜야한다는 투철한 의식으로 평생 하나님을 섬겨왔습니다. 신앙인이라면 죽음의 위협에도 굴하지 않고 주일예배를 드려야 마땅한데, 사람들이 붐비는 지하철을 타고 직장에는 가고 마트와 식당은 가면서 일주일에 한번 한 시간 남짓 드리는 예배모임은 취소한다는 것이 그들에게는 쉽게 용납되지 않는 겁니다. 그분들의 이런 심정을 헤아려주어야 합니다. 또한 그들에게 온라인 예배는 매우 낯선 것입니다. 주일예배를 취소하는 것이 아니라 온라인으로 예배를 지속하는 거라고 해도 그들은 그런 방식으로 예배를 드릴 수 있다는 발상 자체를 받아드리기가 힘듭니다.

우리 신앙의 선진들이 생명처럼 여겨온 주일예배를 그렇게도 쉽게 포기할 수 있느냐는 그들의 우려도 교회는 이해해야할 것입니다. 동시에 과연 온라인 예배가 회집예배를 대체할 수 있는지에 대한 충분한 논의도 필요합니다. 이번에 주일예배를 온라인 예배로 전환하기로 결정한 교회들도 대부분 주일예배로 모이는 것이 얼마나 중요한지에 대한 인식에는 전혀 흐트러짐이 없다고 봅니다. 그리고 모이지 못함으로 교회에 미치게 될 심층적이고 복합적인 피해도 깊이 우려하고 있습니다. 또한 온라인 예배가 회집예배를 온전히 대체할 수 있다고 보지도 않습니다. 비상한 상황에서 어쩔 수 없이 임시방편으로 택했을 뿐입니다. 다들 이번 사태가 하루속히 종식되어 예배가 원상 복구되기를 원하며 혹시 그 후에라도 교인들이 온라인 예배를 선호하는 편리주의에 빠지지 않을까 염려합니다.

그럼에도 그런 결정을 내릴 수밖에 없었던 것은 현재의 심각한 상황에 대한 고려 때문입니다. 치사율이 높지도 않은 전염병에 감염되는 것이 두려워 예배까지 포기하기를 원하는 목사와 신자는 별로 없을 겁니다. 그보다는 신천지 이단의 모임을 통한 급속한 바이러스 확산으로 인해 교회마저 그들과 한 부류로 비난받고 교회의 이미지가 크게 손상될 수 있는 위험을 더 두려워한 것입니다. 신천지 이단이 온 나라를 혼란에 빠지게 한데 교회가 일말의 책임을 통감하며, 이 사회에 교회의 이름으로 피해와 불안을 더 가중시키지 않기 위해 그런 불가피한 선택을 한 것입니다. 단순히 이 사회의 공공선을 도모하기 위함만이 아니라 우리 교회의 유익을 위해서 내린 결정이기도 합니다.

경기도 성남에 있는 어느 교회에서는 상가 건물의 좁은 공간에 백명 이상의 교인들이 밀집된 형태로 예배를 드리다가 55명의 확진자가 나왔습니다. 교회는 폐쇄되었고, 사회에서 빗발치는 비난을 받게 되었습니다. 대부분의 교회가 잘 해도 한 두 교회에서 이런 일이 일어날 때 한국교회는 도매금으로 매도당하며 교회의 대사회적인 이미지는 말할 수 없이 훼손됩니다. 교회가 비상식적이며 이웃과 사회의 안녕은 아랑 곳하지 않는 반사회적인 집단으로 찍혀 앞으로 전도가 한층 더 어려워 지게 되었습니다.

많은 교회에서 주일모임을 자제하기로 결정한데에는 이웃과 사회에 피해를 주지 않으려는 이웃사랑을 실천하는 정신이 앞서며, 국가적인 재난을 다함께 극복하는 일에 교회가 솔선수범하는 모습을 보이려는 의도가 깃들여있습니다. 무엇보다 그로 인해 교회의 이미지가 이 사회에서 실추되지 않게 하려는 교회에 대한 사랑이 짙게 깔려있는 것입니다. 그래서 주일예배를 한시적으로 비정규적인 방식으로 전환한 것입니다. 어떤 목사가 허공에 대고 설교하기를 원하겠으며 아무도 모이지 않는 적막한 교회를 혼자 지키고 있기를 원하겠습니까? 필자는 처음으로 교인들이 모이지 못한 예배를 인도하고 설교하면서 울음을 참지 못했습니다. 이번 사태로 인해 예배 논란은 계속될 것 같습니다. 비록 견해가 대립될지라도 서로의 입장을 좀 더 깊이 이해하려는 배려가 있었으면 좋겠습니다. 주일예배를 고수해야 한다고 주장하는 이들을 모두 수구꼴통이며 신천지와 다른 바 없는 이들이라고 섣불리 정죄하는 일은 삼가야 할 것입니다. 역으로 온라인 예배를 드리는 것을 믿음이 없거나 대세에 편승하여 신앙을 타협하는 것으로 비난하는 것도 지양해야 합니다.

우리 모두가 깊이 고민하고 숙고하여 내린 결정이지만, 갑자기 밀어닥친 재난 앞에서 더 숙성된 논의와 이해에 도달할만한 충분한 시간적인 여유가 없었습니다. 각자 나름의 확신을 가질 수 있지만 자신의 견해를 절대화하여 서로를 정죄하는 일이 없으면 좋겠습니다. 코로나19보다 더 무서운 것은 혐오와 반목의 바이러스입니다. 또한 어떤 입장을 모든 교회에 천편일률적으로 적용하여 판단하는 우를 피해야 합니다. 지역에 따라, 교회의 특성과 규모와 상황에 따라 얼마든지 달리 적용될 수 있을 것입니다. 대형교회일수록 온라인 예배로의 전환이 필수적이라면 교인수가 아주 적은 교회에서 드리는 가정예배 형태까지 폐해야 하는지는 의문입니다. 지금 한 두주, 또는 몇 주간 예배를 어떻게 드려야 하는지에 관한 논란보다 더 중요한 문제를 교회는 대비해야 합니다. 이번 사태는 곧 끝날 것입니다. 그 후에 교회는 왜 모여서 예배를 드려야 하는지에 대한 설득력 있는 이유를 제시할 수 있어야합니다.

온라인예배가 모이는 예배를 대체할 수 있는가?

이번 코로나 사태가 온라인 예배에 관한 신학적인 성찰을 촉구합니다. 영상으로 드리는 예배가 과연 모여서 드리는 예배를 대체할 수 있을까요? 이에 대해 긍정적인 입장을 취하는 이들은 교회도 전근대적인 예배의 형태만을 고집하는데서 벗어나 모든 것이 네트워크로 연결되는 포스트모던 시대에 적합한 새로운 방식의 예배로 나아가야 한다고 주장합니다. 이미 미국에서는 예배뿐 아니라 대부분의 교회사역이 온라인으로 진행되는 대형교회들이 등장했습니다. 7만 명이 온라인으로 예배드리는 라이프 처치(Life Church)가 그 대표적인 예입니다. 새들백교회나 갈보리교회 같은 대형교회의 많은 교인들도 온라인으로 예배에 참여합니다. 이런 온라인교회와 예배로의 전환에 대해 반대와 우려의 목소리도 큽니다. 가장 보편적으로 제기되는 반론은 온라인이라는 가상공간에서는 인격적인 친밀한 교제가 이루어지는 공동체를 체험할수 없다는 점입니다.

그런 비판에 대해 온라인예배를 옹호하는 이들은 공동체에 대한 새로운 이해를 제안합니다. 비록 교인들이 육체적으로 함께 하지 않으며얼굴과 얼굴로 서로를 대면하지 못해도, 인터넷 상으로 정서적이고 인격적인 관계가 지속적으로 유지된다면 그것이 진정한 공동체라고 주장합니다.[3] 물론 육체적으로 모인다고 정서적이고 인격적인 교제가 이루어지는 것은 아닙니다. 오랫동안 교회에서 함께 신앙생활해도 서로깊은 교감 없이 피상적인 만남과 교제만이 지속될 수 있습니다. 특별히 대형교회에서는 거대한 청중의 한 사람으로 모였다가 예배가 끝나면 군중 속에 이름 없는 얼굴로 각자 뿔뿔이 흩어집니다. 그렇게 교제가 심각하게 결핍된 현대 교회에서 가상공간은 서로의 마음과 생각을조금이나마 나눌 수 있는 장을 제공하는 유익이 있습니다.

동시에 그 한계는, 육체적으로 함께 하지 않고 온라인에서만 교제하는 것이 인격적인 실체에 접촉하지 못하는 가상적 만남의 차원을 벗어날 수 없다는 점입니다. 비록 인터넷 공간에서 서로 이해하고 공감하는 정서적인 교류가 존재할지라도, 그것은 매우 제한적이고 부분적입니다. 육체성이 배제된 인격적인 만남과 교제란 사실 도세틱(docetic)

인간이해를 전제하지 않는 한 생각하기 어렵습니다. 우리 육체는 우리 인격이 밖으로 표출되어 타자를 대면하고 접촉하는 자아입니다. 시공간 속에 육체적으로 함께 하는 것이 진정한 인격적인 교제의 기초입니다. 영상을 통해서는 결코 전달될 수 없는 영혼의 신비가 우리 눈빛에서 흘러나옵니다. 서로의 육체를 통해 몸짓언어를 전달하며 감정의 소리를 발하며 공감을 불러일으킵니다. 서로 악수하고 포옹하며 함께 식사하면서 깊은 교감과 유대관계를 체험합니다. 같은 시공간에 육체적으로 함께 할 때 우리는 영육통일체로서 전인적인 교제를 누립니다.

실제적으로 교회가 대형화되어 성도의 진정한 교제와 공동체적인 친밀함을 누릴 수 없게 된 것이 온라인 예배가 성행하게 된 하나의 이유입니다. 필자는 전에 한 대형교회에 갔을 때 그 동네 주변에 흩어진 별관의 예배실에 들어가 회색빛 벽을 바라보고 예배드렸던 경험을 잊을 수 없습니다. 설교자와의 인격적인 교류는 물론 교인들 간의 친밀한 교제도 누릴 수 없었습니다. 교인들이 벽만 보고 삭막한 예배를 드린 후에 옆 사람과 가벼운 인사 정도 나누고 뿔뿔이 흩어졌습니다. 주차하기도 힘들었고 예배를 마치고 차를 좁은 골목에서 빼서 나오는데 30분 이상이 걸렸습니다. 예배가 아니라 고행이었습니다. 그럴 바에는 집에서 온라인으로 예배드리는 것이 훨씬 더 나았을 뻔 했습니다. 또 다른 대형 교회에 갔을 때는 4부 예배였는데, 강대상이 너무 멀어서 잘 보이지 않았습니다. 자세히 보니 설교자는 없었고 그 전 예배시간에 한 설교를 영상으로 재방하고 있었습니다. 그 교회 담임목사는 다른 교회 헌신 예배 설교를 하러 갔다고 합니다. 참 씁쓸했습니다. 그런 예배를 드릴 바에는 왔다 갔다 하는 시간을 소비하지 않고 집에서 편하게 영상으로 예배드리는 것이 백번 낫겠다는 생각이 들었습니다.

물론 극단적인 사례만 들어 대형교회를 싸잡아 비판할 수는 없습니다. 많은 교인들이 함께 모여 열렬히 찬양하고 기도하는 가운데 성령의 충만한 임재를 체험하는 예배를 드리는 교회도 있을 것입니다. 또한 대형 교회 안에도 활발한 모임과 교제가 이루어지는 소그룹이나 셀, 가정교회가 존재합니다. 문제는 그런 교제는 대개 소수의 인원 안에 국한될 뿐 나머지 대다수의 교인들과는 단절되어있다는 점입니다. 셀이나 가정교회는 대형교회라는 집단 체제를 유지하는 하나의 방편으로 활용되는 경우가 많습니다. 그러나 대형교회에는 그런 소그룹마저 참여하지 않고 겉도는 사람이 대다수를 이룹니다. 제자도의 삶을 회피하고 무리 속에 안일하게 묻혀 신앙 생활하는 익명의 그리스도인들이 많습니다. 목사가 자신이 목양하는 교인들이 누군지조차 모르며 교인들이 서로 낯선 군중의 일원으로 존재하는 교회에서 진정한 예배와 교제란 불가능합니다. 거기서 드리는 예배에서 교인들은 무대에서 진행되는 공연을 감상하는 관람객이나 청중과 같은 역할을 합니다. 그렇게 인격적인 교제와 공동체의 친밀함을 체험하지 못한다면 교회에 모이나 온라인으로 예배드리나 별 차이가 없을지 모릅니다. 온라인 예배가 오히려 번거로움과 수고를 덜고 더 편하게 예배드리는 방식이 될 수 있습니다. 그런 면에서 온라인 예배는 오늘날 공동체성을 상실한 교회의 부산물인 셈입니다.

물론 모여 예배드리기를 힘쓰는 교회에도 온라인예배가 유용할 때가 있습니다. 바로 지금과 같은 상황입니다. 우리는 과거에는 상상조차 할 수 없었던 현대문명의 이기를 누리고 있습니다. 첨단 미디어의 놀라운 기능이, 뿔뿔이 흩어져 있는 신자들이 영상으로 같은 설교를 듣고 함께 기도하고 찬양하며 예배드리는 것을 가능케 합니다. 교회가 이런 기술문명을 지혜롭게 활용할 필요가 있습니다. 우리의 편리를 위해서가 아니라 이 사회에 감염확산을 막음으로 이웃사랑을 실천하며 주님과 교회의 이름을 욕되게 하지 않으려는 동기로 우리가 흩어져 예배드린다면, 우리의 마음과 상황을 잘 아시는 성령께서 온라인을 특별한 은혜의 매체로 사용하실 것입니다.

또한 온라인이 출타나 입원 등 피치 못할 사정으로 교회에 오지 못하는 교인들이 주일예배에 참여할 수 있는 방편이기도 합니다. 더불어 교인들이 주중에 세상 속에 흩어져서도 서로 교제하며 결속할 수 있는 장을 제공합니다. 서로 안부를 묻고 격려하며 서로의 생각과 마음을 나누는 교제의 채널이 될 수 있습니다. 그래서 우리의 교제의 폭과 장을 주일모임에서 주중의 흩어진 삶으로까지 확장해줍니다. 이런 온라인 예배와 교제의 유익과 가치를 간과할 수 없습니다. 그럼에도 불구하고 온라인예배가 모여서 드리는 예배를 대체할 수는 없습니다. 온라인상의 교제는 매주 함께 모여 누리는 인격적인 만남과 교제에 깊이 뿌리 내릴 때, 단순히 가상공간 속의 만남이 아닌 인격적인 교제를 연장해주며 심화시켜주는 장이 될 것입니다. 지금과 같이 모이는 것을 자제해야 할 때 드리는 영상예배는 주님이 받으시는 예배가 될 수 있습니다. 그러나 모이는데 아무런 제약이 없음에도 게으름이나 편리주의에 빠져 모이기를 폐하고 영상예배로 때우는 것은 주님이 받으실 수 없는 불성실하고 진정성이 결여된 예배가 될 수 있습니다.

물론 사람들이 영상예배를 택하는 이유는 단순히 편리주의나 개인주의에 치우쳤기 때문만은 아닐 것입니다. 함께 하고 싶은 건강한 공동체를 발견하기가 힘들기 때문인 경우도 많습니다. 그것은 큰 교회뿐 아니라 작은 교회도 마찬가지입니다. 성도들 간에 친밀한 교제와 공동체를 체험할 수 있다는 것이 대형교회가 가질 수 없는 작은 교회만의 큰 장점입니다. 그러나 인격이 덜 된 목사와 교인들이 모여 부대끼는 작은 교회는 인간의 부패성이 그대로 드러나는 갈등과 고통의 장소가 될 수 있습니다. 이런 이유로 작은 교회에 염증을 느끼고 친밀한 교제가 없어도 상처받지 않고 마음 편하게 신앙 생활할 수 있는 대형교회로 옮기거나 온라인 예배로 전환하는 이들이 많습니다. 또한 기성교회를 견디지 못해 떠난 가나안 교인들 중에도 영상예배를 드리는 이들이 있을 것입니다. 이 모든 문제의 근원은 교회가 진정한 공동체가 되지 못한데 있습니다. **한국교회 앞에 놓인 시급하면서도 중대한 과제는 교회가 하나님 나라의 공동체, 하나님의 가족 공동체로 거듭나는 것입니다.**

왜 모여야 하는가?

왜 우리는 모여야 할까요? 하나님이 우리를 하나님 나라의 공동체를 이루도록 부르셨습니다. 하나님의 가족 공동체로 부르셨습니다. 예배는 그리스도 안에서 하나가 된 형제자매들이 하늘 아버지 앞에 모여 함께 먹고 마시는 하나님의 가족 모임입니다. 함께 그리스도 안에 임한 하나님 나라를 누리며 장차 완성될 그 나라를 소망하는 천국잔치입니다. 교회의 성찬이 하나님 나라의 잔치를 상징합니다. 예배와 성찬에서 떡과 잔을 나누며 예수님의 생명과 은혜를 나눕니다. 음식을 나누며 말씀을 나눕니다. 지상의 떡과 하늘의 떡이 결합됩니다. 제임스 스미스가 말했듯이 "기독교의 예배는 불가피하게 물질적이며 육체적입니다."[4]

하나님이 우리를 근본적으로 공동체적인 존재로 부르셨습니다. 그리스도인은 교회 공동체를 떠나서는 존재할 수 없습니다. 바울에 따르면, 그리스도 안에 있다는 것은 우선적으로 그리스도의 몸 안에 있음을 뜻합니다. 그리스도와 연합하는 것과 그리스도의 몸된 교회에 접붙임 받는 것을 분리할 수 없습니다. 그 몸의 한 지체가 되지 않는 한 머리이신 그리스도와 연합하는 길은 없습니다. 그리스도의 몸인 공동체와 분리되는 것은 마치 신체로부터 잘려나간 손발처럼 흉측하게 손상된 실존을 경험하는 것과 같습니다. 하나님은 우리를 함께 그리스도의 몸을 이루라고 부르셨습니다. 공동예배는 우리가 함께 그리스도의 몸을 이루며 체현하는 중요한 장입니다. 예배를 통해 우리는 그리스도와의 연합과 사귐이라는 현실 속으로 들어감으로써 그 복음의 진리에 의해 새롭게 형성되어갑니다. 제임스 스미스는, 매주 반복되는 예전은 우리가 하나님 나라를 욕망하며 추구하는 습관과 성향을 우리 몸에 아로새김으로 우리의 행동과 삶을 변화시키는 방식으로 우리를 형성해간다고 했습니다.[5] 예배는 우리를 자기 밖으로 나와 하나님과 형제와 이웃으로 향하게 하는 중심의 전환이 이루어지게 함으로써 우리를 그리스도의 형상으로 빚어갑니다. 예배하고 교제하는 가운데 우리는 함께 그리스도의 형상을 이루어갑니다. 그리스도의 성품은 교제와 공동체의 토양에서만 배양됩니다. 신앙생활은 결코 혼자 할 수 없습니다. 우리가 모이는 이유는 함께 그리스도의 장성한 분량의 충만한데 까지 자라며 그리스도의 몸을 세워가기 위함입니다. 그럼으로 세상에서 하나님의 임재와 영광을 반영하며 하나님의 통치를 대리하는 그리스도의 몸으로서 기능하기 위함입니다.

또한 하나님은 우리를 새로운 성전으로 지어져 가도록 부르셨습니다. 성령은 우리 안에 계시는 동시에 우리 사이에 계시는 분이십니다. 그래서 어떤 신학자는 성령을 사이로 가시는 하나님(Go-between God)이라고 했습니다.[6] 혼자 고립된 가운데서는 우리 사이에 계시는 성령의 충만한 임재와 역사하심을 체험하기 힘듭니다. 교제와 연합의 영이신 성령은 우리가 함께 모여 예배하고 교제할 때 충만히 임재하셔서, 우리 공동체가 하나님의 임재와 영광을 세상에 드러내는 성전으로 지어져가게 합니다. 우리 교회가 하나님의 영광과 권능으로 가득하며 샬롬을 세상에 강처럼 흘러가게 하는 성전이 되기 위해 함께 모여 성령 안에서 예배하고 교제하기에 힘써야 합니다. 예배로 모여 성령으로 충만한 성전을 체험해야 세상에 흩어져 그 은혜를 흘려보내는 이동성전 역할을 할 수 있습니다. 성령 충만은 모이는 성전과 이동성전을 하나로 이어줍니다.

예배로의 부르심과 세상으로 보내심이 성령 안에 하나로 연합되어 있습니다. 성령은 우리를 그리스도의 몸을 이루며 자라도록 예배와 교제로 불러 모으시는 동시에 세상에서 하나님의 임재와 통치를 대표하는 그리스도의 몸으로 기능하도록 보내십니다. 모이는 교회에서 이루어지는 예배와 교제와 양육을 통해 건강한 그리스도의 몸으로 성장하지 않으면 세상에서 그리스도의 임재와 활동을 구체화하는 주님의 몸의 역할을 감당할 수 없습니다. 따라서 모이는 교회 없이 흩어지는 교회가 있을 수 없습니다. 요즘 흩어지는 교회를 지나치게 강조한 나머지 모이는 교회의 중요성을 간과하는 경향이 있습니다. 모임과 흩어짐은 하나님의 부르심과 보내심에 대한 우리의 응답으로 결코 분리될 수 없는 교회의 두 축입니다. 어느 한 쪽이 무시되고 약화될 때 교회는 불구가 됩니다.

모이는 교회는 세상에 보냄을 받은 사명을 수행할 수 있는 이로 신자를 구비하고 양육하는 훈련의 장이며, 그 에너지와 동력을 공급하는 영적인 발전소와 같은 기능을 합니다. 우리가 모여서 행하는 예배와 교제, 성례, 봉사, 양육은 궁극적으로 교회 안에 갇힌 신앙이 아니라 흩어지는 교회의 미션을 지향합니다. 이 모든 일이 함께 모임으로 이루어집니다. 그러므로 기독교의 위력은 모이는데 있습니다. 공산주의 국가가 교회를 말살하는 방법은 모이지 못하게 하는 것입니다. 서구교회는 개인주의와 편리주의에 빠져 스스로 모이기를 폐함으로 교회가 죽어가고 있습니다. 이번 코로나19 사태로 인해 교회가 모이지 못하는 아픔을 겪으면서 그동안 우리 교회가 과연 하나님의 가족으로, 그리스도의 몸으로, 성전으로 기능했는지 깊은 성찰이 필요합니다.

박영돈

연세대 공과대학(B.S.)
인터내셔널 신학대학원(M.Div.)
미국 칼빈신학대학원(Th.M.)
미국 풀러신학대학원(M.A.T.)
예일대학교(S.T.M.)
웨스트민스터 신학대학원(Ph.D.)

17
전염병과 성도의 신앙생활

임종구
(대구 푸른초장교회 담임목사)

들어가는 말

2020년은 재난의 해로 기억될 것입니다. 2019년 12월, 중국에서 시작된 코로나19는 불과 5개월 만에 전 세계로 확산되었고, WHO는 팬데믹을 선포하기에 이르렀습니다. 역사적으로 전염병에 의한 재난은 늘 존재했습니다.[1] 그러나 이번에 전 세계를 공포로 몰아넣은 코로나19는 그 동안 눈부신 의학의 발전과 더불어 사스와 메르스를 대처한 경험이 있었기 때문에 충격이 더 컸습니다. 이렇게 전염병과 같은 재난이 닥쳤을 때 성도들은 어떤 시각에서 재난을 이해할 것인가? 또 극단적인 재난 앞에서 성도들은 어떻게 신앙생활을 해야 하는가? 하는 문제는 매우 현실적인 문제라고 생각합니다. 전염병 상황에서 성도들은 신자와 시민이라는 정체성 사이에서 갈등하기도 합니다. 또 국가와 교회와의 관계 속에서 갈등을 겪기도 합니다. 이에 이 글에서는 전염병 사회 속에서의 성도의 신앙생활에 대해서 살펴보겠습니다.

재난을 어떻게 이해할 것인가?

인류역사는 곧 재난이 역사이기도 합니다. 전쟁과 전염병, 기상이변과 천재지변은 심지어 역사를 바꾸어 놓기도 했습니다. 그러므로 인간의 실존은 늘 재난에 직면해 있습니다. 재난은 개인의 자유와 개성, 신념을 강제합니다. 그래서 바이러스는 사람을 가리지 않는다는 말이 회자됩니다. 바이러스는 단지 사람을 숙주로 삼고 국경을 넘어 전 세계로 확산되는 것입니다. 이런 측면에서 전염병 상황에서의 사람은 단지 바이러스의 숙주일 뿐입니다.[2] 지금 거의 전 세계는 도시 간 이동이 금지되고, 어떤 나라에서는 두 사람 이상의 모임이 금지되고, 자가(自家)에서 100m이상 나갈 수 없는 이른바 봉쇄가 이루어지고 있습니다. 국경이 폐쇄되고 심지어 종교시설도 폐쇄되었습니다.

이런 극단적인 상황에서 가장 원초적인 질문이 던져집니다. 하루에 수백 명이 죽어가고, 인간의 가장 기본적인 존엄성도 묻혀버리는 상황에서 사람들은 "인간론"에 대한 성찰을 하게 됩니다. 그래서 칼뱅은 기독교강요에서 인간지식을 다루면서 인간에 대한 참된 지식이란 우리에게서 모든 자랑의 근거를 제거하여 겸손으로 이끌어 가는 지식이라고 말했습니다.[3]

(1) 재난의 상황에서 성도는 겸손과 겸비의 태도를 가져야 합니다.

통상 어떤 재난이 일어나면 사람들은 남을 탓하고, 원인을 타자에게서 찾습니다. 그러나 성도들은 재난 앞에서 두려움을 가져야 합니다. 성급하게 예단하거나 특정 국가나 민족, 혹은 지도자를 정죄하기 이전에 신적 개입에 대한 두려움을 가지고 접근해야 합니다. 예수님도 제자들에게 실로암 망대가 무너져서 18명이 죽은 사고를 예로 들면서 자의적 판단이 가져올 위험을 경고하신 바 있습니다(눅 13:1-5). 또한 나라를 잃고 포로가 되었던 다니엘과 그의 친구들이 왕실 행정학교에서 검소한 채식위주의 식단을 요청했던 태도는 바로 국가적 재난의 상황에서 성도가 어떤 마음가짐으로 살아야 하는가를 보여주는 좋은 모범이 될 것입니다(단1:8-9).

(2) 재난의 상황에서 성도는 개인보다는 공동체적 차원에서 생각해야 합니다.

에덴동산에서 금단의 열매를 취하고 난 뒤 아담과 하와가 보여준 태도는 타락한 인간이 가지는 본성을 드러내고 있습니다. 죄는 삼중적 소외[4]를 가져왔습니다. 재난의 상황에서 인간의 죄의 본성이 더 잘 드러납니다. 사재기가 극성을 부리고, 잘못된 가짜뉴스와 무질서와 집단이기주의가 나타납니다. 아담과 하와 역시 동료인간에 대한 공동체 의식을 상실하여 서로에게 책임을 전가했습니다. 그러므로 재난의 때에 성도는 지구촌 전체의 인류애를 가져야 하고, 개인보다는 공동체적 차원의 태도와 행동을 해야 합니다. 그것은 국가 간에도 마찬가지입니다. 가령 독일은 자국 환자의 증가에도 불구하고 프랑스와 이탈리아의 환

자들을 받아들였고, 스위스도 프랑스의 환자들을 수용했습니다.[5]

(3) 모든 사람은 하나님의 형상으로 지음을 받았습니다.

재난의 때에 인종차별과 생명의 존엄성을 무시하는 극단적인 행동들이 등장합니다. 하지만 모든 사람은 하나님의 형상을 따라 지음을 받았음을 기억해야 합니다(창1:27). 특히 전염병과 같은 재난의 때에는 국적과, 종교, 지역을 뛰어넘어 위기에 처한 모든 사람을 차별 없이 도와야 합니다. 폴 리쾨르는 세속국가에서 복음이 문명에 적용될 때 이웃의 사회학이란 없으며 이웃이란 사회적 대상(2인칭)이 아니라 이웃을 향한 일인칭의 행동이라고 말했습니다.[6] 그러므로 전염병과 같은 재난의 때에는 심지어 이교도에게까지도 의술을 베풀어야 하고 구호물품을 보내야 하는 것입니다.

전염병과 성도의 신앙생활

전염병이 창궐하면 여러 가지 규제와 제약이 주어지게 됩니다. 특별히 국가는 강력한 강제력을 발동합니다. 이 때 성도들은 신자로서의 정체성과 시민으로서의 정체성의 혼돈이 오게 됩니다. 가령 '제4계명에 의해 주일예배를 드릴 것인가? 아니면 국가의 전면적 방역명령에 따를 것인가?' 하는 갈등이 일어나게 되는 것입니다. 또한 '국가가 교회에 대하여 명령할 수 있는가?' 하는 국가와 교회의 갈등도 일어나게 되는 것입니다. 이 때 성도의 신앙생활은 위기에 처하게 됩니다. 또한 전염병은 공포와 두려움을 가져오며 본능적으로 이기적인 행동을 유발합니다. 심지어 가족을 잃게 되고, 지역 공동체가 불신으로 깨어지게 됩니다. 이 때 성도는 어떻게 행동해야 할까요? 이것을 신자와 시민으로 나누어 살펴보겠습니다.

(1) 신자로서

전염병과 같은 재난의 때에 교회와 성도들은 시대적으로 극난한 상황에서 뱀처럼 지혜롭고 비둘기처럼 순결하게 신앙의 본질을 굳건히 붙들면서도 동시에 매우 유연한 태도로 고난의 과정을 견뎌내야 합니다. 예배와 기도는 어떤 경우도 중단될 수 없으나 극난한 지역이나 도시에서는 한시적으로 가정예배나 인터넷예배와 같은 방식으로 얼마든지 예배할 수 있습니다.[7] 중요한 것은 교회와 신자는 어떤 상황에서도 예배를 중단하지 않는다는 것입니다. 물론 교회는 극난한 상황에서 한시적으로 드리는 가정예배와 인터넷예배에 대한 충분한 목양적 설명과 지도를 함께 실시해야 합니다.

　예배의 공간성과 현장성에 대해서 장로교회 표준문서들 가운데서는 가장 명확하게 명기하고 있는 것은 웨스트민스터신앙고백서입니다.[8] 신앙고백서 제21장 〈예배와 안식일에 관하여〉에서 공인역은 "기도를 비롯해서 예배의 그 어떤 부분도 신약시대에 와서는 그 어떤 특정 장소에 매일 필요가 없다. 어느 특정 장소가 더 하나님 보시기에 좋을 수 없다. 우리는 어디서든지 하나님을 신령과 진리로 예배해야 한다."(요 4:21)라고 합니다. A.A 하지의 번역은 "기도나 예배의 어느 다른 부분은, 현재의 복음시대에는 그 드리는 장소나 드릴 때에 향하는 장소에 매여, 그 장소 때문에 더욱 가납할 만하게 되는 것이 아니며"(요 4:21)라고 합니다. 그러므로 지역교회가 예배당에서 주일예배를 드릴 수 없는 매우 극난한 상황에 놓일 때 각처에서, 혹은 각 가정에서 자신들의 속한 치리회의 지도를 받아 질서 있게 주일예배를 드리는 것은 정당한 일입니다.

또한 웨스트민스터 대요리문답 제117문 〈안식일, 혹은 주일을 어떻게 거룩하게 지킬 수 있는가?〉에서 정규적인 주일예배에서 예외를 "부득이한 일과 자선사업에 쓰는 것을 제외하고는"이라고 가르치고 있습니다. J.G. 보스와 윌리암슨은 이 해답의 해석에서 "부득이한 일"이란 피할 수 없는 일, 혹은 더 크고 무거운 일을 제거해 주는 일이라고 설명하고 "자선사업"이란 의사와 간호사들이 병자를 돌보는 것과 신자가 병자를 심방하는 일이라고 설명하고 있습니다. 따라서 대요리문답은 주일예배에서 예외적인 상황이 있을 수 있다는 여지를 열어 놓고 있습니다.

또한 이런 방식의 예배는 어디까지나 한시적 예배방식이며, 상황이 종식되면 다시 정상적인 예배로 돌아가야 합니다. 공교회의 예배는 교회가 지정한 한날에 지역교회의 자신이 속한 교구의 예배당에 나가 공적예배에 참여하는 것입니다.

(2) 시민으로서

재난의 때에는 국가가 강력한 통치력을 발휘합니다. 그러므로 성도들은 성경이 국가 위정자에 대해 어떻게 그 지위와 권위를 설명하고 있는지를 알아야 합니다. 웨스트민스터 신앙고백서 제23장은 국가적 위정자에 대해서 이렇게 밝히고 있습니다.

> 온 세계의 지존의 주이시며, 왕이신 하나님께서 자기의 영광과 공공의
> 유익을 위하여 위정자들을 자기 밑에, 백성들 위해 임명하셨다. 그리고
> 이 목적을 위해 검의 권력으로 그들을 무장시켜서 선한 자들을 보호하
> 고 격려하며, 행악자들을 벌하도록 하셨다.[9]

또한 웨스트민스터 신앙고백서 23장은 2절에서 위정자가 성도일 때의 처신에 대해서 말하고, 3절과 4절에서는 각각 국가가 교회를 위해서 해야 할 것과 교회와 신자들이 국가와 위정자를 위해서 해야 할 일을 담고 있습니다. 국가는 위정자의 검으로 말씀과 성례의 집행을 취해서는 안 되며, 모든 종교적 집회들이 방해나 교란 없이 개최될 수 있도록 질서를 유지하는 의무를 지닙니다. 또한 신자의 고백과 신념에 따른 정당한 행사를 어느 국가의 아무 법률이라도 간섭하거나 방해할 수 없으며 어떤 모욕, 폭력, 학대, 상해를 해서는 안 된다고 밝힙니다.[10] 한편 신자들은 시민으로서 위정자를 위해 기도하며 존경하고 세(稅)를 주고 그들의 합법적 명령에 따라 순종해야 하는데, 이 의무에는 교직자도 예외가 되지 않는다고 밝힙니다.[11]

재난 앞에서 신자는 시민으로서 겸손히 하나님의 보호하심과 긍휼을 구하며 자신이 속한 국가와 교회를 위해 기도하며 시민으로서의 성숙한 태도로 교회의 지도와 국가의 방역대책과 지시에 따라야 합니다.

가령 문제가 된 신천지 이단처럼, 정보를 숨기거나 국가보건단체에 협조하지 않는 등의 반사회적 행위를 하는 이들과는 분명하게 다른 투명한 태도를 보여주어야 합니다. 오히려 적극적으로 국가와 협력하여 이 국가적 재난을 극복하는데 가장 앞장을 서며, 사회를 안정시키고 회복하는데 큰 축이 되고 기여하여 공교회의 건강함을 보여주며 이 사회의 빛과 소금이 되어야 합니다. 하나님은 교회에는 말씀의 검으로, 국가에는 위정자의 검으로 역사하십니다. 따라서 개혁교회와 성도는 신자로서 교회의 신앙지도를 따르고, 동시에 시민으로서 국가의 보건과 방역지시에 따라야 합니다.

칼뱅은 기독교강요 십계명 해설에서 제6계명을 다룰 때 "하나님은 모든 인류를 단일체로 결속시켰기 때문에 모든 사람들의 구원과 보존이 각 사람에게 위탁되었으며, 만일 우리가 우리 이웃의 생명을 보전하기 위해 무언가를 할 수 있다면 그것에 적합한 것을 제공하고 예방함으로써 그 일을 신실하게 수행해야 한다. 또 이웃이 어떤 위험이나 난관에 처해 있다면 그들을 돕고 지용을 치러야 한다."[12]고 가르칩니다. 그러므로 마스크를 하고 손 씻기와 같은 개인위생을 철저히 하는 것은 나를 보호하고 이웃을 사랑하는 실천입니다. 또한 현장에서 희생적으로 헌신하는 의료진과 병상에 격리된 이웃들의 치유를 위해 기도해야 합니다.

전염병과 목회적 돌봄

코로나19를 통해 인간의 무지와 한계가 더욱 도드라졌습니다. 지금까지 인류는 엄청난 발전을 이루었지만 전염병의 상황에서는 너무도 무기력하고, 무능하기까지 합니다. 천재지변과 전쟁, 전염병은 인류역사에서 늘 존재했습니다. 중세를 비롯해 르네상스 이후에도 신론과 인간론의 긴장관계는 일정한 경계를 유지해왔습니다. 그러나 현대는 이런 전염병을 용납하기 쉽지 않습니다. 인간은 많은 것을 이루었고, 대다수의 사람들은 현대의학과 근대국가가 이런 난제를 해결하고 시민들의 안녕을 지킬 수 있다고 신념하기 때문입니다. 그런 면에서 과거인류가 흑사병에 대해서 숙명적인 태도였다면 현대인류는 도전적입니다.

사나 죽으나 당신의 유일한 위로는 무엇입니까? 이 아름다운 요리문답은 21세기의 계몽주의자들에게는 거치는 것입니다. 21세기의 인류는 싸우고, 넘어서고, 극복하는 인류이기 때문입니다. 그러나 16세기의 사람들에게 전염병은 싸움과 퇴치와 극복의 대상이 아니라 진노하시는 하나님 앞에서 범죄한 자신, 그리고 형벌 받아 마땅한 인생이라는 자기이해로부터 비참이라는 성찰로 수용되었습니다. 그러나 불행하게도 코로나에 직면한 현대인류에게는 16세기의 영적인 성찰을 찾아볼 수 없습니다. 일부 교수들은 전염병과 형벌을 연결시키지 말라고 으름장을 놓고, 성직자들은 마스크를 쓴 채 유튜브 영상을 만들고 있습니다. 오히려 방역전문가들이 시대의 선지자가 되고, 지자체장이 왕이 되고, 의료진들이 제사장이 되어 백성들을 인도하고 있습니다.

이 지점에서 하이델베르크요리문답이 소환될만합니다. 팔츠의 교회법은 교역자가 병자의 요청이 없더라도 자주 방문해야 하며, 어떤 병자든지 3~4일에 한번 이상을 방문해야 했습니다. 이런 모범은 올레

비아누스가 제네바를 방문하여 칼뱅에게 병자를 심방하는 것을 보고 배운 모범이었습니다. 특히 팔츠의 교회법은 병자가 병상에 누워 갑작스러운 죽음에 직면했을 때 하이델베르크 요리문답 제1문답을 사용하여 위로할 것을 명시하고 있습니다.[13] 하이델베르크요리문답의 구조는 비참-구원-감사라는 구조를 가지고 있는데, 바로 비참에 대한 이해로부터 구원의 은혜와 감사로 나아가는 것입니다. 이 인간의 유한함과 한계에 대한 통찰이 바로 비참인데 칼뱅의 기독교강요 챕터2의 인간 지식에서 가장 강조하는 부분이기도 합니다. 그러므로 전염병과 같은 재난의 상황에서 우리는 비참에 대한 성찰에 도달해야 합니다. 설교자는 재난 앞에 선 인간의 비참과 한계를 가르쳐야 하고, 목회자는 성도들을 겸손과 겸비로 이끌어야 합니다.

칼뱅은 제네바에서 목회할 때 수많은 종교난민과 망명자들, 병자들을 위해 종합구빈원을 설치하고 집사직을 통해 구호를 실시했습니다. 그러나 종합구빈원으로도 구호를 감당할 수 없게 되자 칼뱅은 프랑스구호기금을 만들었고 기금 마련을 위해 자신의 책 인세를 내어놓았습니다.[14] 또한 교회법령을 제정하면서 환자심방에 대한 목회적 돌봄을 명시하였습니다. 1561년 교회법령을 보면 다음과 같은 기록이 있습니다.

> 많은 사람이 그들이 병마 가운데 있을 때, 하나님 안에서 그의 말씀으로 위로받지 못하고 다른 어느 때보다 더욱 구원에 유익한 권면이나 교훈을 듣지 못한 채 죽어 가고 있기 때문에, 그런 이유에서 우리는 목사

에게 통보하지 않은 상태로 환자가 사흘 동안 침대에 누워 있지 않도록, 환자가 원하는 적절한 시간에 목회자의 심방을 받을 수 있도록 규정한다.[15]

전염병 상황에서 교회와 목회자의 목양적 돌봄이 뒤따라야 합니다. 전문상담사들이 정신적 방역을 담당한다면, 동시에 목양적 돌봄도 이루어져야 하는 것입니다. 교회는 국가 보건당사자들과, 의료진들, 환자들과 그 가족들을 위로해야 합니다. 그리고 위기에 처한 성도들은 목양적 돌봄을 요청해야 합니다.

나가는 말

재난 가운데 빛나는 것은 인류애와 사랑, 헌신과 같은 것입니다. 특히 전염병과 같은 재난에서 가장 빛을 발해야 하는 것이 바로 기독교신앙이며, 교회와 성도들입니다. 재난의 때에 교회가 권리만을 주장하면, 재난이 극복되고 난 후에 교회는 고립되며 복음의 기회를 잃게 될 것입니다. 교회는 국가와 협력하면서 재난극복의 선두에 서야 합니다. 교회가 가용한 모든 것을 동원해서 사랑을 실천해야 합니다. 성도들은 재난 가운데 겸손과 겸비를 통해 자신을 돌아보고, 교회는 교회의 본질을 회복할 기회로 삼아야 합니다.

칼뱅은 1549년 주일오후예배 설교를 하면서 **내가 어느 때에 나아가서 하나님 앞에 뵈올꼬**(시 42:4)라고 하며 더욱 높은 갈망을 표현하며, 이에 덧붙여 자신이 성전에 올 수 없었던 시절에 눈물을 뿌렸다고 말합니다. 그는 또 **만군의 여호와여 주의 장막이 어찌 그리 사랑스러운 지요**(시 84:1)라고 외친 뒤, 자신의 마음과 몸이 여호와의 궁정에 들어가려는 불타는 갈망에 사로잡혀 있음을 말합니다. 이어서 칼뱅은 "다윗이 성전에서 멀어졌을 때 그의 삶이 지루해질 정도로 탄식한 그 성전의 복은 무엇입니까? 다윗이 모든 재산을 빼앗기고 그의 신분과 영예를 상실했지만 그는 한 가지 것만을 그리워했습니다. 곧 성전에 나아가는 것이었습니다. 따라서 내 형제들이여, 겸비합시다. 다윗이 그 시대에 그렇게 열망했다면, 오늘날 우리는 두 배 이상으로 그런 감정으로 불타올라야 할 것입니다."[16]라고 강론했습니다.

고난 뒤에 아무 것도 달라진 것이 없다면 그 고난은 무익한 것이 될 것입니다. 전염병과 같은 재난의 상황을 통해서도 하나님은 일하십니다. 재난을 통해 시대를 새롭게 하시고, 교회를 다시 일으키시는 하나님의 경륜을 믿어야 합니다. 동시에 성도 각자도 재난을 통해 비참을 통찰하고, 구원의 하나님께 더 가까이 다가서며, 환난 날에 돌보신 하나님의 은혜에 감사해야 할 것입니다.

임종구
대신대학교
총신대학교 일반대학원 종교개혁사(Ph.D.)

18
성도의 사회참여의 성격

– 왜? 그리고 어떻게? –

김광열
(총신대학교 신학대학원 조직신학 교수, 총체적복음사역연구소장)

금년 초부터 우리나라 뿐 아니라 전 세계에서는 중국 우한에서 시작된 코로나19의 재앙으로 인해 많은 사람들이 질병과 죽음의 두려움 속에서 살아가고 있습니다. 그렇지만 이와 같은 전 세계적인 재앙 앞에서도 그리스도인들은 하나님의 메시지를 들을 수 있어야 합니다. 스위스의 종교개혁자 쯔빙글리는 1519년 초에 취리히 그로스뮌스터 성당의 주임사제로 부임했던 해에, 당시의 유행했던 질병인 흑사병 페스트에 감염되고 말았습니다. 그런데 그는 오히려 그 재앙 속에서 하나님을 만나는 경험을 갖게 되고, 하나님의 섭리와 주권에 대한 강한 확신 속에서 사명감을 가지고 남은 생애 동안에 종교개혁자의 길로 힘차게 달려갈 수 있었습니다.

코로나19을 단지 '영적 사건'으로만 해석하는 것도 바람직하지는 않습니다. 코로나 바이러스를 의학적으로 정확하게 분석하고 대처해 백신도 개발해야 하며, 사회적으로도 바르게 대처해 지구촌이 함께 이 재앙을 극복해나가도록 협력해야할 사회적 책임도 중요하기 때문입니다. 심각하게 대두된 신천지 이단에 대한 대처도 필요하고, 국가의 질병관리본부 방침에도 적극 동참해서 더 이상 인간의 부주의로 인해 질병이 확산되지 않도록 최선을 다하는 것도 교회와 그리스도인의 중요한 사명입니다.

이번 코로나 19 사태에 여러 교회들이 사회적 책임의식을 느껴 주일예배를 가정예배로 드리기도 하고, 교회 시설들을 코로나 경증환자 수용시설로 제공하는 등 국가적으로 추진하는 질병확산 방지노력에 적극 참여하며 봉사하는 모습을 보여주는 것은 귀한 일입니다. 그런데, 여기에서 한 가지 생각해볼 점이 있습니다. 그리스도인의 사회참여, 사회봉사는 비신자들의 그것과 구별되는 것인가? 구별된다면 어떻게 다른가? 하는 점입니다.

그 둘은 외형적으로 나타나는 모습들이 유사해보이지만, 그 사역들이 시작되는 출발점이나 그 과정에서의 방법들, 그리고 지향하는 궁극적인 목표 등에서 다른 성격을 지닙니다. 어쩌면 사회참여에 부정적이거나 소극적이었던 복음주의 교회들이 그동안 부족했던 모습들에 대한 죄책감 등으로 무분별하게 사회참여에 뛰어들게 되기 쉽습니다. 물론, 실제적인 사역의 현장들 속에서 복음주의자들이 열려진 마음으로 세속적인 사회봉사에도 협력적일 수 있어야 합니다. 일반은총의 관점에서도 그 정당성을 찾을 수 있기 때문입니다. 그러나 자비의 사역을 포함한 사회적 책임에 뛰어드는 그리스도인들이 세속적 사회봉사사역과 협력하는 가운데, **올바른 신학적, 신앙적 정체성 안에서 그리스도인으로서 복음의 사회적 의의를 드러내는 일**을 성경적으로 잘 깨닫고 감당하는 것은 매우 중요합니다.

그러한 의미에서 성도의 사회참여의 성격들 중에서 핵심적인 두 가지 주제들을 다음과 같이 생각해보려 합니다.

성도의 사회참여 왜 하는가? 그것은 복음의 총체성 때문입니다.

우리는 교회를 세상의 희망이라고 말합니다. 그렇게 주장할 수 있는 중요한 성경적 근거들 중의 하나는, 이 땅에 오셨던 예수님의 삶과 사역 속에서 하나님의 나라는 이미 시작되었다는 성경의 가르침 때문입니다. **예수님의 초림과 함께 이 땅에서 시작된 하나님 나라의 현재성**에 대한 이해는, 많은 복음적 그리스도인들과 교회로 하여금 이 땅 위에서도 우리 주님의 "의와 사랑과 평화의 종말론적 통치"가 시작되었음을 알리는 희망적인 메시지를 외칠 수 있게 해주는 중요한 성경적, 교리적 기초를 제공해줍니다.

예수님의 죽음과 부활은 이 땅을 지배하던 죄의 권세와 죽음의 통치를 무너뜨렸고, 새로운 하나님 나라의 통치원리가 원칙적으로 이 땅 위에 세워지기 시작했음을 의미하는 사건입니다. 최종적인 하나님 나라의 완성과 절정은 아직 미래에 남아 있지만, 그 나라의 통치가 이미 실재한다는 이해는 그리스도인들에게 지금 이 땅에서부터 죄악과 죽음의 세력에 대항할 수 있는 힘을 제공해 줍니다. 하나님의 사랑과 의와 생명의 통치를 신자의 모든 삶의 영역들 속에서, 그리고 그들이 살아가는 세상 속에서 추구하게 해주는 동기를 제공해주는 것입니다.[1]

그렇다면 과연 오늘날 교회와 그리스도인들이 관심하고 사역해야 할 하나님 나라 통치의 회복의 범위는 어디까지일까요? 그것은 죄로 말미암아 세상이 어디까지 일그러져 있는가를 물어보면 그 답을 찾을 수 있습니다. **아담의 타락으로 말미암아 이 땅에 영향력을 끼쳐왔던 죄의 통치는 전인적이, 사회적이며, 또 우주적입니다. 따라서 그 죄의 문제를 해결하기 위해 이 땅에 오신 예수님의 구원역사와 그에 기초한 복음사역의 범위도 총체적이어야 합니다.** 따라서 그러한 주님의 총체적 복음사역에 동참하여 이 땅 위에서 주님의 왕적 통치의 회복역사를 이뤄가려는 신자들의 복음사역의 범위도 또한 총체적이어야 합니다. 성탄의 기쁨을 노래하는 찬송가 115장 "기쁘다 구주 오셨네"의 영어가사 한 구절 "as far as the curse is found"와 같이,[2] 죄의 영향력이 끼쳐진 곳마다, 죄의 저주와 두려움의 잔영이 드리워진 곳마다, 주님의 복음의 회복의 역사가 주어져야 하는 것입니다. 그것이 영적 차원이든 육적 차원이든, 개인적 영역이든 사회적 영역이든, 아니 더 나아가 우주적인 차원에까지(롬8:18-22) 주의 복음의 회복의 역사는 적용되어야하기 때문입니다.

우리 주님이 지상사역에서부터 시작하셨던 하나님 나라의 복음사역도 총체적 성격을 지니고 있었습니다. 주님은 이 땅에서 행하신 복음사역을 통해 사람들의 영혼을 회복시키는 전도 사역만을 감당하셨던 것이 아니라, 그들의 육적 배고픔과 질병의 문제를 비롯하여 삶 속의 모든 연약하고 고통스러운 부분들도 회복시키는 **복된 소식**으로 다가가셨습니다. 그러므로 이제 그리스도인과 교회도 우리 주님의 제자들로서, 이 땅위에 드리워져있는 죄의 모든 세력들과 그 영향력들을 걷어내고, 이웃과 사회 속에서 코로나19와 같은 질병과 죽음의 두려움에 힘들어 하는 이들을 살려내는 일에 함께 해야 합니다.

그러면, 어떻게 할 것인가? 복음의 정신으로 감당하는 것입니다.

그리스도인의 사회참여와 사회봉사는 복음의 정신으로, 하나님 나라의 관점으로 감당해야 합니다. 그 이유는 다음과 같습니다.

첫째로, 그리스도인의 사회참여는 은혜의 복음에서부터 출발하는 것이기 때문입니다. 신자의 사회봉사가 세속적인 사회봉사와 구별되는 것은 그것의 출발점에서부터입니다. 후자는 성령님의 중생의 변화의 경험이 없어도 할 수 있지만, 전자는 중생을 통해 하나님의 은혜의 복음을 경험한 자만 가능한 것입니다. 그리스도인들이 섬김과 자비의 사역들을 하는 것은, 아니 참된 그리스도인이 그러한 일들을 감당해야만 하는 것은 그들이 먼저 하나님의 은혜의 복음을 경험했기 때문입니다.

자신이 죄인이며, 놀라운 하나님의 은혜를 받을 만한 자격이 없음에도 불구하고 그 은혜를 받게 되었음을 알고 감사하는 자들만이, 과거의 자신처럼 죄와 질병 가운데 허덕이는 자들에게로 다가서서 그들을 돌볼 마음을 갖게 됩니다. 조금씩 정도와 성격은 다를 수 있으나, 그리스도인들은 병자들이나 걸인들의 모습 속에서 자신의 과거의 모습을 발견하게 됩니다. 하나님의 자녀들은 자신들이 어쩌면 그들처럼 사회경제적으로 버려진 자들은 아니었을지라도, 영적으로는 처참하게 버려졌던 자들로서 탕자와 같은 처지에 놓여있었음을 잘 알고 있습니다.

예수님을 모르고 살았던 과거의 삶은 모두 탕자와 같은 인생입니다. 더러운 돼지 먹이를 뒤지며 버려진 것과 같은 인생을 살았던 자신들이 하나님의 은혜로 아버지의 사랑을 경험하게 된 사실을 깨달은 자만이, 과거의 자신과 같이 "죄 가운데 버려진" 인생을 살아가는 자들을 이해하고, 자신이 경험한 아버지의 사랑으로 그들에게 진정으로 다가갈 수 있습니다. 그 아버지의 사랑은 영적인 영역에서만 회복의 역사를 가져다주는 사랑이 아니라, 육신적인, 가정적인, 사회적인 영역들 속에서도 그 모든 죄의 영향력들을 극복하게 하고 회복의 역사를 가져오는 총체적 회복을 향한 사랑임을 깨닫게 될 때, 과거의 자신과 같은 처지의 인생을 살아가는 이들에게도 빚진 자의 심정으로 그 아버지의 총체적 회복의 복음을 전하고, 그 사랑을 실천하게 됩니다.

또한 그 사역이 하나님의 은혜의 복음에서부터 출발해야 하는 것은, 복음의 능력 안에서만이 진정한 자기희생적 사랑의 실천이 가능하기 때문입니다. 신자는 하나님의 은혜의 복음 안에서 예수님의 자기희생적 사랑을 구체적으로 경험합니다. 그 복음 안에 들어오지 않는 한, 이 세상의 어떤 봉사나 섬김의 행위도 도덕적 혹은 율법적 노력 차원의 행위에 머물게 될 뿐입니다. 그것은 진정한 하나님 나라를 위한 복음사역의 범주 안에 포함될 수 없습니다.

복음서 안에서 발견되는 대표적인 사회봉사의 교훈으로 '선한 사마리아인의 비유'를 들 수 있습니다. 영생의 문제를 가지고 찾아와 질문한 율법사에게 주님은 사마리아인의 자기희생적 사랑의 이야기를 들려주고 **가서 너도 이와 같이 하라**(눅 10:37)고 말씀하셨습니다. 주님은 율법주의자로서 스스로 율법을 지켜오는 삶을 추구했던 그 율법사의 방식으로는 감당할 수 없는 일을 요구하심으로, 그가 자신의 영적 가난함을 깨닫도록 하셨습니다. 강도 만난 자가 유대인이었다는 가정 아래서 볼 때, 당시의 종교 문화적 상황 속에서 선한 사마리아인이 유대인에게 자비를 베풀었다는 것은 율법사에게 "실천 불가능한" 행위였기 때문입니다. 혼혈족인 사마리아인과는 상종할 수 없었던 당시의 종교 문화적 상황 안에 갇혀있는 율법사는, 실상 자신이 영생으로 나아갈 수 없는 "영적 가난함"의 상태에 놓여있다는 사실을 주님이 깨닫게 해주신 것입니다. 주님은 그가 추구해온 율법의 정신으로는 감당할 수 없는 사랑의 실천을 요구하셨습니다. 율법의 정신 아래에서는 선한 사마리아인이 행한 삶으로 나아가는 것이 불가능했기 때문입니다. 주님은 하나님의 은혜의 복음 안에서만이, 율법의 장벽을 넘어서 어려운 이웃에게 다가갈 수 있는 봉사가 가능함을 가르치셨던 것입니다.

이처럼 하나님의 은혜의 복음만이 그리스도인들의 자비사역과 사회참여의 기초가 되며, 또한 그들에게 자발적인 사랑의 마음과 자비의 실천을 불러오게 하는 원천이 됩니다. 그것은 단순히 율법적, 도덕적 의무감만으로는 감당할 수 없는 사역이며, 또한 단순히 세상의 복지 차원의 헌신만으로는 다 설명될 수 없는 사역입니다. 하나님의 은혜에 대한 경험과 감격으로부터만 주어지는 자발적인 헌신의 사역입니다. 고린도후서 8장 1절 이하에서 바울이 언급하는 마게도냐 교회의 자비 사역의 모습이 그 점을 잘 설명해줍니다. 경제적인 핍절함 속에 살아가는 예루살렘 교회를 위해 사도바울은 고린도교회 성도들에게 구제에 동참할 것을 요청하면서 마게도냐 교회의 모범을 소개해 주었습니다. 마게도냐 교회가 "환난의 많은 시련"과 "극심한 가난"에 처해있었음에도 불구하고, "넘치는 기쁨으로," "풍성한 연보"를 "힘에 지나도록 자원하여" 드리는 모습은 인간의 도덕적인 차원이나 세상 복지의 차원에서는 상상조차 할 수 없는 것입니다. 이렇게 그들이 이해할 수 없는 구제의 삶으로 나아갈 수 있었던 것은, 그들이 먼저 주님을 만났었기 때문이고, 주께서 베푸신 은혜의 복음 안에서 또 하나님의 뜻을 좇아갈 수 있었기 때문이라고 바울은 설명합니다(고후 8:5).

바울은 마게도냐 교회의 "이해할 수 없는" 헌신과 구제의 실천은 주님의 은혜에 대한 반응과 결과였다고 말합니다. 그들의 사랑의 봉사와 희생의 모습은 어떤 율법적인 차원의 순종이거나 경제적 부요함의 여유 속에서 이뤄진 사회복지 차원의 구제행위를 넘어서는 것입니다. 그것은 주님께 드려진 헌신이며, 그 분과의 깊은 만남과 은혜의 경험으로부터 흘러나오는 열매로 이룬 사랑과 희생의 실천입니다.

둘째로, 그리스도인은 사회적 섬김의 출발점에서 뿐만 아니라, 그것을 수행할 때 고려해야할 조건들을 결정하는 일에서도 복음의 정신으로 접근하되, 무조건적인 성격과 함께 조건적인 요소들도 고려해야 합니다.

우리는 자비사역이나 섬김의 대상들을 "자격 있는" 수혜자와 "자격 없는" 수혜자로 구분하려는 경향이 있습니다. 전자는 자신 이외의 외적인 요인이나 불가피한 사회적 상황들에 의해서 어려운 처지에 놓이게 된 경우이고, 후자는 자신의 게으름이나 잘못 때문에 가난해지거나 고통을 겪게 된 경우라고 구분합니다. 그러면 자신의 실수나 잘못에 의해서 어려움에 처한 자들은 자비사역의 대상에서 무조건 제외되어야 하는 걸까요? 신자가 봉사의 대상을 결정할 때, 어떤 조건이 있을까요?

성경은 신자의 섬김과 봉사가 이런 구분 없이 무조건적으로 베풀어져야 한다고 가르칩니다. 누가복음 10장에서도 주님은 선한 사마리아인의 비유를 통해, 신자의 자비사역은 인종적, 문화적 차별을 넘어서 심지어 원수에게까지도 베풀어야함을 말씀하십니다. 누가복음 6장 32-35절에서 주님은 더욱 구체적으로 은혜를 모르는 악인에게도 선한 일을 베풀 것을 명하셨습니다. 신자가 하나님으로부터 받은 사랑은, 자신이 연약한 죄인이었을 때, 아직 하나님과 원수 되었을 때, 무조건적인 하나님의 은혜로 받은 것이기 때문입니다(롬 5:6-10).

사실 "자격있는" 수혜자라는 개념은 성경적인 개념이라고 할 수 없습니다. 성경에서 자비의 사역이란 받을 자격이 있는 자에게 상의 개념으로 시행되는 것이 아니기 때문입니다. 만일 누가 "자격 있는" 가난한 사람이라면, 우리의 베풂이 더 이상 "자비"사역일 수 없고, 당연히 해야 할 일을 하는 것뿐입니다. 도덕적으로나 사회적으로 조금 더 부족해 보이는 사람에게도 우리는 복음의 정신으로 다가가서 하나님의 사랑을 베풀어야 합니다.

더 나아가 신자의 사회봉사와 섬김은 하나님 나라의 사역이라는 관점에서 이해되고 또 시행되어야 합니다. 세상 사람들을 하나님 나라의 백성으로 인도하기 위해 복음을 전하는 "말씀 사역"도 무조건적이고 차별 없이 행합니다. 어느 정도 정직하고 의롭게 사는 자들에게만 천국복음을 전파하는 것이 아니라, 모든 사람들에게, 아니 오히려 죄인들에게 복음을 전하고 그들을 하나님의 나라로 초청하는 것입니다. 그렇다면, 같은 하나님 나라의 사역의 일환으로 추진되는 봉사사역도 차별 없이 시행되어야 합니다. 신자들은 정신적으로나, 영적, 도덕적으로 부족한 이들 모두에게 하나님의 사랑으로 다가가야 합니다.

한편, 신자의 봉사가 하나님 나라의 사역이라면 조건적인 요소도 고려해야할 때가 있습니다. 신자의 자비사역은 단순한 구제나 봉사가 아니기 때문입니다. 신자의 궁극적인 관심과 목표는 그들을 하나님 나라의 백성으로 세우는 것이므로, 단순히 그들의 배고픔을 해결해주고, 고통을 줄여주는 것만으로 충분하지 않습니다. 신자의 섬김의 목표는 단지 어느 순간의 고통을 경감해주거나 일시적으로 구제품을 전달하는 차원을 넘어섭니다. 궁극적으로 그들의 영혼이 살아나고, 하나님 앞에서 온전한 신앙인격으로서 살아갈 수 있도록 도와주는 데까지 나아가야 합니다. 그들의 삶 속에 주님의 통치가 이뤄지고, 의의 열매를 맺는 삶으로까지 나아가도록 변화할 것을 촉구하며 돌아봐야 합니다. 그것이 주께서 이 땅에서 시작하셨던 복음사역이고, 우리가 하나님 나라의 사역과 연속성 속에서 추진해야 할 사역입니다.

신자의 섬김과 봉사야말로 진정한 하나님 나라의 사역일진데, 그 사역은 출발부터 하나님의 은혜의 복음에 붙잡혀서 시작되어야 합니다. 하나님의 자비하심과 그로부터 주어진 은혜의 복음에 기초하지 않으면, 우리의 사역은 인간적인 자선사업으로 전락될 수 있기 때문입니다. 또한 자비사역의 대상에 대한 조건을 고려할 때도, 기본적인 원리는 하나님의 무조건적인 자비와 사랑의 원리에 기초해야 하며, 또한 그들이 이 땅에서 하나님 나라의 백성으로 살아가도록 돕기 위해 조건적인 요소들도 고려해야 합니다.

결국 신자의 사회 참여는 주님의 복음으로 시작된 하나님 나라를 위한 헌신입니다. 종말에 완성될 주님의 나라를 소망하며 이 땅에서부터 총체적 회복의 역사를 일궈내는 희망찬 사역입니다. 그러므로 신자는 세계적인 질병의 소용돌이 속에서도, 주님은 변함없이 하나님 나라를 세워 가심을 믿고 그 분께 영광 돌릴 수 있습니다! 어떠한 환난과 풍파 속에서도 흔들림 없이 전진하고 있는 주의 나라와 그분의 통치를 신뢰하며 용기를 잃지 않고, 오늘의 암울한 시간들을 이겨낼 수 있게 하실 하나님께 찬송과 영광을 돌립니다!

김광열
총신대학교 신학과 (B.A.)
미국 웨스트민스터 신학교 (M.Div., Ph.D.)

19

기독교 세계관으로 본
전염병 사회 속 그리스도인의 책임[1]

신국원
(웨스트민스터신학대학원대학교 초빙교수, 총신대학교 명예교수)

알베르트 카뮈의 『페스트』가 갑자기 큰 인기를 끌고 있다는 뉴스를 들었습니다. 지난 해 같은 달에 비해 47배나 팔렸다고 합니다. 이런 무서운 전염병에 어떻게 대처해야 할지를 소설에서라도 배우려 할 만큼 상황이 절박하다는 증거이겠지요. 카뮈가 1947년에 쓴 이 소설에 팬데믹을 맞닥뜨린 사람들이 어떻게 행동하는지에 대한 예리한 통찰이 있는 것은 사실입니다. 그러나 현실은 그보다 훨씬 더 가혹합니다. 인류가 지금까지 경험한 최악의 전염병은 페스트가 아니라 1918-1920년 두 해 동안 지구촌 전체를 휩쓴 스페인 독감이었다는 것을 아는 사람은 별로 없는 듯합니다. 전 세계를 강타한 이 전염병은 5억 명 이상이 감염되었고, 사망자만 해도 당시 인구의 3에서 5%에 해당하는 5천만-1억 명 사이였다고 합니다. 이런 전염병이 창궐하는 상황에 우리 그리스도인들은 어떻게 대처해야 할까요? 적어도 무신론적 실존주의자인 카뮈나 그의 분신인 소설 속 주인공 의사 '리외'보다는 더 책임 있는 행동을 해야 할 것이 분명합니다. 이를 위해 전염병을 비롯하여 인류의 생존을 위협하는 재해들에 직면한 그리스도인의 바른 자세가 무엇인지를 돌아볼 필요가 있습니다.

자연재해에 대한 불신자의 불만

금번 코로나19 같은 팬데믹이나 태풍, 지진, 홍수, 쓰나미 같은 자연재해가 닥치면 언론에서는 갑자기 "신학적"인 불만이 터져 나오곤 합니다. 대체 신은 존재하는가? 존재한다면 왜 이런 상황을 허용하는가? 신은 이 참사에 대해 무엇을 하고 있는가? 사람들에게는 재앙과 재해가 불신앙의 이유가 되기도 하는 것입니다. 신이 이런 재해로 인류에게 무차별한 고통을 주고 심지어 죽게까지 한다는 생각은 불신자들에게 커다란 반발심을 불러일으킵니다. 그들에게 재해는 기독교의 배타성이나 창조론, 기적보다 훨씬 더 큰 걸림돌이 됩니다. 신이 선하면 이를 막으실 능력이 없거나, 그럴 힘이 있다면 선한 존재가 아니라는 고대 철학자 에피쿠로스나 근대인 흄의 항거는 고전에 속합니다. 이른바 "악의 문제"입니다.

이를 둘러싼 논박은 그 결론을 하나님께 잘못을 돌리는 경향이 농후합니다. 팬데믹이나 지진과 같은 참혹한 재해는 불신자만 아니라, 전능하고 선하신 하나님을 믿는 이들에게도 시험거리가 됩니다. 과연 어떤 이들의 말처럼 전염병과 자연재해는 하나님의 심판일까요? 물론 그럴 수 있습니다. 노아 홍수가 그랬습니다. 자연재해를 하나님의 심판으로 말한 성경 구절도 많습니다. **땅이 진동하고 떨며 하늘의 기초가 요동하고 흔들렸으니 그의 진노로 말미암음이로다**(삼하 22:8; 사 24:19-20) 완악한 바로와 불레셋에게 "독종"(페스트)을 보내신 적도 있습니다(삼상 5:6; 6:11, 출 8-9장). 그럼에도 불구하고 재난이 인류의 죄악에 대한 직접적 심판임이 분명한 경우는 드뭅니다. 하나님께서 질병과 재해를 통한 심판을 기꺼워하지 않으신 것도 분명합니다. 다시 물로 세상을 심판하지 않겠다며 무지개를 펼치신 것이 그 증거입니다. 사도행전 16장에서는 지진이 빌립보 간수의 마음을 여는 도구로 사용되었습니다. 옥문이 모두 열어 젖혀질 정도라면 사망자가 날 수도 있는 큰 지진입니다. 이처럼 재난이 사람들의 마음을 열기도 합니다.

무엇보다 잊지 말아야 할 것은, 하나님은 인간을 향해 분노로 불타는 심판자가 아니시라는 것입니다. 인간의 죄악과 그로 인한 고통을 가장 아파하시는 분이 바로 창조주 하나님이십니다. 성경은 하나님을 자비와 공의가 완전히 조화된 분이라고 보여줍니다. 악이 존재하므로 전능하며 선하신 하나님을 인정하기 어렵다는 논리가 잘못되었다는 점은 그리 반박하기 어렵지 않습니다. 그런 주장에는 "악이 나에게 무의미한 걸로 보인다면 그것은 틀림없이 무의미할 수밖에 없습니다."라는 전제가 깔려 있습니다. 거기엔 인간의 인지능력에 대한 엄청난 자신감과 믿음이 깔려 있습니다. 나도 모르는 악과 고통을 허용할 수 있는 이유를 가진 초월적인 신이 절대로 존재할 수 없다는 오만입니다. 지금 알지 못하는 고통이나 재앙의 이유도, 그것을 통해서만 얻어질 수 있는 통찰이나 성품, 능력을 인정할 수 있는 경우는 많습니다. 고난을 통해 하나님을 만난 욥과, 역경을 통해 애굽과 자기 가족의 구원자가 된 요셉의 경우가 그렇습니다.

창조 질서와 자연 재해

특히 자연재해를 일으키는 힘들은 사실 선한 창조질서의 일부입니다. 그 질서를 유지하는 데는 엄청난 힘과 에너지가 필요합니다. 지진은 지각 활동의 일환으로 일어납니다. 아름다운 산과 계곡도 알고 보면 지각 충돌로 지표면이 밀려 올라가 만들어진 것입니다. 폭풍은 강한 바람이고, 쓰나미는 초대형 파도입니다. 바람과 파도는 공기와 물의 순환의 필수 요소입니다. 지진이나 화산활동 역시 지구 내의 열 조절을 위해 일어나는 것으로 파악되고 있습니다. 우리는 그것이 어떤 작용을 하는지 전부 알 수 없으나, 이것들은 모두 지구상 생명체의 존속을 위해 필요한 과정으로 보입니다.

이처럼 자연의 힘들은 유익한 것입니다. 그것이 때로 매우 파괴적인 것으로 나타날 수 있습니다. 지각 변동이 일어나는 순간, 지구의 얇은 지각이 흔들리고 폭발하기도 합니다. 이 때 인간이 그 힘의 통로에 있거나 심지어 맞서려 한다면 재난을 당하기도 합니다. 자연재해는 인간이 자연 앞에 오만하거나 부주의해서는 안 된다는 것을 잘 가르쳐 줍니다. 몇 곱절 큰 재앙을 불러오기 때문입니다. 사실 많은 재난은 천재지변이 아니라 인재입니다. 2011년 2만 명 가까운 인명을 앗아간 동일본 재난은 지진과 쓰나미 때문만이 아닙니다. 물은 곧 바다로 빠져

나갔으나, 방사능은 그렇지 않습니다. 쓰나미는 해변 안쪽으로 몇 킬로미터를 파괴했을 뿐이지만, 원전사고는 수십 년간 수천 킬로미터를 위협합니다. 가뭄과 홍수 피해는 일시적이나 환경오염과 온난화는 지속적인 파괴를 가져옵니다.

불신앙적 세계관은 자연이 본래 무자비한 약육강식의 원리로 움직이고 자연재해는 더욱 이해할 수 없으므로, 신의 존재나 그의 선함을 믿을 수 없다고 목소리를 높입니다. 하지만 그런 주장은 사실 초자연적 기준이 있고 신성한 창조 질서가 있다고 생각할 때에만 가능한 일입니다. 그런 잘못된 사고를 벗어나는 유일한 길은 성경적 세계관을 통해 창조질서와 세상을 볼 때입니다. 즉 하나님의 선한 창조에도 불구하고 오늘의 삶과 문화가 파괴와 악으로 점철되어 있음을 보고, 깨어진 세상은 구원받아야 할 곳으로 이해할 때입니다. 자연재해는 하나님의 선하신 창조의 질서 안에서만 바르게 이해될 수 있습니다.

자연 재해와 신의 심판

동일본 지진이 일어났을 때 누군가 이 지진은 "텐바수"(천벌 天罰)였다고 해서 일본 열도를 격분시킨 적이 있습니다. 우리나라 사람이 한 말이 아니라, 본래 독설가인 도쿄 도지사 이시하라 신타로가 선거 연설 중 실수로 한 말이었습니다. 그는 일본 정치가 개인주의적 이기심과 포퓰리즘에 오염되어 쓰나미로 쓸어버려야 한다며 천벌을 운운했다가 여론에 뭇매를 맞았습니다. 하지만 그만이 이런 말을 한 것이 아니었습니다. 미국 폭스 뉴스의 보수 언론인 글랜 벡도 비슷한 소리를 했습니다. 2005년 미국 남동부를 강타한 허리케인 카트리나에 가장 큰 피해를 입은 뉴올리언즈 시장 레이 나긴도 하나님의 진노를 들먹였습니다. 그들은 모두 여론에 질타를 당해 사과는 했지만, 속마음은 여전히 바꾸지 않는 듯 했습니다. 동일본 지진이 하나님의 메시지일 수 있지만 주께서 이를 일으키셨다는 말은 아니고, 또 꼭 그렇지 않다는 뜻도 아니었다는 글랜 벡의 변명이 그런 속내를 잘 보여줍니다. 이런 말은 불신자들을 뒤집어 놓습니다. 그러니 우리나라의 몇몇 목사님이 냉소적으로 농담하듯 하나님께서 "요것 봐라"하며 일본을 벌하셨다고 했을 때, 일본인들이 얼마나 분노했을지 짐작하긴 어렵지 않습니다.

그보다 훨씬 전 성탄 계절에 25만 명의 생명을 앗아간 동남아와 아이티, 동일본 지진과 쓰나미는 그것을 직접 겪은 사람이 아니더라도 큰 두려움을 느끼게 해주었습니다. 그런 점에서 그 지진과 쓰나미는 지구상 모든 곳을 흔들어 놓았습니다. 왜 하나님께서 이번 코로나 19나 지진과 같은 재난을 때로 허락하시는지 우리는 알 수 없습니다. 하지만 이런 재난은 우리를 겸허하게 만든다는 사실은 분명합니다. 자연의 힘 앞에서 그리고 창조주 앞에서 우리는 더욱 자세를 낮추어야 합니다. 어떤 말로도 이런 재난의 의미를 다 설명할 수 없습니다. 이런 어려운 질문에 대해서는 재치 있는 답을 하거나 말재주를 부려 모면하기보다 겸손히 기도로 응답해야 합니다.

난해한 삶의 국면들일수록 믿음의 안경을 통해서 보려고 해야 합니다. 재난과 고난은 그렇게 이해되어야 합니다. 우리는 전체 그림을 보지 못하며 하나님 뜻과 삶의 단편만을 본다는 점을 기억하고, 판단을 유보하고 기다려야 할 때가 많습니다. 하나님 사랑 안에서 믿음의 안경을 통해 볼 때, 하박국 선지자는 역경과 고난 속에서도 주의 구원을 인해 감사하며 기뻐할 수 있었습니다(합 3:17-18). 성경적 믿음의 중심에는 예수 그리스도의 고통이 가득한 십자가와 대속의 죽음이 있습니다. C. S. 루이스의 말처럼 태양열이 버터는 녹이지만 진흙은 굳게 만듭니다. 애굽 왕 바로의 마음을 굳게 만드는 것은 재앙이 아닙니다. 그의 마음이 굳어졌을 뿐입니다. 재난이 우리를 믿음 안에 굳게 서게도 하지만, 연약한 심령은 공포와 의심과 분노로 녹아버릴 수 있습니다.

인간의 고통을 아시는 하나님

하나님은 인간의 고통에 대해 무관심하거나 거리를 두고 냉정히 둔감하게 바라보는 분이 아님을 기억하는 것도 재난에 대한 바른 시각을 갖추는데 중요합니다. 하나님은 우리의 고통을 알고 또 함께 느끼십니다(사 53:3). 예수 그리스도 역시 우리의 아픔을 체휼하십니다(히 2:18). 이런 사실은 기독교가 고통의 이유를 모두 설명하지 않더라도, 원한과 절망이 아니라 희망과 용기로 고통을 맞설 수 있는 힘을 줍니다.

욥의 경우가 그 좋은 예입니다. 욥은 경건한 신앙인으로 안위의 삶을 누렸습니다. 하나님께서 산울타리로 두르고 계셨기에 그랬습니다. 어느 날 하나님께서 그 울타리를 거두시고 사탄에게 시험하도록 허락하자 그에 삶은 무너져 내렸습니다. 욥 뿐 아니라 많은 신앙인들의 삶에도 이런 일이 일어나곤 합니다. 평소엔 얼마나 위태한 삶을 사는지 인식조차 못하며 사는 것이 우리 인생의 모습입니다. 마치 벌 받을 일만 하지 않는다면 아무런 재난이나 악이 일어나지 않을 것이라고 생각하며 삽니다. 욥의 친구들처럼 우리도 그렇게 생각하는 경향이 있습니다. 그러나 하나님께서는 때로 선한 사람들에게 불행을 허락하시기도 합니다.

재난과 불행은 누구에게나, 언제라도, 예고 없이 닥칠 수 있습니다. 하지만 그 어떤 재난도 우리를 하나님의 사랑에서 끊을 수 없습니다. 재난이 얼마나 엄청난 것이든 우리와 우리의 믿음을 파괴할 힘은 없습니다. **우리가 사방으로 우겨쌈을 당하여도 싸이지 아니하며 답답한 일을 당하여도 낙심하지 아니하며 박해를 받아도 버린 바 되지 아니하며 거꾸러뜨림을 당하여도 망하지 아니하고**(고후 4:8, 9) 이는 그리스도 안에 결코 정죄함이 없기 때문입니다(롬 8:1). 지진으로 갈라지고 뒤흔들리는 땅과 해변을 초토화시킨 쓰나미도 하나님 장중에 붙들린 힘일 뿐입니다. 모든 피조물이 타락한 세상에서, 파괴적인 일에서 온전히 벗어나 새 하늘과 새 땅을 가져오실 하나님의 아들들의 나타남을 고대합니다. 그들이 지금 허무한데 굴복하는 것은 창조주의 뜻에 따른 것입니다(롬 8:16-17). 파괴적인 모습을 보여주는 재해들도 모든 피조물들이 "함께 탄식하며 함께 고통을 겪고 있는" 것입니다(롬 8:21-22). 그러나 분명한 것은 **사망이나 생명이나 천사들이나 권세자들이나 현재 일이나 장래 일이나 능력이나 높음이나 깊음이나 다른 어떤 피조물이라도 우리를 우리 주 그리스도 예수 안에 있는 하나님의 사랑에서 끊을 수 없다는 것입니다**(롬 8:31, 38-39). **그러므로 땅이 변하든지 산이 흔들려 바다 가운데에 빠지든지 바닷물이 흉용하고 뛰놀든지 그것이 넘침**

으로 산이 요동할지라도 우리는 두려워하지 아니하리로다(시 46:2-3)
아멘, 할렐루야!

재난과 회복의 관점

성경은 모든 사물을 창조와 타락의 진리뿐 아니라, 특히 구원의 진리의 핵심인 회복을 통해서도 재난을 바라보게 해줍니다. 구원의 진리에 담긴 회복은 재난으로 야기된 고통이나 어려움을 견디게 해줄 위로만 주는 것이 아닙니다. 그것은 최후의 승리와 온전한 상태의 삶 즉 부활과 회복을 약속해줍니다. 거기서는 모든 슬픔과 고통이 없습니다. 이러한 믿음의 시각은 한 번 가지게 되면 그를 통해서 삶의 고통과 역경을 모두 이겨낼 시각을 줍니다. 미래의 어떤 축복도 지금의 고난이나 악을 보상 못한다는 생각을 버리고, 과거의 모든 것까지도 영광으로 바꾸는 시각을 줍니다. 루이스의 말처럼 부활은 악과 고통에 대한 궁극적 승리의 메시지입니다. 기독교 세계관은 우리로 하여금 창조질서가 평온하게 유지되어 삶이 평안한 날엔 감사 찬송을 하게 합니다. 삶이 재난으로 어둡고 흔들릴 때에 주의 얼굴을 구하며 겸비하게 주 앞에 나아가게 합니다. 그 가운데서 그리스도인들은 고난 속에 있는 이웃을 돌아보며 특히 재난을 당한 사람을 돕고 위로해야 합니다. 또 자연의 힘 앞에 겸허한 삶의 자세를 갖는 것도 필요합니다. 피해의 복구에 힘쓰는 것도 중요하지만, 사전의 조치가 더 필요합니다. 동남아 해변을 초토화시킨 2004년 쓰나미의 경우, 진앙지에서 가장 가까워 10미터 높이의 해일이 30분 만에 덮친 유인도인 시뮤에류

섬에서는 오히려 7만 5천 명의 주민 중 오로지 7명의 사망자가 났다고 합니다. 1907년에 엄청난 해일이 덮쳐 큰 희생이 난 것을 기억했던 어른들이 지진이 나면서 갑자기 바닷물이 빠져나가자 재빨리 사람들을 피신시킨 덕택이었습니다. 물론 지진이 나도 큰 피해가 안 나도록 건물 튼튼히 짓고 대비 체제를 구축하는 것도 한 방법입니다. 가난한 지역에 대해 원조하는 것도 필요합니다. 이런 재난에는 인간의 책임도 분명히 있습니다.

세상은 타락으로 인해 깨어진 곳입니다. 원치 않는 재난이 닥치기도 합니다. 이런 일은, 어려움 속에서도 하나님을 의지하는 자세로 하나님을 섬기는 기회로 삼기도 하고, 또 욥이 하나님을 신뢰한 것 같이 재난은 우리의 믿음을 더욱 굳게 하기도 합니다. 재난을 당할 때 우리가 취해야 할 자세는 주를 의지함과 동시에 남을 돕는 마음을 가지는 것입니다. 요나와 같이 니느웨가 망하기를 기다려서는 안 됩니다. 또 자신의 뜻대로 심판이 임하지 않는다고 죄 없는 박 넝쿨에 대고 분통을 터트리는 옹졸함을 보여서도 안 됩니다. 쓴 마음과 회의에 빠지지 말아야 합니다. 재앙은 그 자체로 볼 때 결코 선한 것은 아닙니다. 그러나 하나님께서는 이를 통하여서도 그의 뜻을 이루십니다. 신자를 깨우시고, 불신자를 회개하게 하시고, 믿음으로 부르시며 돌이키십니다. 그러므로 이것이 누구의 잘못인가를 묻기보다 하나님께서 이를 통해 무슨 말씀을 하시는지 들으려 해야 합니다.

재난과 종말론적 징조

재난을 종말론적 징조로 해석하는 일도 조심할 필요가 있습니다. 지진과 같은 대규모 자연재해나 전쟁을 종말의 징조로 거론하는 것도 주의해야 할 일입니다. 예를 들어 재림에 대한 말씀으로 잘 알려진 마태복음 24장과 마가복음 13장에 대한 바른 이해도 중요합니다. 이 구절들에서 예수님은 두 가지 다른 사건에 대해 다른 답을 주고 계심을 이해하는 것이 필요합니다. 마태복음 24장 4-35절에서는 언제 예루살렘이 파괴될 것인지에 대한 질문의 답으로 그것이 임박했음을, 즉 이 세대 안에 일어날 것을 예언하심입니다(34절). 여기서 29-31절의 해달별의 빛을 잃음은 역사적이며 정치적 격변에 대한 구약부터의 유명한 은유이고, 자연적 재난이나 우주적 격변에 대한 문자적 언급이 아닙니다. 지진과 전쟁도 그렇습니다. 24장 36-51절에서는 예수께서 시대 말에 언제 돌아오실 지에 대해, 그리고 어떤 징조가 있을지에 대한 질문이고 답은 부정적입니다. 모든 징조는 예루살렘 멸망과 관계된 것입니다. 따라서 이 구절은 종말에 대해 항상 도덕적, 영적으로 준비하라는 말씀으로 해석하는 것이 좋습니다.

지구상에 많은 재난이 닥칠 때마다 성경을 공부하는 이들이 지금 우리가 겪는 재난들을 말일의 징조로 생각하는 것은 오히려 자연스럽습니다. 그러나 그것을 알고 모르는 것은 그리 중요하지 않습니다. 이를 징조로 알았다면 그에 부합된 삶의 자세를 가지고 사는 것이 중요합니다. 바로 서서 남을 돕는 것이 필요합니다. **화 있을 진저 여호와의 날을 사모하는 자여 너희가 어찌하여 여호와의 날을 사모하느뇨…. 내**

가 너희 절기들을 미워하여 멸시하며 너희 성회들을 기뻐하지 아니하나니… 오직 정의를 물 같이, 공의를 마르지 않는 강 같이 흐르게 할지어다 (암 5:18, 24)

여호와의 날을 기다린다고 하면서, 또 절기와 성회를 펼치는 것이 중요하지 않다는 말은 물론 아닙니다. 흔히 회개 기도회나 회복 성회를 여는 것을 중요하게 여기는 것에 대한 비판입니다. 진정 지금 우리가 겪고 있는 팬데믹 재난이나 지진과 같은 자연재해가 말일의 징조인지를 알기 원한다면, 아모스 선지자의 말을 경고의 나팔로 새겨들어야 합니다. 그것은 흥미진진한 이야기가 아닙니다. 두려워 경각심을 갖고 공의를 세우는 일에 나서라는 말씀으로 들어야 합니다. 이런 저런 재난이 말일의 증거인지를 따지는 것은 불필요한 일입니다. 이미 역사는 종말을 향해서 가고 있습니다.

팬데믹과 재난에 관한 바른 대처

지금 우리가 겪고 있는 팬데믹과 같은 재난이 잦아진다 해서 종말이 가깝다고 기뻐하거나 긴장할 일이 아닙니다. 오히려 마음을 다잡아 "내일 지구의 끝이 온다 해도 오늘 한 그루의 사과나무를 심겠다"던 신앙의 선조의 말을 가슴에 새겨야 합니다. 마태복음 24장 7-8절 말씀처럼 지진은 기근이나 전쟁과 함께 말일의 징조일 수 있습니다. 우리는 재난의 소식 가운데 재림의 나팔 소리를 들어야 합니다. 거기서 듣지 못하면 어디서 들을 수 있겠습니까? 그것을 죽은 자들을 향한 심판의 조종이 아니라 살아있는 우리를 향하신 경종으로 받아들여야 합니다. 모든 조종은 살아있는 이를 위해 울리기 때문입니다. 과학자들은 반드시 최근에 재난이 더 잦아진 것이 아닐 수 있다고 주장합니다. 전염병의 경우, 중세의 페스트와 1918년 스페인 독감이 그 예입니다. 지진도 계측 기술이 과거보다 발전하여 더 많이 기록을 하게 된 것이 통계상 횟수의 증가의 중요한 원인이라고 합니다. 또 인구의 증가로 인해 피해가 과거보다 늘어난 점도 지적합니다. 또 피해 규모가 커지는 이유로 인구 증가로 인해 위험한 지역에서도 거주하게 된 것이라는 점도 원인이라고 이야기합니다.

재난이 닥쳤을 때, 그것이 누구의 죄 때문인지를 따져 비난을 퍼붓는 것도 현명한 일이 아닙니다. 오히려 우리 모두가 이로 인해 경계를 받고 회개의 기회로 삼아야 합니다. 어거스틴이나 루이스 같은 이들은, 하나님께서 우리 악행을 허용하시면서, 그것을 막는 것은 우리의 자유의지를 훼손하는 것이며, 그것이 오히려 더 나쁜 결과를 가져온다고 말했습니다. 아무 문제도 없는 세상에서는 용기도 선도 인내도 덕도 불가능하기에, 하나님은 그런 마술적 세계가 아닌 지금 같은 세상을 만들었다고 설명합니다. 이런 대답이 얼마나 도움이 될지는 몰라도, 확실한 것은 믿음은 우리에게 알아갈 내용을 제시한다는 것입니다. 어거스틴은 믿음은 앎의 추구를 주고, 지성은 답을 발견해간다고 했습니다. 이런 자세로 씨름하는 사람은 결국 신앙의 깊이에 도달합니다. 매사를 믿음의 눈을 통해서 바라보게 됩니다. 욥은 고난의 궁극적 원인과 이유에 대해 원하던 답을 얻지는 못했을 수 있습니다. 그러나 그는 그 질문 끝에 하나님을 대면했고 그의 믿음은 회복되었습니다.

지금 우리는 대한민국 역사상 초유의 재난 속에 있습니다. 코로나 19는 한국교회 사상 처음으로 교회당에서 예배를 모이지 못하는 상황으로 내몰았습니다. 일부에서는 이를 놓고 정치적 음모론을 펴기도 합니다. 중요한 것은 그리스도인이 평안할 때만이 아니라 재난의 시기에 더욱 기독교적 안목으로 의연하게 상황에 대처하는 용기와 지혜를 갖는 것입니다. 더욱이 신천지 이단으로 인해 바이러스 감염이 확산된 것이 사실이기에, 더욱 지혜롭게 현실에 대처하는 일이 중요합니다. 조속히 주님께서 이 사태를 종식시켜 주실 것을 기도하는 가운데 성숙한 시민으로서 민족과 국가 앞에 의무를 다하는 모범적인 시민이 되기를 노력해야 할 것입니다.

신국원
총신대학교 신학과(B.A.)
미국 웨스트민스터 신학교(M.A., M.Div., Th.M., 변증학 전공),
네덜란드 암스테르담 자유 대학교(Ph.D., 문화철학 전공)

미주

전염병과 마주한 기독교

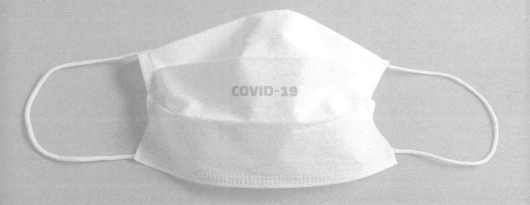

COVID-19

미주

01
기독교는 질병을 어떻게 이해해야 하는가?

1 이 장의 내용은 오래전 〈빛과 소금〉에 실렸던 글로 필자의 『한국 교회가 나아 갈 길』, 최근 개정판 (서울: CCP, 2018), 250-54에 교회 회원의 바르고 성숙한 의식의 한 부분으로 실렸던 바를 필자가 대폭 개정한 것임을 밝힙니다.

2 하나님께서 의도하신 더 높은 상태에 대한 바른 이해를 위해서 Geerhardus Vos, *Biblical Theology* (Grand Rapids: Eerdams, 1948), 22, 28, 이승구 역, 『성경신학』 (서울: CLC, 1985), 38, 44; Louis Berkohof, *Systematic Theology* (Grand Rapids: Eerdmans, 1949), 213-6; Palmer Robertson, *The Christ of the Covenants* (Grand Rapids: Baker, 1980), 55-57, 67-87; Anthony A. Hoekema, *Created in God's Image* (Grand Rapids: Eerdmans, 1986), 117-21; 그리고 이승구, 『인간 복제, 그 위험한 도전』, 개정판 (서울: 예영, 2006), 21을 보라.

3 이렇게 표현한 F. F. Bruce, *The Book of the ACTS*, NICNT (Grand Rapids: Eersmans, 1954), 256을 보라.

4 이것은 고대에 급작스러운 죽음에 대해서 자주 이렇게 표현한 것인데, 이는 아마도 간에 기생하는 기생충에 의해 포충낭(hydatid cyst)이 크게 생겨 발생한 것이라고 하는 견해가 있다. Bruce, *The Book of the ACTS*, 256.

02
중세 흑사병은 하나님의 징계였을까?
(14세기 유럽에 창궐했던 흑사병에 대한 고찰)

1 존 케리, 『역사의 원전』 (서울: 바다출판사, 2005), 102.

2 이 글은 이상규, 『교양으로 읽는 역사』 (서울: SFC, 2009), 84-94의 내용을 수정하였고, Philip Schaff, *History of the Christian Church* (Grand Rapids: Eerdmans, 1952), 필립 지글러, 『흑

사병』 (파주: 한길히스토리아, 2003); 존 케리, 『역사의 원전』 (서울: 바다출판사, 2005) 등을 참고하였다.

3 필립 지글러, 『흑사병』, 52.

4 Henry of Herford, *Liber de rebus memorabioribus*, ed., August Potthast (Göttingen, 1859), 281.

03
인수공통감염병 창궐과 동물보호

1 이 장의 내용은 필자의 책인 노영상, 『기독교와 생태학』 (서울: 성광문화사, 2008), 제 8장 중에서 발췌하여 개정한 것임을 밝힙니다.

2 "인구공통감염병 전문가 송대섭 '코로나19 토착화 시작 할수도'" https://shindonga.donga.com/3/all/13/1984340/1.

3 위의 글.

4 이하의 글은 Stephen H. Webb, *On God and Dogs: A Christian Theology of Compassion for Animals* (New York: Oxford University Press, 1998), 20ff.에서 많이 참조하였다.

5 요나서 4:11 참조.

6 Walter Houston, *Purity and Monotheism: Clean and Unclean Animals in Biblical Law* (Sheffield: JSOT Press, 1993), 77.

7 피터 싱어, 『동물해방』, 김성한 역 (서울: 인간사랑, 1995), 324–5.

8 제안 1–4는 "인구공통감염병 전문가 송대섭 '코로나19 토착화 시작할 수도'" 글을 참조하였다.

04
의학적 관점에서 본 전염병
(크리스천 의사의 시각에서)

1 아노 카렌, 『전염병의 문화사』, 권복규 역 (서울: 사이언스북스, 2001), 13–14.

2 메릴린 루싱크, 『바이러스』, 강영옥 역 (서울: 더숲, 2019), 42–44.

3 류충민, 『좋은 균, 나쁜 균, 이상한 균』 (서울: 플루토, 2019), 190–92.

4 당시 바이러스에 대한 지식은 없었고, 2005년에야 스페인 독감의 원인이 A형 독감바이러스 H1N1의 변종이었음이 밝혀졌다.

5 보유숙주: 어떤 과학자는 '자연숙주'라고도 한다. 병원체를 몸속에 장기적으로 갖고 있으면서도 거의 또는 전혀 증상을 나타내지 않는 동물종을 말한다. 생태계가 안정적이라면 바이러스가 보유숙주의 몸속에 들어가 조용히 평화롭게 증식한다. 하지만 어떤 이유이든 바이러스가 막다른 골목에 몰려 후손을 남기지 못할 경우 보유숙주를 벗어나 종간전파라는 도박에 모든 것을 걸고 인간의 몸으로까지 뛰어들기도 한다. 증식숙주(중간 숙주): 몸속에서 바이러스나 기타 병원체가 대량 증식한 후 엄청난 양으로 외부에 바이러스를 방출하는 동물종. 보유숙주와 불운한 희생자 사이에 연결고리 역할을 한다. 모든 인수공통감염체

가 인간을 감염시키기 위해 반드시 중식숙주가 필요한 것은 아니다. 보유숙주에서 바로 감염되는 경우도 있다. 하지만 이 숙주개념도 아직 가설적 도구에 불과하다. 데이비드 콰먼, 『인수공통 모든 전염병의 열쇠』, 강병철 역 (제주: 꿈꿀자유, 2017), 46-47.

6 데이비드 콰먼, 『인수공통 모든 전염병의 열쇠』, 95.

7 NIV 해설성경은 본문에 70명이라고 번역했지만, 각주에 70명으로 기록한 사본은 소수(a few)이고, 대부분(most)의 사본은 5만 70명으로 기록했지만 5만을 적은 것은 필사자의 실수였을 가능성이 거의 분명하다는 견해를 적어 놓았다. 저명한 유대 역사가 플라비우스 요세푸스(Flavius Josephus)도 70명이라고 주장했다. '70인 역'과 '흠정역(King James Version)'에는 모두 5만 70명이 죽었다고 번역했고, 현재 유대인들이 보는 히브리 성경에도 5만 70명으로 기록했다.

8 개역개정 성경에는 빠져 있지만, 유진 피터슨이 현대적 영어로 쓴 메시지 성경에는 쥐 이야기가 더 나온다. 메시지 성경 사무엘상 5:6절 하반부에 '그들 사이에 쥐를 풀어 놓으셨다. 쥐들이 그곳에 있는 배들에서 뛰쳐나와 온 성읍에 우글거렸다! 모든 사람이 두려움에 휩싸였다'(He let loose rats among them. Jumping from ships there, rats swarmed all over the city! And everyone was deathly afraid.)라고 번역했는데, 이 부분은 '70인 역'에 근거했다.

9 이종훈, 이노균, 『성경 속 의학 이야기』(서울: 새물결플러스, 2015), 127-45.

10 페스트가 쥐와 관계가 있다는 것은 1894년 홍콩에서 그 병이 유행했을 때 쥐에서 흑사병 간균을 발견하고, 다시 몇 년 후 쥐벼룩에 의해 그 균이 전염된다는 사실을 밝혀낸 후에야 비로소 밝혀졌다. 그전에는 자연 발생한다고 믿어졌다. 데이비드 콰먼, 『인수공통 모든 전염병의 열쇠』, 645.

11 이종훈, 이노균, 『성경 속 의학 이야기』, 187-223.

06
구약과 질병

1 Ernest Lucas, *Daniel*, Apollos Old Testament Commentary (Nottingham, UK: Inter-Varsity Press, 2002), 김대웅 역, 『다니엘』(서울: 부흥과개혁사, 2017), 149.

08
사도행전-요한계시록의 전염병

1 로드니 스타크, 『기독교의 발흥』, 손현선 역 (서울: 좋은씨앗, 2016), 115-47.

2 사무엘상 25장 25절에서 아비가일은 다윗에게 나발을 "이 벨리알[과 같은] 사람"(אִישׁ הַבְּלִיַּעַל הַזֶּה)"이라고 말하고, "그에게 마음을 두지 마소서"라고 탄원한다. 그런데 "이 벨리알[과 같은] 사람"을 70인역이 "이 역병[과 같은] 사람"(ὁ ἄνθρωπος ὁ λοιμὸς οὗτος)이라고 번역한 것이다.

3 "그러나 그들이 트로이아에서 돌아왔을 때 기근과 역병이 그들과 그들의 가축을 엄습하자, 다시 주민들이 크레타를 떠났다." 헤로도투스, 『역사』, 7, 171, 천병희 옮김 (고양: 도서

출판 숲, 2012), 722.

4 Cf. P. Pokorný & U. Heckel, *Einleitung in das Neue Testament: Seine Literatur und Theologie im Überblick* (Tübingen: Mohr Siebeck, 2007), 116–17.

5 Cf. J. Douma & W. H. Velema, Polio. *Afwachten of afweren?* Ethisch kommentaar 5 (Amsterdam: Uitgeverij ton Bolland, 1979).

6 성경은 우선 모든 창조와 섭리 사역을 성령께 돌린다(창 1:2; 시 33:6). 동시에 성령은 구체적으로 건축과 예술(출 31:3–6; 35:31–35; 왕하 7:14), 정치와 세계 경영(창 41:38, 단 4:8, 18), 학문과 언어(단 1:4) 등이 발전하는 근원이 되신다. 이것은 인류에게 보편적으로 베푸시는 하나님의 은택들로 확장할 수 있으며, 여기에 의학도 포함된다(계 21:5).

09
초대교회 당시의 전염병

1 Bart D. Ehrmam, *The Triumph of Christianity* (NY: Simon & Schuster, 2018), 137.

2 로드니 스타크, 『기독교의 발흥』, 손현선 역 (서울: 좋은 씨앗, 2016), 120.

3 스타크, 『기독교의 발흥』, 121.

4 스타크, 『기독교의 발흥』, 121.

5 이상규, 『헬라 로마적 상황에서의 기독교』 (서울: 한들출판사, 2006), 106. Pontius, *Life of Cyprian*, 9–10.

6 Ehrman, *The Triumph of Christianity*, 138.

7 이상규, 『헬라 로마적 상황에서의 기독교』, 105; F. L. Cross and E. A. Livingstone, eds., *The Oxford Dictionary of the Christian Church* (Oxford Univ. Press, 1977), 1029–30.

8 Rodney Stark, *The Rise of Christianity* (Harper Collins, 1997), 82; Ehrman, *The Triumph of Christianity*, 206.

10
루터와 흑사병

1 Vasold, Manfred, "Luther und Pest, Materialen zu Luthers Antisemitismus," in *Pest, Not und schwere Plagen* (Müechen, 1991), 116–22.

2 Martin Luther, "Ob man vor dem Sterben fliehen moege" (1527), K. Bornkamm & G. Ebeling (Hrsg.), *Martin Luthers Ausgewaehlte Schriften*, Bd. II (Insel Verlag, 1983), 225–50.

3 Martin Luther, "Ob man vor dem Sterben fliehen moege"(1527), 235.

4 Martin Luther, "Ob man vor dem Sterben fliehen moege" (1527), 238.

5 Martin Luther, "Ob man vor dem Sterben fliehen moege" (1527), 239.

6 Martin Luther, "Ob man vor dem Sterben fliehen moege" (1527), 240–42.

12
칼뱅과 흑사병

1 이상규, "유럽을 깨운 루터", 「미래한국」, 2017.10.11.

2 Scott M. Manetsch, *Calvin's Company of Pastors: Pastoral Care and the Emerging Reformed Church, 1536-1609* (New York: Oxford University Press, 2013), 216.

3 윌리엄 몬터, 『칼빈의 제네바』 (수원: 합신대학원 출판부, 1967), 34–35.

4 Herman J. Selderhuis, *John Calvin: A Pilgrim's Life* (Downers Grove, IVP, 2009), 25.

5 임경근, "역사 이야기(106) 행복한 스트라스부르 생활", 「고신뉴스」, 2016.12.28.

6 장수민, 『개혁교회창시자 존 칼빈 신학과 목회』 (서울: 칼빈아카데미, 2008), 516.

7 헤르만 셀더르하위스, 『칼빈』 (서울: 대성Korea.com, 2009), 237.

8 셀더르하위스, 『칼빈』, 350.

9 임경근, "역사 이야기(108) 제네바의 종교개혁", 「고신뉴스」, 2017.01.19.

10 허순길, 『세계교회역사이야기, 제2부 교회개혁사: 어둠 후에 빛』 (광주: 셈페르 레포르만다, 2014), 241.

11 양신혜, 『베자: 교회를 위해 길 위에 서다』 (서울: 익투스, 2020), 212.

12 John Calvin, *Commentary on the Book of Psalms* 34:7 (Grand Rapids: Eerdmans, 1949)

13 John Calvin, *Institutes of the Christian Religion* [1559], Translated by Ford Lewis Battles (Philadelphia: Westminster Press, 1960), 1.16.9. 이후로는 Inst. 로 표기함.

14 Calvin, *Inst.* 3, 3, 34.

15 Calvin, *Inst.* 1. 16. 5.

16 Calvin, *Inst.* 3. 4. 35.

17 셀더르하위스, 『칼빈』, 195–96.

18 Calvin, Inst., 3. 4. 35.

19 헤르만 셀더르하위스, "우리는 항상 죽음을 향해 가고 있습니다", 『비텐베르크에서 도르트까지』 (수원: 합신대학원출판부: 2018), 122.

20 Calvin, *Inst.*, 1. 17. 2.

21 Calvin, *Inst.*, 1. 17. 3–5.

22 Calvin, *Inst.*, 1. 17. 9.

23 John Calvin, *The First Epistle of Paul The Apostle to the Corinthians*, Calvin's Commentaries, (Grand Rapids: Eerdmans, 1960), 13: 13에 대한 주석 중에서.

24 셀더하위스, "우리는 항상 죽음을 향해 가고 있습니다", 123.

25 임종구, "칼뱅과 제네바 교회 이야기(18) 제네바 교회, 이렇게 구제했다", 「기독신문」, 2017.05.18.

26 심창섭, "칼빈의 종교개혁과 시민사회개혁", 「교갱뉴스」, 2016.05.10.

27 임종구, "칼뱅과 제네바교회 이야기 (19) 제네바교회, 이렇게 교육했다", 「기독신문」, 2017.05.25.

13
불링거와 취리히 흑사병

1 E. Egli, "Die Pest von 1519 nach gleichzeitigen Berichten," *Zwingliana* 1/14 (1903): 377–80.

2 Egli, "Die Pest von 1519 nach gleichzeitigen Berichten." 381.

3 Christine Christ–von Wedel, "Theodor Bibliander in seiner Zeit," in *Theodor Bibliander 1505-1564: Ein Thurgauer im gelehrten Zürich der Reformationszeit,* Christine C. Wedel (Hg.) (Zürich: Verlag Neue Zürcher Zeitung 2005), 32–35.

4 Patrik Müller, *Heinrich Bullinger* (Zürich: TVZ 2004), 44–45.

5 Andreas Mühling, "Welchen Tod sterben wir? – Heinrich Bullingers *Bericht der Kranken* (1535)," *Zwingliana* XXIX (2002): 56.

6 Johann Friedrich Böhmer (Hrsg.), *Heinricus de Diessenhofen und andere Geschichtsquellen Deutschlands im späteren Mittelalter,* Fontes rerum Germanicarum, Band 4 (J. G. Cotta'scher Verlag, 1868), 261: "*Papa inclusus camere habenti ignes magnos continue, nulli dabat accessum.*"

7 Mühling, "Welchen Tod sterben wir?" 56.

8 Müller, *Heinrich Bullinger,* 44.

9 Mühling, "Welchen Tod sterben wir?" 55.

10 Mühling, "Welchen Tod sterben wir?" 55.

11 Ole J. Benedictow, *The Black Death 1346–1353: The Complete History* (Woodbridge: Boydell Press, 2012), 380–83.

12 Paul Münch, *Lebensformen in der Frühen Neuzeit* (Frankfurt am Main: Propyläen Verlag, 1992), 451–61. 흑사병이 창궐한 시기에 지역을 옮길 수 있는 능력이 있는 사람들은 안전한 곳으로 피신했다. 그리고 학생들이 모여 있는 대학교들, 사람들이 많이 드나드는 정부청사들, 귀족들이 사는 저택들은 흑사병을 피할 수 있는 안전한 곳으로 옮겨지기도 했다.

13 Thomas M. Schneider, "Der Mensch als 'Gefäss Gottes' – Huldrych Zwinglis Gebetslied in der Pest und die Frage nach seiner reformatorischen Wende." *Zwingliana* XXXV (2008): 5. 중세 후기에 대략 60명이 넘는 흑사병 수호성인들이 있었다.

14 Ludwig Lavater, *Von der Pestilentz: Zwo predigen …* (Zürich 1564).

15 Lavater, *Von der Pestilentz,* 2v.

16 Lavater, *Von der Pestilentz,* 6v.

17 Lavater, *Von der Pestilentz,* 13r: "Doch sollen wir eigentlich wüssen daß die artney kein krafft hatt, wenn Gott nit *wil*, sollend derhalben der artney nit zuvil zugaeben."

18 Brigitte Coppin, *Die Pest* (Hildesheim: Gerstenberg Verlag 2006), 40–41

19 Mühling, "Welchen Tod sterben wir?" 36

20 Bullinger an Oswald Myconius von 31. August 1535.

21 Heinrich Bullinger, *Bricht der Krancken. Wie man by den krancken vnd sterbenden menschen handlen … …* M.D.XXXV. 이 저술은 1548년, 1553년 그리고 1568년에 재출판되었다. 1540년에 라틴어로 번역되어 다른 지역에서 출판되기도 했다. (*Heinrich Bullinger Werke,* 1. Abt.: Bibliographie, Beschreibendes Verzeichnis der gedruckten Werke von Heinrich Bullinger, bearb.

von Joachim Staedtke, Bd. 1–3, [Zürich: 1972], Nr. 74–80.)

22 Bullinger, *Bericht der Kranken*, D.I.r–D.VI.v.

23 Bullinger, *Bericht der Kranken*, E.VI.r–F.II.r.

24 Bullinger, *Bericht der Kranken*, A.VII.r–B.I.r.

25 Mühling, "Welchen Tod sterben wir?" 68.

14
베자와 흑사병

1 이 장의 내용은 월간지 「re」에 필자가 기고한 글에서 베자의 글 "흑사병에 대해서 알아야 할 것"을 요약하여 필자가 개정한 것임을 밝힙니다.

2 Theodore Beza, *A Short Learned and Pithie Treatize of the Plague,* trans. John Stockwood (London: John Norton, 1590), 2.

3 (1) 이집트의 파라오를 섬기는 동안 요셉의 행동, (2) 아가보스의 예언 (3) 앗시리아의 공격에 대한 이스라엘의 반격 (4) 파선하는 배에서의 바울의 대응 (5) 예수님의 겟세마네에서의 기도, Beza, *Treatize of the Plague,* 9–10.

4 Beza, *Treatize of the Plague,* 13.

5 Beza, *Treatize of the Plague,* 15.

6 Beza, *Treatize of the Plague,* 17–18.

7 Beza, *Treatize of the Plague,* 11–12.

8 베자는 신앙고백서에서 "기도와 이웃 사랑"을 언급한다. Theodore Beza, *The Christian Faith,* trans. James Clark (Lewes: Focus Christian Ministries, 1992), 4.15.

9 Beza, *The Christian Faith,* 4.15.

15
한국 초기 기독교와 전염병

1 Rodney Stark, *The Rise of Christianity* (Princeton, NJ: Princeton University Press, 1996).

2 로드니 스타크, 『기독교의 발흥』, 손현선 역 (서울: 좋은 씨앗, 2016).

3 스타크, 『기독교의 발흥』, 122–28.

4 스타크, 『기독교의 발흥』, 128–38.

5 스타크, 『기독교의 발흥』, 139–45.

6 앨런, 언더우드, 조지 히버 존스, 윌리엄 그리피스(아펜젤러 전기 작가) 등, 여러 서양인들의 기록이 여러 문서에 흩어져 있는데, 다음 저술의 저자들은 이 진술들을 세 장에 모아 정리했다. 정성화, 로버트 네프, 『서양인의 조선살이: 구한말 한국에서 체류했던 서양인들의 일상』(서울: 푸른역사, 2008), "3부 서양인들의 한국 엿보기: 천연두와 최초의 예방접종, 1886년 한국 최악의 콜레라 발생, 콜레라 잡는 고양이."

7 G. H. 존스, 『한국교회 형성사』, 옥성득 편역 (서울: 홍성사, 2013), 41.

8   정성화, 로버트 네프, 『서양인의 조선살이』, 251.

9   윌리엄 그리피스, 『아펜젤러』, 이만열 (서울: IVP, 2015), 209f. 서양에서도 질병의 원인을 초
    자연적 영적 존재로 환원하고 세균, 위생 문제로 인식하고 비누, 살충제 등의 활용을 강조
    하는 병리학, 위생학, 세균학 등의 과학적 의학은 18세기 말에나 시작되었다.

10 정성화, 로버트 네프, 『서양인의 조선살이』, 249f.

11 정성화, 로버트 네프, 『서양인의 조선살이』, 251.

12 정성화, 로버트 네프, 『서양인의 조선살이』, 254.

13 정성화, 로버트 네프, 『서양인의 조선살이』, 255-63.

14 정성화, 로버트 네프, 『서양인의 조선살이』, 261-67.

15 릴리어스 호틴 언더우드, 『언더우드』, 이만열 역 (서울, IVP, 2015), 165-69.

16
코로나19 사태와 예배

1   이 장의 내용은 월간지 「복음과 상황」 2020년 4월호(353호)에 필자가 기고한 글을 수정 보완
    한 것임을 밝힙니다.

2   "코로나바이러스감염증-19 관련 개신교인 대상 여론조사 결과 보고서," 한국기독교목회
    자협의회/한국기독교언론포럼, 2020.2.27.

3   Tim Hutchings, "Real Virtual Community," *Word & World* 35/2 (Spring 2015): 151-59, 「뉴스
    앤조이」, "영상 예배와 온라인 교회"에서 재인용.

4   제임스 스미스, 『하나님 나라를 욕망하라』, (서울: IVP, 2016), 210.

5   스미스, 『하나님 나라를 욕망하라』, 199.

6   J. V. Taylor, *The Go-between God; The Holy Spirit and the Christian Mission* (London: SCM
    Press, 1972).

17
전염병과 성도의 신앙생활

1   전염병의 역사를 살펴보면 주전 250-258년, 키프리안 시대에 전염병이 무려 20년간 지속
    되었는데 절정기에는 로마에서 하루에 5천명이 사망하기도 하였다. 또 1343년에서 1351년
    에 걸쳐 흑사병이 유럽을 덮쳐 인구의 1/3이 사망하였다. 종교개혁시대에도 흑사병이 유
    행하였는데 1519년 취리히에서, 1527년 비텐베르크에서, 1542년 제네바에서 창궐하였다.
    20세기에 들어와서는 1918년 스페인 독감, 2015년에 에볼라가 있었다.

2   호모 케리어스(*Homo carriers*).

3   칼뱅은 인간지식을 다룰 때 크리소스토무스를 인용하면서 "우리 철학의 기초는 겸손이다"
    라고 일갈하였다. 장 칼뱅, 『기독교강요 프랑스어초판 1541』, 박건택 역 (서울: 부흥과개혁사,
    2018), 103.

4   삼중적 소외-하나님과 인간의 소외, 인간과 동료인간의 소외, 인간과 자연의 소외. Cf. 김

세윤, 『구원이란 무엇인가』 (서울: 두란노, 2007), 23.

5 https://www.seoul.co.kr/news/newsView.php?id=20200326018036&wlog_tag3=daum. Accessed 26 Mar. 2020. 특별히 프랑스인 환자들에게 병상을 내 준 독일의 라인란트팔츠주와 자를란트주, 바덴뷔르템베르크주는 제2차 대전 때 프랑스군이 점령했던 지역이었다.

6 폴 리쾨르, 『계시와 문명』, 박건택 역 (서울: XR, 2016), 119.

7 주님은 요한복음 4장에서 예배의 본질이 장소에 구애되지 않음을 교훈하셨고, 마태복음 18장에서도 두 세 사람이 내 이름으로 모인 곳에는 나도 그들 중에 있다고 하셨다. 또 말라기 1장 11절과 디모데전서 2장 8절은 예배와 기도의 장소를 각처에서로 가르치고 있다.

8 WC. 21. 6.

9 WC. 23. 1.

10 WC. 23. 3.

11 WC. 23. 4.

12 장 칼뱅, 『기독교 강요 프랑스어 초판 1541』, 박건택 역 (서울: 부흥과개혁사, 2018), 209.

13 이남규, 『우르시누스 올레비아누스』 (서울: 익투스, 2019), 252.

14 임종구, 『칼빈과 제네바 목사회』 (서울: 부흥과개혁사, 2017), 216.

15 임종구, 『칼빈과 제네바 목사회』, 600.

16 장 칼뱅, 『칼뱅 구약설교집』, 박건택 역 (서울: XR, 2016), 57.

18
성도의 사회참여의 성격

1 김광열, 『총체적 복음: 한국교회, 이웃과 함께 거듭나라』 (서울: 부흥과 개혁사, 2010), 27–36.

2 찬송가 115장의 3절 가사 중, "온 세상 죄를 사하러 주 예수 오셨네 **죄와 슬픔 몰아내고** 다 구원하시네…"의 후반부의 영어가사는 "죄의 저주가 발견되는 모든 곳마다 주님의 탄생을 기뻐하라"는 의미를 담고 있다.

19
기독교 세계관으로 본 전염병 사회 속 그리스도인의 책임

1 이 장의 내용은 월간지 「목회와 신학」 2011년 5월호에 필자가 기고했던 글 〈기독교 세계관으로 본 일본 대지진: 재난을 넘어 은혜를 노래합니다〉를 수정 보완한 것임을 밝힙니다.